U0023783

新世紀叢書

當代重要思潮・人文心靈・宗教・社會文化關懷

哭喊神話：羅洛・梅經典 The Cry for Myth

作者◎羅洛・梅 Rollo May
譯者◎朱侃如
導讀◎蔡昌雄

你不過是浮士德，一位凡人。
你可以讓人永遠活著
對死去的人，讓他們再復活。
（見 257 頁）

圖說：浮士德與魔鬼的代理人梅菲斯托菲里斯。
Mephistopheles and Faust play chess © Anonymous, Wikimedia commons

年老失明的伊底帕斯跟小女兒伊絲明妮流浪到科羅納斯。老人在這裏暫時安頓下來，將自己的疑問想個明白，為自己所承受的可怕經歷找出意義來。

伊底帕斯在科羅納斯沉思的第一個主題便是罪疚，如果人的行為不是出於預謀，或是事先不知情，是否有罪？（見 82-83 頁）

Oedipus at Colonus © Jean Antoine Theodore Giroust, Wikimedia commons

薛西弗斯因為欺騙眾神而被宙斯懲罰，荷馬如此描述他：伴著疲乏的腳步和呻吟聲，他挺著巨大圓石，往高高的山坡推去：那塊大圓石，彈跳了一下，雷鳴般滾下來。
薛西弗斯的意識是身為人的正字標記，薛西弗斯是有心識的人，能夠建構目標，知道狂喜與痛苦，分辨絕望與單調，並將滾動石頭的單調痛苦，放進自己受到懲罰的反叛計謀中。（見 158-159 頁）
Sisyphus © Titian, Wikimedia commons

上圖：〈睡美人〉的原型——格林童話〈野薔薇〉。（見 223 頁）

The Rose Bower © Sir Edward Burne-Jones, Wikimedia commons

下圖：由古老斯堪地那維亞傳說發展出來的皮爾金神話。（見 187 頁）

Peer Gynt i Dovregubbens hall © Theodor Kittelsen, Wikimedia commons

《白鯨記》是一則捕鯨船上魔鬼的神話故事，船長是亞漢伯（Ahab），這艘「皮廓德號」（Pequod）駛向遙遠的南太平洋尋找大白鯨。
亞漢伯船長對大白鯨充滿魔鬼般的仇恨，他籌畫的戰爭，就像奧林匹斯山上諸神的戰爭，讓全世界捲入其戰火喧囂中，古希臘人也只能屏息以待。（見 334-335 頁）

呈現在我們眼前的是……一個朝向神話消解的世代。被剝奪掉神話而饑腸轆轆，佇立在過去事物中的現代人，必須瘋狂的挖掘自己的根，即便它是埋藏在太初遠古的殘骸中。

——尼采《悲劇的誕生》

對你而言，我們的理論好像是某種神話學。……但所有科學最終不是與此類似的某種神話學嗎？你的物理學不也是如此嗎？

——弗洛依德給愛因斯坦的信

在今日校園內，我們感受到人們對神話的渴求，有時這渴求只是沉默之聲。科學與人文主義必須攜手共同回應此一渴求。

——生物學家布朗森（Matthew Bronson）
加州大學聖地牙哥分校學生大會

哭喊神話：羅洛・梅經典

【目錄】全書總頁數404頁

II 亞美利加的神話

IV 生存的神話

〈導讀〉

悠遊於神話中尋找心靈

南華生死所助理教授
蔡昌雄

本書《哭喊神話》（*The Cry for Myth*）是知名美國人本心理學家暨心理治療師羅洛．梅（Rollo May）於八十五高齡辭世前出版的最後一本重要著作。全書以神話對於現代人的重要性及其功能為經，以神話與心理分析治療錯綜複雜的關聯為緯，而分析神話的觀點則源自羅洛．梅創建的美國存在心理學（existential psychology）及存在心理治療（existential therapy）傳統。關於羅洛．梅的存在心理學觀點，散見於他的早期重要著作中，如《焦慮的意義》（*The Meaning of Anxiety*, 1950）、《心理學與人類兩難》（*Psychology and Human Dilemma*, 1967）、《愛與意志》（*Love and Will*, 1969）以及《自由與命運》（*Freedom and Destiny*, 1981）等；後兩本立緒已中譯出版，讀者可自行參閱。

雖然本書問世不到十年，但據了解，若干篇章的內容卻早已零散寫就發表，時間甚至遠在美國神話學大師喬瑟夫．坎伯（Joseph Campbell）的作品變得家喻戶曉之前；但是基於羅洛．梅所專注著墨的西方神話主題，有別於坎伯的東方或世界神話，以及他個人所代表的存在心理學傳統的特色，都使得這本分析神話的著作依然有其獨特的風味與價值。此外，**羅洛·梅的生平（1909-1994）幾乎跨越整個二十世紀，因此他的這部晚年之作在我個人讀來，頗有智慧老人臨別寄語諄諄的深意，也紮實地觸動到這個時代流浪心靈中最敏感的那根心弦**。喜歡或熟悉存在主義思想、神話及心理分析的讀者，在閱讀這本書的過程中，或許可以品味一下羅洛·梅將這三種成分治於一爐，調釀得恰如其分的醇美。

然而，要欣賞羅洛·梅在本書中所調釀的神話風味，我們就必須先對他的學思背景以及他的存在心理分析觀點與架構，有基本的掌握與了解才行。羅洛·梅在正式進入心理學領域之前，曾經分別在希臘及紐約兩地修習神學，取得著名的紐約聯合神學院神學學士學位，甚至擔任過二年教會修士的神職，他從這段期間起便深受保羅·田立克（Paul Tillich）的存在神學影響。後來在哥倫比亞大學修習心理學博士期間，羅洛·梅感染了足以致命的肺結核疾病，這段親身與疾病搏鬥的歷程，更對於他的存在思維產生深遠的影響。於是，起源於歐陸的存在主義哲學竟奇妙地通過他延展至美國心理學的領域中，並與之融合成為存在心理學，最後並啟迪了羅傑斯（Carl Rogers）與馬斯洛（Abraham Maslow）等人為主的美國人本心理學（humanistic psychology）的發展。

在這個美國存在心理學醞釀形塑的運動過程中，羅洛·梅始終扮演著舉足輕重的角色。他主張心理治療師要以人本精神善待案主，必須參與案主的生活世界，但也不能過當到侵犯案主的程度；他的意思是，存在心理學不認為治療師應強迫案主接受任何預設的理論體系，或者以仰賴技術的方式來逃避與案主的真誠接觸。他強調存在心理治療絕非弗洛依德傳統的衍生品，除了它本身在美國的產生有其內在自發的性質之外，最重要的是，它**無意建立起新的治療理論學派，只是致力尋求分析「人類存在的結構」**；在**羅洛．梅的眼中，這個結構乃是人類一切心理危機發生的根源，掌握了它便掌握了了解人類處境的鑰匙**。

對羅洛．梅而言，存在主義哲學以人的存在為思想核心，既擺脫了文藝復興以來西方思想與科學的主客二元對立思維方式，也打破了唯物論與唯心論的兩難僵局。有關這方面的論述，他在《心理學與人類兩難》一書中有深入完整的辯證說明。既以存在為思想核心，那麼存在心理分析所關心的，就是具體歷史脈絡下的人類處境，而不是抽離現實生活的觀念主體。由於羅洛．梅呼吸的乃是二十世紀的空氣，他對於當代人類歷史處境的特意關懷，自然不在話下。但是二十世紀的人類處境究竟有何特殊之處？人格的破碎與分裂、社群關係的非人性化，以及人類知識學科的支離破碎，都是由十九世紀起始延伸進入二十世紀令人憂心忡忡的文化危機。因此，**存在心理學所關懷的乃是在此歷史大環境下所潛抑的文化無意識，以及做為潛抑存有的個人以自我意識抗拒真實所承受的神經症後果**。羅洛．梅的存有心理分析綱要大體不脫以上所述的範疇，而本書的神話分析也就是奠立在這個基礎上形成的。

有人說「沒有神話，就沒有意義」，對於榮格（C. G. Jung）口中「尋找靈魂的現代人」而言，這樣的說法尤其是刻骨銘心的生動。自從宗教除魅與神話解構以來，更多物質的獲取與更穩當的科技宰制已成為人類社會集體努力的主要目標，於是現代人的「意義構築」活動便受制於這種化約式直線進步觀的擺弄，因此在我們的生活經驗中，遂到處瀰漫著如羅洛．梅在本書中所描述的種種抑鬱、頹廢及蒼白無意義的世紀景象。這究竟是撐起人類社會終極與集體意義建構的神話系統崩解後，所必然走向的人類宿命？還是憑藉著科技文化與神話智慧的重整，可以把人類帶出當前的困境，迎向光明的未來？針對這個大哉之問，雖然羅洛．梅似乎沒有直接提供簡捷的答案，但是檢視他在全書所做的神話分析基調，以及書末強調魔鬼力量的創意和關懷能力的再現，我們可以推看出**他對神話需日新月異不斷形塑，乃是人類無可逃避之挑戰的看法，或許也正是人類運途興衰所繫的關鍵**。

從羅洛．梅的神話分析拉回到我們現實生活的社會場景，我們似乎可以看到符應以上有關神話需求、功能及其對人類命運影響觀察的若干現象。首先是科技與神話匯流結合的現象；遠從《星際大戰》、《星艦迷航記》等賣座電影、電視影集的出現，到近日的《魔戒》傳奇及《哈利波特》等神話與童書故事的暢銷與轟動，都可以看出神話感染人心的熱力，不僅沒有因時間的過往而式微，反而使其展現的形式益趨多采多姿。神話需求之永恆，可見一斑。哈利波特魔術故事的席捲全球，讓多少天下父母省去不知如何「指引」孩子生命方向，又能使他們樂在其中的擔憂；羅洛・梅在書中引述阿德勒稱童書為「導航故事」（guiding fiction），正是哈利波特現象背後體現神話功能的最佳說明。至於神話與人類命運之間的關係，這是個極端複雜的問題，它其實與我們個人的神話經驗有密切的關聯。事實上，**羅洛・梅全書的寫作安排不也正是一種邀請，讓讀者細膩品味每一則經典神話的意義之餘，可以逐步勾勒出我們個人與自己、社群以及宇宙命運牽涉的圖像來**。換言之，這個問題不是沒有答案，而是它的答案正好埋藏於神話之中，如果我們捨棄開發自己神話經驗的機會，那麼我們聲稱擁有的答案，也不會是有生命的了。

在現代神話已然崩解的社會中開創自己的神話體驗，必須先對我們的置身處境了然於胸。試問：在普羅修斯吹起快速變遷之海風浪濤的今日社會，以及由反思與孤寂堆砌成的那西瑟斯現代文化中，我們除了以薛西弗斯百折不撓的精神，勉力形塑羅洛・梅所謂的「個人神話」（personal myth）之外，還有其他更為妥適的心靈安頓之道嗎？在這樣的思考背景下，我個人閱讀《哭喊神話》一書的體驗，就像極了但丁《神曲》充滿試煉的洗滌淨化之路。

首先在伊底帕斯的首部曲中，我猶如弗洛依德在經歷自我分析的極端痛苦之後，照見人類全體的命運一般，充分地體驗到生命倫理情境衝突的悲劇意識，以及那籠罩於存在背後的濃厚陰影，似乎怎樣也掙脫不開它的框限；等到我隨著老伊底帕斯來到終局，見證到他既不落世俗窠臼，也不棄英雄豪情的抉擇，能夠和自己、自己心愛的人，以及生命的終極意義達成和解，內心也隱然感染到他那超越解脫的境界。接著穿過美洲大陸的孤寂與自戀，彷彿又把自己從雲端拉回到渾濁的現實土地上，審視自己在芸芸眾生中的操煩慮切，終將伊於胡底？如同但丁殷望維吉爾的指引一般，勇闖過煉獄以達天堂的試煉之路後才幡然醒悟，**原來渴求療癒的本身，正是我們最需克服的嚴重疾病，而命運終將交由自己獨立的抉擇所定**。以這樣的體悟來看《皮爾金》、〈野薔薇〉，以及《浮士德》三部曲，遂能心甘情願地擁抱一切磨人的故事轉折與細節，也能欣賞對歌德的《浮士德》，那鬼使神差、為惡卻得善的幸運小子，把它視為是神聖喜劇精神的展現。最後，把魔鬼的創意表現在自己關懷能力的開拓上，我終於從神話的世界看到自己的心靈和人類的未來！

二十一世紀的神話儘管可能是「個人的」，但是神話亙古未變的集體與終極指向，必將引領我們勇敢地航向那從未有人敢於僭越的未知領域。但是在那個宏偉瑰麗的圖像成為生命經驗的事實之前，我猜羅洛·梅會說，「先讓我們存在地迎向那挑戰吧」！滿懷關愛、尋找心靈的讀者，你們的個人神話會是什麼？

〈譯序〉神話不死

朱侃如

就在二月底我為這本書進行水深火熱的校讀時，某個週末深夜的《艾莉的異想世界》電視影集，讓我看到了本書內容的體現。

艾莉工作的律師事務所因為一位女士的分裂人格而互打官司。這位當事人叫海倫（多麼神話性的人物，參看第十三章），她的個性溫柔，會繪畫和寫詩，患了曠野恐懼症而走不出家門。於是海倫創造了海倫娜這個人格（好個個人神話，參看第一章漢娜．格林的故事）。海倫娜個性強悍，身體健康，在海倫被欺負時常常挺身而出。故事結局是海倫娜終於如願得償，離婚出走海倫建立的家（好個當代理性戰勝感性的神話，參見第十三、十四章浮士德的神話），相信會得到許多女性主義者的稱許。

這類神話與心理治療案例的交互作用，在《哭喊神話》書中隨處可見，卻也不必要非得像海倫與海倫娜一樣你死我活不可（參見第十一章西薇雅的故事）。多數人就算不會對神話嗤之以鼻，也多會認為那也只是調劑生活、無傷大雅的故事，但是羅洛．梅透過他這本辭世前的智慧之作教導我們：「……對神話的需求是人類命運、語言的一部分，也是相互了解的方式。……神話是我們內在自我與外在世界關係的自我詮釋。神話使靈魂保持活力，為困頓虛無的世界帶來新意義。……神話創造是心理治療的原則。……不論這些神話是來自夢中或自由聯想與幻想中，凡想調伏意識之人，都必須刻意為自己做那些原本由家庭、習俗、教會和國家，所為他做的事。」（第一章）對於那些視神話為荒誕不經事物的人，本書正回答了：為什麼讀神話？神話與我們有什麼關係？讀了神話有什麼用？這三個基本問題。

你可能是床上功夫一流的情場老將，但卻非常在乎母親對女朋友的意見（第十章皮爾金的男性神話）；妳雖已事業有成，但仍舊充滿妒嫉情結不願意長大（第十一章野薔薇的女性神話）。這就是本書的魅力，因為每個人都會在書中看到自己的影子，並暗暗驚呼：「我也是這樣！」羅洛．梅雖然開宗明義指出，本書針對西方世界需要，以西方神話為基礎，討論當代西方社會的神話解構問題，但是在網路、好萊塢文化無遠弗屆的二十一世紀，台灣已成為美國社會的翻版。我們不禁邊看羅洛．梅的討論邊冒冷汗：藥物成癮（第一章），個人與民族的認同（第三章），校園英雄主義的崩解（第三章），樂透、瘋狂購物與憂鬱症（第七、十四章），青少年缺乏愛與性泛濫問題（第三、十一章）……，無一不是台灣當前的挑戰。

然而我認為書中最具威力與魅力的內容，來自羅洛．梅對神話經典的新詮釋。原來古典希臘文學作品《奧瑞斯提亞》有關於青少年成長過程之重大危機的一面，也暗示人類有當著暴君（神）的面，肯定自身自由的勇氣，當然我們也要為自己的行為負責。（第二章）此外，許多人熟悉的伊底帕斯神話和薛西弗斯神話（第五、八章）在羅洛・梅筆下，皆有不落心理學俗套的新詮釋。第十六章的奧德賽神話，則在死亡不朽的永恆主題上，為我們點出人類必朽之可貴。我發覺讀到羅洛・梅對這些神話原典的詮釋時，除了像揭露伊底帕斯弒父姦母的真相過程般，那麼具有步步驚魂的張力外，讀後更能帶來一種昇華的快感。我想這就是神話的淨化功能吧！

最後，羅洛・梅並不僅止於分析和詮釋，他更很有創意地為大家提出神話的實際運用功能，也就是我們真可把神話的智慧帶入生活、並實踐出來的線索。除了前面提過缺乏神話的現代人必須自己創造個人神話之外，在第十一章中，羅洛・梅藉由睡美人等待王子來吻醒她，說明「創造性等待」的重要。羅洛・梅說事物（嬰兒、想法、發明或藝術心象）誕生前的等待，既非消極也不空洞，而是必要的蟄伏期。「〔現代人〕性解放、『自由了』，豐沛的科技與文化唾手可得，卻沒有滿足感，只有過飽的性欲與胃口。」

羅洛・梅最有衝擊力的洞見，還在於魔鬼與創造力的關係。（第九、十五章）他舉了數學家彭加勒（Poincare）、詩人里爾克（Rilke）等為例，來說明魔鬼與創造力如影隨形。就算我們的目標只是個俗世的天堂，也必須像但丁一樣親自走一趟地獄，歷經試煉才有辦法達到。他更藉由察爾斯這位心理治療案主來說明，我們與自己的內在魔鬼、陰影相處之道，是在於如何把負面質素轉化為創造力，而不是像當代人熱中美白、去細紋等青春永駐的追求一樣，要把陰影如同癌細胞用盡各種藥物「消滅」掉。

「儀式是神話的具體表現，神話是敘事，儀式則是以身體的動作來表達神話。儀式與神話為這個充滿變化、令人困惑沮喪的世界，提供穩固的支點。」我想這段話很可說明不久前大象林旺離世時，在台灣社會引起的迴響。林旺雖然無法用人類語言表白自己，大半輩子困在動物園鐵欄杆後，無法徜徉在故鄉的大草原，但是在神話的層次上，牠不只是隻離鄉背景被圈困的可憐大型動物，而是個象徵。牠的離世優雅令人動容之外，似乎也代表一種台灣精神、一種共同記憶（參見第四章〈神話與記憶〉）的消逝。

最後我要感謝立緒文化總編輯給我翻譯這本書的機會，以及非常專業的責任編輯在本書後段的趕工編輯校對過程，給予很大幫助。羅洛・梅的魅力，相信會讓初窺者「黏」住，並身陷下去，我有一位朋友對本書出版前的三本羅洛・梅作品，都一看再看還覺非常有收穫，便是一例。此外，在書中引述的不少美國文學經典與詩作如《大亨小傳》、《白鯨記》、〈大鴉〉等的翻譯上，我則參考許多大家如余光中、喬志高、林以亮的譯作，包括一本已絕版的《美國詩選》（香港今日世界出版），在此一併註記。

〈前言〉

神話讓你重新了解自己

羅洛・梅

身為一位臨床精神分析學者，就我所知當代心理治療幾乎都是在處理個人追求神話的問題。西方社會獨缺神話的事實，乃是精神分析得以誕生和發展的主要原因。弗洛依德和不同學派的心理治療專家，都指出神話是精神分析的基本語言。

喬瑟夫・坎伯（Joseph Campbell）討論神話的電視節目大受歡迎，便是西方國家極度需要神話的明證。坎伯談論的只限於印度、亞洲、中國與小亞細亞的神話，而本書處理的，卻是直接呈現在當代西方人的意識與無意識中的神話。

我們在此關心的，是持續出現在當代心理治療中的故事。

我提到渴求神話，因為我相信這個時代亟需神話。包括宗教崇拜與藥物成癮在內的許多西方社會問題，都是因為缺乏神話所致，使得當代人內心缺乏安全感，而無法安穩生活。我在書中指出，年輕人自殺案例急遽上升，以及各年齡層人們憂鬱傾向的大量增加，都是因為心靈困惑並欠缺適合當今社會的神話所致。我希望這本書能引起美國和其他西方國家讀者的共鳴，將神話問題公開帶到大眾的意識中，並說明神話如何能夠成為重新了解自己的工具。

正因為是新世紀的開端，所以我們透過創造、關愛與挑戰，來賦予生命意義的工作，便顯得特別迫切。新時代的來臨促使我們盤點自己的過去，並思考生命的意義。基於以上心境，我寫了這本書。

神話的功能

The Function of Myths

1 神話是什麼?

What Is a Myth?

若把神話當作有生命事物來研究的話……它不是滿足科學興味的解釋，而是原始真實的敘事重現，用來滿足深度宗教需求和道德渴求。

——馬凌諾斯基（Malinowski），《魔術・科學・宗教》（*Magic, Science and Religion*）

神話是把無意義的社會變成有意義的一種方式。神話是賦予人類存在重要性的敘事模式。生命實存的意義不論是像沙特（Sartre）主張的那樣，要藉由個人的毅力去賦予，或是如齊克果（Kierkegaard）所指出的那樣，需要人類自己去發掘出來，其結果都是一樣的：神話是我們找出這種意義與重要性的方式。神話就像房子的樑，外表看不到，卻是支撐房子供人居住的重要結構。

神話的創造對獲致心靈健康是很重要的，慈悲為懷的心理治療師不會不加以鼓勵。當代心理治療正是因為神話的分崩瓦解誕生並蓬勃發展的。

透過神話，一個健全的社會能夠讓其成員自神經官能式的疚責感，以及過度的焦慮中解放出來。以古希臘為例，當時神話強大而活躍，社會中的個人便因此能夠面對實存問題，而不會有強烈的不安或疚責感。因此，我們發現當時的哲學家談論著真、善、美和勇氣，並將它們視為人類生命的價值。神話解放了柏拉圖、亞斯克列斯（Aeschylus，編註：參見第二章）、索弗克列斯（Sophocles，編註：參見第五章）等，使他們創造出人類偉大瑰麗的傳世哲學與文學作品來。

但是正如神話在第二、三世紀的命運一樣，當古希臘神話瓦解時，盧克瑞提斯（Lucretius）看到「家中人們的錐心刺痛，心識因無休止劇痛的折磨而無法平靜下來，被迫以不斷發牢騷的方式一吐胸中悶氣。」（盧克瑞提斯，《宇宙的本質》〔*The Nature of Universe*〕，London: Penguin Books,1951, p.217）

身處二十世紀的我們，和當時人們的「心痛」與「抱怨」境遇相似。我們的神話不再能賦予實存意義的功能，而且當代人的生活沒有方向感和目的感，不知如何控制自己的焦慮和過度的疚責。大家湧向心理治療師或其代理人，甚至是藥物和新興宗教，來尋求協助、重整自己。心理學家布朗諾（Jerome Bruner）寫道：「當普遍的神話不再適用於人們各種不同的困境時，挫折首先以神話崩解的方式表現出來，接下來便是孤獨地追尋著個人的內在認同。」（布朗諾，〈神話與認同〉〔Myth and Identity〕，《神話及其誕生》〔*Myth and Mythmaking*〕，New York: George Braziller, 1960, p.285）

這種「孤獨地追尋著個人的內在認同」是一種廣泛的需求，它促進了精神分析的發展、許多心理治療形式的機會，以及眼花撩亂的萬靈丹和新興的教派崇拜，不論它們是建設性或破壞性的。

「未曾許諾的玫瑰花園」

自傳體小說《未曾許諾的玫瑰花園》（*I Never Promised You a Rose Garden*）說的是一位精神分裂的年輕婦女黛博拉，接受心理治療的實際經驗。治療過程中一些令人興奮的事件，讀起來就像在看一部當代的外星科幻片。在她的心理治療中，我們經常看到神話緊密地交互作用著。書中女主角黛博拉和住在外厄王國（Kingdom of Yr）的諸多神秘角色生活在一起，包括愛達忒（Idat）、外厄、安特瑞貝（Anterrabae）、拉克特曼（Lactamaen）以及「合體」（the Collect）等。由於黛博拉無法與世界上任何人溝通，她迫切需要這些神秘人物。她寫道：「一直以來，外厄諸神就是她的夥伴——正好是秘密地**和她分享孤獨的人**。」（漢娜．格林〔Hannah Green〕，《未曾許諾的玫瑰花園》，New York: Holt, Rinehart and Winston, 1964, p.55）當她在所謂的真實世界受到驚嚇，或覺得孤寂難耐時，就會奔向這些神秘人物。

黛博拉告訴我們，在往療養院的路上，她和父母在汽車旅館內相連的房間裏過夜。

在牆的另一側，黛博拉舒展身體正準備就寢。外厄王國內有個稱作「第四區」（the Fourth Level）的中立地帶。這裏只能靠運氣達到，而無法以制式的方式或意志獲取。在「第四區」人們無須忍受情緒的干擾，也不必辛苦地對抗過去或未來。

現在當她躺在床上，到達「第四區」的層級時，將來對她而言已無關緊要。隔壁房間內理應是她的父母。這很好。但那是正在消融的陰暗世界的一部分，而她正被拋入一個與自己毫不相干的全新世界。當她離開舊世界時，她也就脫離了外厄王國的紛紛擾擾，脫離了「他人合體」（the Collect of Others）、「檢查員」（the Censor）以及外厄諸神。她翻了個身，沉沉地睡了無夢舒暢的一夜。

第二天早晨，她告訴我們，她感受到神話帶給自己歷來最大的信心與安慰。

……當車子駛出汽車旅館迎向外頭的陽光時，黛博拉意識到這趟旅程可能會永遠持續下去，而她所感受到的平靜與令人驚嘆的自由，或許是原本貪婪的外厄諸神勢力贈與的新禮物。（出處同上，p.12。這段描述和但丁的地獄出奇地相似，我們在第九章〈治療師與地獄之旅〉中會講到。）

依據黛博拉的看法，這些神祇之所以重要，不僅因為他們具有想像的深度，更因為他們與三十年後的若干電影情節極其相似：這些電影包括《外星人 E. T.》、《絕地大反攻》（*The Return of the Jedi*）、《第三類接觸》（*Close Encounters of the Third Kind*），以及其他二十世紀末吸引數百萬大人小孩的多部外星片。黛博拉是個精神分裂症患者。但是要如何區分精神分裂與豐富的創造想像，卻是個永遠的謎。格林（Hannah Green，黛博拉的筆名）繼續寫著：

> 她與安特瑞貝一起往下掉落，穿過四周環著火燄的黑暗進入外厄王國。這一次下墜的過程很長。很久很久都只是一片漆黑，接下來是一陣灰暗，感覺像被布條矇眼時所見，灰濛濛的一片。這地方很眼熟，是「大坑」（the Pit）。諸神與「合體」在這裏哀鳴叫喊著，但就連他們也無法被辨識。人類的聲音也傳了過來，只是不具任何意義。世界入侵了，但卻只是個支離破碎、面容難辨的世界。（出處同上，p.31）

在栗樹屋（Chestnut Lodge）為黛博拉治療的精神科醫生費莉達・弗洛姆—瑞奇曼（Frieda Fromm-Reichmann）一開始便很有智慧地告訴黛博拉，不會違背她的意願而拔除掉這些神祇。費莉達醫生（書中如是稱呼），把這些神祇運用在治療中，有時候她也會建議黛博拉與神祇溝通，或是問黛博拉神祇說了些什麼。最重要的是，費莉達・弗洛姆—瑞奇曼醫生尊重黛博拉對這些神話人物的需求，也試圖幫助黛博拉了解她自己也參與創造了這些人物。其中有一次的治療情況如下：

「時間到了，」醫生平靜地說：「妳告訴我神秘世界這件事做得很好。我希望妳回去告訴諸神、合體和檢查員，妳不怕他們，我倆也不會因為他們的力量而不再努力。」（出處同上，p.56）

費莉達醫生在歐洲的那個夏天，黛博拉暫時被指派給一位受到新式理性主義影響的年輕精神科醫生。這位年輕醫生因為一點都無法了解黛博拉對神話的需求，而一舉毀掉黛博拉的「妄想」。結果，黛博拉自己、她的諸神系統以及眾神的外星王國全毀了。她退縮到一個完全封閉的世界。她燒掉了療養院，燒傷了自己，行為舉止就像喪失人性一般。事實真的就是如此。她的靈魂，那意識中最親密、最重要的部分，已被奪走，她真的沒有任何支柱了。

費莉達醫生歸來後，黛博拉全盤托出這一切。她哭訴道，另一位精神科醫生「只不過要證明他自己才是對的、聰明的」。她淚水成河地接著說：「他說，『醒醒吧！別傻了！』……上帝詛咒我吧！」黛博拉哭號著。「上帝詛咒我吧！……世界給予我的只是謊言！」

我們可以將這位理性精神科醫生的行為，看成是現代的寓言。當二十世紀的我們如此熱中於證明技術理性的正確無誤，並一筆抹掉神話的「愚蠢」時，我們同時奪去了自己的靈魂，並成為摧毀自己社會的威脅，於是我們變成這個毀敗過程的一部分。

黛博拉的神話貫穿了《未曾許諾的玫瑰花園》全書。至此她已明白她的神話也是自己豐富創造力的產物。費莉達醫生已經幫助黛博拉了解到，一開始被認為是精神分裂的神話模式，其實是她自己塑造出來的。

儘管黛博拉參與了神話的創造，但在此要特別指出的是，她並沒有創造神話的「需求」。這種需求是人類命運的一部分，也是我們語言的一部分，和相互了解的方式。治療快結束時，黛博拉創造力的浮現促進了社會和她自己的正向提升。栗樹屋的療程結束後，黛博拉出版了數本很棒的小說，其中至少有二本是以重殘人士為主題。

本書不是以這類精神分裂症患者為主題，而是關於人性中對神話的普遍需求。神話的形式各個不同。但是只要有人類，便少不了對神話的「需求」，甚至是對神話的「哭喊」渴求。就這層意義而言，我們和黛博拉是一樣的：雖然我們可藉許多集體和個人的方式來形塑神話，神話卻是銜接生物層次的自我與個人自我的必要方式。

神話是我們對內在自我與外在世界關係的自我詮釋。它們是整合我們社會的敘事①。神話在使靈魂保持活力，並在為困頓而虛無的世界帶來新意義這方面，具有重要的作用。諸如美、愛、靈感等永恆的面向，都在神話的語言中，或靈光乍現或漸次鋪陳地展現出來。

因此，神話創造是心理治療的原則。本著這樣的精神，心理治療師允許他們的案主認真地看待自己的神話，不論這些神話是來自夢中，出現在自由聯想或幻想中。凡是想要調伏意識內的感覺、情緒與觀念之流的人，都必須刻意為自己做那些過去原本由家庭、習俗、教會和國家，為他所做的事。在治療中，神話可以是一種擴延，是一種嘗試活出新生活架構的方式，或是重建當事人殘破生活方式的急切冒險。誠如格林說的，神話是「我們孤寂的分享者」。

教派崇拜與神話

過去數十年來，年輕人自殺的統計數字相當嚇人。自殺的年輕白種男人，在一九七〇年代大幅成長。預防措施有很多，例如打電話關心嚴重憂鬱者等。但是，只要賺錢仍是最高目標，只要我們實際上無法以身教導正倫理，只要年輕人不被鼓勵去形成自己的人生哲學，只要電視上充斥性與暴力，也沒有教導我們學習去愛的精神導師——只要上述的情形仍舊當道，可怖的憂鬱和自殺便會持續地在年輕族群中出現。

在最近某個史丹佛大學的畢業典禮上，一位學生代表如此描述他的同儕：不知如何

「與過去或未來接軌，對當前沒什麼概念，沒有支撐生命的信仰，無論是世俗的或宗教的」，因此沒有「有效的行為目標和方法」。我們接下來會講到，只要我們的世界和社會依然缺乏表達信念與道德目標的神話，就持續會有憂鬱和自殺事件。我們在後面的章節會提及這個倫理真空現象的原因。這裏我們只是要點出，若少了神話，我們連可以討論這類議題的語言都沒了。

就在這種毫無目標的狀態下，二十世紀進入了尾聲。人們瘋狂地向新興的教派崇拜靠攏，或使舊有教派崇拜死灰復燃，意在尋求焦慮的解答，渴望從疚責或憂鬱中解脫出來，或渴求填滿生命的真空，這些舉止並不令人驚訝。人們同時也向占星家乞求指引②，或者緊握住原始的迷信，不論它是否會令人聯想到巫術的時代③。

二十世紀的到來，原本被視為是理性主義恩寵的年代、啟蒙教育普及的年代，以及宗教終將清除所有迷信並被啟蒙的年代。沒錯，幾乎所有啟蒙運動熱中的目標至少有一部分被實現了：我們讓某些人獲取巨大的財富，免於專制的自由也成為西方多數人追求的目標，以及科學的普及，類似的例子不勝枚舉。然而，現況究竟如何呢？我們更加困惑、缺乏道德理想、恐懼未來、不確定如何才能改變事物或拯救自己的內在世界。「我們頂多只能算是地球上資訊豐富的人罷了。」麥克雷斯（Archibald MacLeish）宣稱：

> 我們為事實所淹沒，我們已經或正在失去感受這些訊息的能力。……我們只是以腦子抽象地認知事實。我們似乎無能像莎士比亞一樣去了解，是誰逼得李爾王向荒地上失明的格羅斯特（Gloucester）哭喊著：「你看到這個世界是怎樣運作了？」而格羅斯特回答：「我感同身受。」（麥克雷斯，〈詩歌與新聞〉〔Poetry and Journalism〕，《持續的旅程》〔*A Continuing Journey*〕，Boston: Houghton Mifflin, 1967, p.43）

語言拋棄神話所付出的代價，就是喪失提供個人生命意義的人性溫暖、色彩、親密關係與價值等。我們能了解對方，是因為我們辨識他人語言中的主觀意義，能夠經驗到「他人」世界中的重要意涵。**沒有神話的我們就像一個頭殼壞掉的族群，無能超越字彙表面的意思，去傾聽發話人的心聲**。神話的流行定義，把神話視為是虛妄的，這不但錯得離譜，更是當代文化貧瘠的明證。

從藥物的上癮便可看出神話的渴求，以及缺乏適切神話造成的挫敗。如果我們無法從生命中找出意義，至少可以借助古柯鹼、海洛因、快克，或是其他可暫時將人帶離這個世界的藥物，「出體」（out-of-the-body）一番，使自我得以從無聊的常規生活中短促地脫身。這也是我們在精神治療時常見的模式：當一個人發覺前景極坎坷茫然時，他可能會考慮以服用過量藥物或乾脆槍殺自己的方式結束生命，至少這樣還可以掌握自己的命運。如果我們終將一死，壯烈成仁總比哀泣自憐來得有尊嚴。

人們蜂擁地向教派崇拜靠攏，也是渴求神話的指標，除了老人之外，這種現象在年輕人身上尤其明顯。任何教團只要承諾提供祝福和愛，或指出通往任何神祇的內在路徑，便可以吸引聽眾，而且會立刻聚擁在這類新興教派崇拜的旗幟之下，不論它所指為何。瓊斯（Jim Jones，編註：他領導人民廟堂教派〔People Temple〕，一九八〇年在Kool-Aid飲料裏下毒，唆使信徒在圭亞那集體自殺）和圭亞那悲劇是我們無法忘懷的警訊，當時在威權的瓊斯一聲令下，九百八十名追隨者一起自殺。

新興的教派崇拜具有神話的力量，卻少了煞車的功能，也不具社會責任與限制。我們確實應該傾聽神話的哭喊，除非我們能獲致真正的神話，否則社會便會以假神話和對魔術的信仰來填補虛空。社會學家在一九六〇和一九七〇年代的幾個調查顯示，當時人們對神的信仰正在減弱，而對魔鬼的信仰反而增強。（南姆〔Clyde Z. Nunn〕，《美國上升中的魔鬼信用度》〔*The Rising Credibility of the Devil in America*〕，參見第十五章）這反映出人們對新興教派崇拜的強烈渴望，這些人感覺到社會正在分崩瓦解，他們需要某種解釋。

> 與其將之視為混亂、不理性的行為，信仰魔鬼其實是弱勢者受到混亂失序威脅時，以某種因果關係來理解世界的努力，也據此降低他們在投入某種自己無法理解、也不理會他們的社會秩序時，所造成的衝突。（《傾聽》〔*Listening: Journal*

of Religion and Culture〕，一九七四年秋季號，p.94）

否認神話

當我們習慣在文化中將神話貼上虛妄的標籤時，再提出人類需要神話的訴求，似乎是令人困惑的。高級知識分子以「只不過是個神話」，來表達一種不以為然的態度，譬如說，聖經中的創世故事「**只不過**是個神話」。（阿西穆〔Isaac Asimov〕，〈創世說的威脅〉〔The Threat of Creationism〕，發表於《紐約時報雜誌》〔*New York Times Magazine*〕，一九八一年六月十四日）以「只不過」這個字眼來貶抑神話的作法，始於第三世紀基督宗教的聖父，當時他們是用來針砭一般人對希臘羅馬神話的崇信。聖父們辯稱，只有基督教的訊息是真的，希臘羅馬的神話故事「只不過」是神話。當時教會的聖父們，若對基督宗教傳下來的豐富神話資產多一點信心，便不需要攻擊偉大的古希臘羅馬神話；這些神話資產從聖誕節慶時經師們追尋東方之星，到具有難以形容魅力的禮品贈與，或是在令人印象深刻的復活節慶祝春天的降臨、穀物花木的誕生，以及基督死而復生的神話都是。

然而，當代誤將神話定義為虛妄事物，還有另一原因。我們大部分人只會以理性的概念來思考。我們似乎認為自己的陳述越理性越真實。這是一種偏見，我們是偏見的犧牲者，就像格林的代班精神科醫生一樣。這項左腦活動的獨裁壟斷，所表現的不是真正的科學，它不過是偽科學罷了。誠如白特森（Gregory Bateson）提醒我們：「以理性為目的，而未能輔以藝術、宗教、夢境等現象，必定是病態的，是生命的破壞。」（布魯克曼〔John Brockman〕，《白特森》〔*About Bateson*〕，New York: Dutton, 1977, p.92）就像我們前面說過的，當神話不能滿足我們的要求時，我們第一個反應便是解離神話，撻伐神話這個概念。正如我們稍後會討論到，否認神話本身正是「我們拒絕面對自己與社會現實」的一部分。

「神話是我們的依靠，」穆勒（Max Muller）寫道：「現在和荷馬時代一樣，也有神話，只是我們看不到而已，因為我們就生活在它的蔭影之下，也因為我們全自真理之光的頂峰退縮下來。」（穆勒，〈神話哲學〉〔The Philosophy of Mythology〕，發表於《宗教科學》〔*The Science of Religion*〕，1873, pp.353-355）

正確定義的科學與正確理解的神話之間，當然沒有衝突。海森堡（Heisenberg）、愛因斯坦、鮑爾（Neils Bohr）等無數當代偉大的科學家，早已把這點講得很清楚。有趣的是，許多偉大的科學發現也是由神話開始。雖然我們並不知道愛因斯坦給弗洛依德的信中，如何答覆後者為捍衛神話而提出的問題——「為什麼有戰爭？」，但是我們沒有理由懷疑愛因斯坦是肯定神話的。葉慈（W. B. Yeats）便精闢地指出科學與神話的關係：「科學是對神話的批判。」（穆瑞〔Henry Murray〕，《神話及其誕生》〔Myth and Mythmaking〕，1960, p.114）

問題不只在定義而已。而在於心理與靈性的問題，更在於努力聚焦直視「真理最耀眼光芒」的勇氣。

管窺無限的神話

透過神話，人被提升至他們的平凡能力之上，擁有透視未來的遠大視野，也能夠實現這種眼光。

——伯格（Peter Berger），《金字塔》（*Pyramids of Sacrifice*）

廣義而言，漫長不定的歷史中，人類有二種交流的方式。一種是理性的語言。這是明確而且有經驗實證的，其結果便是邏輯。在這種交流中，**說話者和說話內容的真假並不相干**。

第二種方式便是神話。神話如同一部戲劇，始於某一歷史事件，並透過特殊的故事人物，引導人們認識真實。神話或者故事，都帶有社會的價值，就像我們在第二章會談到的，個人藉著神話找到認同感。敘事通常指向整體而不是個別事物，這主要是右腦的功能。我們可以說，他人的神話讓我們認識了對方。神話結合了生命中的矛盾雙方：意識與無意識，過去與現在，個人與社會。這些都結合在敘事裏頭，代代相傳下去。相對於指涉客觀事實的經驗語言，**神話指涉人類經驗的精髓，也就是人類生命的意義與重要性**。與我們對話的是整個人，而不只是在說給我們的大腦聽。（對這個主題有興趣的讀者，可以參考凱西瑞爾〔Ernst Cassirer〕寫的《論人》〔*An Essay on Man*〕，New Haven: Yale University Press, 1944）

在神話電影中，你可以跨越時光到古羅馬時代，或者與蘇格拉底走在古希臘街上。你可以搭著太空船躍入未來。這就是為什麼電影成為二十世紀特殊藝術的原因。或者我們的情緒可隨著藝術家的指向而立即轉換。神話電影如《血灑高棉》（*Platoon*）讓無法置信的恐怖經驗變成真實。震耳欲聾的聲音、無邊的叢林、毒品、蛇、強暴、血和褻瀆、剛踏出大學的善良青年暴行、士兵間照顧與射殺並存的人性，這就是神話。神話不只是這些象徵而已，還必須反映出我們意識與下意識的故事才行。《血灑高棉》以及其他電影，都在傳遞放入了神話本質的圖畫。結果是震撼心靈的故事，故事裏頭的我們「不是與敵人做戰，而是在對抗自己」，《血灑高棉》中的一個角色在電影結尾時這麼說。許多老兵看完這一類電影，總會發出一聲長嘆，並喃喃自語：「這就是越南！」《血灑高棉》這部電影呈現了榮格所稱的「陰影」，我在《愛與意志》（*Love and Will*）一書中，稱之為「原魔」（daimonic）。

使用再多的字彙都不足以描述一九八七年貝克（James Bakker）和史威格（Jimmy Swaggart）這二位基本教義派宗教領袖，從神聖地位下台的事件。但是用「艾爾默・岡垂」

（Elmer Gantry）這個名字，大家立刻明白了。艾爾默・岡垂是一則牧師的神話故事主角，他涉入非法性行為與盜用公款。這是劉易士（Sinclair Lewis）一九二六年同名小說中的人物，比貝克和史威格早了近半個世紀。

就像湯瑪斯曼（Thomas Mann）所說的，相對於經驗事實，神話是永恆真理。後者隨著我們每天在報紙上讀到的實驗室最新發現而變化。但是神話超越了時間。神話一點都不在乎是否真有名叫亞當的男人和叫夏娃的女人。但是〈創世記〉（Genesis）中有關他們的神話，呈現一幅人類意識的誕生與發展之圖，這適用於所有年齡與信仰的人。

> 神話不是藝術，儘管它被運用在所有藝術當中。神話帶來更多。神話的方式與功能不同。神話是一種表達的形式，描述了一種思想與情感的過程，也就是人對宇宙、其他人類和生命體的覺察與回應。神話也是恐懼與欲望具體戲劇形式的投射，這又是其他形式所無法揭露和表達的。（費德〔Feder〕，《現代詩中的古代神話》〔*Ancient Myth in Modern Poetry*〕，Princeton: Princeton University Press, 1971, p.28）

伊底帕斯是個老掉牙的希臘故事，這則故事在荷馬作品中已顯露出神話的深度，透過了索弗克列斯的筆，更成為找尋自己真實身分的英雄神話，他的探索以今日的眼光觀之便是自我的認同。就像伊底帕斯一樣，人必先哭喊「我必須搞清楚我是誰？」，然後才能對抗自己的現實處境。這行止不僅希臘人如此，所有為找出自我認同的情感而掙扎的人，亦復如是。弗洛依德認為伊底帕斯神話在那個時期的心理學，佔有最重要的核心地位。如同大部分古希伯來和希臘神話，這個家庭三角衝突的故事，以不同方式成為不同文化人們的真實，因為每個人都由一父一母所生，又或多或少會對抗他們。這就是伊底帕斯這種經典的定義。

精神分析學者貝多漢（Bruno Bettelheim）在《法術的使用》（*The Uses of Enchantment*）這本引人入勝、討論童話故事的書中，也要解決過度強調理性的問題。他召來柏拉圖和亞里斯多德這二位古希臘哲學大家，為自己背書：

> 比起只讓自己小孩接觸「真實」人物與日常事物的當代人，柏拉圖更清楚是什麼形成了人心。他知道智識經驗造就真正的人性。他建議理想國未來公民的人文通識教育要由講述神話開始，而不只是事實或所謂的理性教導。甚至亞里斯多德這位純理性大師也說：「智慧之友亦為神話之友。」（貝多漢，《法術的使用》，New York: Vintage, 1977, p.35）

教導年輕人德行與勇氣——希臘人稱之為「阿瑞特」（*arête*，美德）——的官方教育機構，也了解神話是價值與倫理的基礎。

人如要保持心智健全，就**一定**要尋求調伏意識的感覺、情緒與觀念之流，刻意努力為自己做一些原本由家庭、習俗、教會和國家為我們做的事。換句話說，就是要能夠形成理解我們經驗的神話。

註釋

①中國、印度、西藏、日本，以及其他東方國家的神話，出自與我們不同的文化背景，因此我們只能理解一部分。但它們同樣呈現給我們一座花園，我們至少可以在花園門口賞花。喬瑟夫・坎伯（Joseph Campbell）提供對這些不同國家神話的出色研究。相對地，我計畫在這本書中處理「我們美國自己」的神話，它們出現在現實世界和心理治療之中，以及社會與宗教經驗內。

②蓋洛普調查顯示：「這個國家中三千二百萬人相信占星術。」國際占星研究組織（International Society for Astrological Research）會長表示，占星術在「尋求生命意義」。「知道你的星象在哪裏，就像是對生活上的問題做氣象預報。」特別是壓力大的時候，人們會尋求「生命的答案」。（《紐約時報》（*New York Times*），一九七五年十月十九日）

薩根（Carl Sagan）在電視上大費周章的攻擊占星術是偽科學。他身為天文學教授，卻不了解占星術的基礎與天文學完全不同。占星術是一種神話，因此需要用神話的語言。占星術同時有神話的長處與短處。

③這一類的崇拜有一籮筐：瑞尼須（Rajnesh）、傳帕（Trunghpa）、約翰（Da Free John）、羅德克里斯汀（Radachristian）、穆塔南達（Muktananda）、統一教（the Moonies）等都是一些創辦人和團體。每年都會有新的崇拜蹦出來，而我不想在這裏評斷這些團體的價值或不足處。我提到它們，是因為人們蜂擁尋求掌握自己生活的方法，或處理自己焦慮的辦法，或藉以獲得某種生命的意義與目標。

2 神話中的個人危機

Our Personal Crises in Myths

神話……表達信仰、強化信仰，並將信仰系統化；神話護衛道德，並確保道德的實踐；神話使得儀式有效，並含括可做為人類行為指引的實用規則。因此，神話是人類文明的重要成分，不是聊備一格的故事，而是堅實運作的積極力量。

——馬凌諾斯基，《魔術．科學．宗教》

神話對我們生活的貢獻，可歸納成四個主題。首先，神話提供我們**個人的認同感**，回答了「我是誰？」這個問題。當伊底帕斯哭喊著：「我必須弄清楚我是誰？我來自哪裏？」，當海利（Alex Haley，編註：參見第三章）尋**根**時，他們都在描繪神話的首要功能。

第二，神話使得我們的**社群感**成為可能。我們的神話式思考表現在我們對居住城鎮和國家的效忠上，我們甚至也對自己所唸的大學及其球隊效忠，於是造就了特洛伊人隊（Trojans，譯註：南加大籃球隊）和四九人隊（49ers，譯註：職業美式足球隊）的神話現象。除非這些現象說明了社會利益與愛國主義之間的緊密連結，同時可以類推解釋其他對社會國家根深柢固的相似態度，否則是很荒謬的。

第三，**神話支撐了我們的道德價值**。當今道德式微，某些地方甚至已到蕩然無存的地步，這對當代人益形重要。

第四，神話是我們與不可知的**創造奧秘**打交道的方式。這裏所指的不僅是宇宙的創造，更包括科學的創造，以及詩歌藝術和我們心識新觀念的「降臨」。「神話是奧秘的外衣。」湯瑪斯曼在《喬瑟夫兄弟們》（*Joseph and His Brothers*, New York: Knopt, 1935, p. 33）這部關於古代神話的巨著前言中，如是寫下他的洞見。

撒旦與察爾斯

我們可以舉一位創作嚴重受阻的藝術評論家個案，來說明個人認同的神話。我們稱他為察爾斯（Charles），他極度憂鬱了好幾年，情況時好時壞。儘管察爾斯不是正式的教徒，但在二次大戰期間他曾短暫成為羅馬天主教徒，急切地希望能因此振作起來。他曾經嘗試過包括傳統精神分析在內的許多辦法，但都只停留在「談話」的層次，並未能碰觸到他的心靈深處。他自己又掙扎了好幾個月，然後才在絕望中再次找上我嘗試精神分析。

幾個月的分析治療後，他在自由聯想的過程中說：「我是寫不出東西的作家。……我是付不出帳單的男人，我是個貧乏的人。我在街上認出自己的方式，不是『嗨！察爾斯』，而是『嗨！貧乏的人！』」聽到這裏，我強烈感受到這不僅是字句而已，他真以貧乏者的神話來認定自己。

後來他說：「我的神經症保護了我的靈魂。……那是我最珍貴的東西。……如果我能好起來，其實是個失敗。」他打心眼不喜歡一般大眾所訂的治療目標，例如讓自己有生產力、快樂、調適等。儘管我們兩人並未設定這樣的目標，但我們的文化確是如此。而他打心眼討厭當代世俗文化。

分析的關鍵時刻，是他在自由聯想中浮現出「撒旦為了神而反叛神」的字句時。「撒旦既是救世主，也是叛徒！」他愉快地沉思著其中的深意。

因此在治療時，我們特別聚焦在他所認同的撒旦神話上。他強調說，以天使露西弗（Lucifer）的身形出現的撒旦，已被逐出天堂，而且他因為反抗才得以存在。他所要表達的意思是，他自己是因為叛徒神話才存在的。難怪他的神經症保護了他的靈魂。它確實構築了他的靈魂！他強調自己對撒旦的信仰，並不適用摩尼教派（Manichaeanism）的解釋，因為撒旦是真的信神。當我們在治療中接受撒旦神話時，我們發現他人格結構中許多晦澀難明的初始部分，得以統整起來了；例如他的叛逆、消極，以及他身為作家豐沛的創造潛能。

察爾斯先前的治療最終無效，似乎是因為治療過程太過理性的緣故。過去的治療是以意識層次的談話為主，這類談話察爾斯可以永無休止地進行，但卻從未碰觸到他較深層次的情緒。「為了神而反叛神」的神話，為他卸去了神經官能式的疚責感，讓他可以接受每個常人都有的罪惡感，結果對治療產生了良性刺激。如今他在敬重自己之餘，也能夠做一位建設性的叛徒。他已經不再想要毀掉自己了。我們這個社會中有太多的虛偽和錯亂，因此類似撒旦這種負向情緒必須在治療中浮現，也就不令人意外了。撒旦神話是到達他叛逆與消沉基底的捷徑，而且是他獲致成功治療結果的關鍵因素。

就像察爾斯下意識地依附撒旦神話以構築他的生活那樣（第十四章會進一步描述撒旦神話的起源），我們每個人也都各自擁有規範生活的神話。這類神話使我們得以統整，能夠在不忽略當下每個剎那的同時，活出過去與未來。神話搭起意識與無意識的橋樑；於是我們能在個體的千差萬別中看到某種統合。當然，這類神話可以表現的形式是無限的。正如個體之間彼此不同，每個人帶入治療中的神話都是獨一無二的。但是，個別神話通常是某個古典神話主題的變形；比如在這個案例中的撒旦，所指的就是每個人生活中動盪的存在危機。

誠如艾瑞克森（Erik Erikson）所強調的，認同的問題會出現在心理治療案主和我們每個人身上，解決之道則在於傾聽案主可能提出的各式各樣神話。因為我們並不是以道德或理性的概念來看待自己，反而視自己為生命戲劇中的主角。我們可能是英雄或英雌，是罪犯、惡棍或旁觀者，或是戲劇中任何角色，而我們所經驗到的情緒，也與這些角色若合符節。

當我們接納了像撒旦這種所謂破壞性的神話之後，我們的意識便益加深厚了。田立克（Paul Tillich）在他送給我的《存在的勇氣》（*The Courage To Be*）一書扉頁上寫道：「能夠廣納越多虛無的存在，其對存在的自我肯定便越強。」（田立克，《存在的勇氣》，New Haven: Yale University Press, 1952）當然，如今撒旦的名聲並不好，那些以「正向提升」為座右銘的治療師，常會試圖掩飾這種負向的事物。但是當我們這麼做的時候，我們卻忽略了一個事實，亦即每個意識層次的神話都是藉著相對的圖像在無意識的層次達成平衡。因此，就務實的觀點而言，我們若是揚棄了撒旦，就表示我們也揚棄了正向的終極關懷。

撒旦成為影響力驚人的神話，擁有許多具備某種黑暗力量的匿名，如露西弗、梅菲斯托菲里斯（Mephistopheles）等。在《舊約聖經》的〈約伯記〉（Book of Job）和歌德的《浮士德》的開場白中，撒旦和神是處於平起平坐的地位。在《浮士德》劇中，浮士德要求梅菲斯托菲里斯表明身分時，魔鬼回答說：

> 我是專挑壞事做的惡靈
> 但結果通常不錯。

米爾頓（John Milton）的《失樂園》（*Paradise Lost*）若是沒有了撒旦神話，便失去了力道；如果除去亞漢伯船長（Captain Ahab）內在的撒旦，那麼《白鯨記》（*Moby Dick*）便失去了神髓；在當代的心理醫生中，蘇利文（Harry Stack Sullivan）對撒旦的評語不錯，其理至明，因為撒旦強調的正是我們心理治療所關心的。已過世的哈佛大學心理學家穆瑞，曾經大篇幅地描寫過撒旦，並說明撒旦如何從露西弗這位「晨星、閃亮之星、天使首座」，蛻變成我們誤責為魔鬼的受造物。①

當察爾斯無意間撞上撒旦神話後，他便開始對自己有了更深入的了解。如果心理治療療效想要持續而深入，就必須能幫助案主與這類邪惡力量接觸，並使他們能夠再度體驗人類深入地獄的危險之旅神話。我們稍後在第九章〈治療師與地獄之旅〉中，將會進行這項痛苦的探索之旅。

雅典娜之夢

在歐秀拉（Ursula）的個案上，我們看到另一種以神話來顯露自己的方式。四十出頭的歐秀拉曾在好萊塢求學過，並在多部電影中擔綱。她先前有過二次心理治療，每次都進行相當長的一段時間，雖然她和各個治療師都維持不錯的關係，但是她心理的困擾一直沒有減輕。她無法單獨出門（她由私人司機載來我這裏做心理治療），也無法去參加舞會、派對，以及她老公的百老匯舞台劇首演，這深深地困擾著她。她也一度以為自己是同性戀者而深受其苦（後來證實她不是），不過她一生也從未與異性發生過令她滿足的性經驗。

在頭一個月的治療過程中，她總是在治療結束時問我：「你認為我可以克服這些問題嗎？」我發現自己每次的回應大致不脫「如果妳真的願意，一定能做到」的意思。這樣的回應方式總會在當時惹得她勃然大怒。她要是不想克服這些障礙，就不會大費周章地到我的辦公室來做治療，這點我還不清楚嗎？

在心理治療接近第一個月的尾聲時，她做了下面這個夢：

> 我的額頭被割了一道痕。我到處找繃帶包紮，但是只找到一片衛生棉。我將它包在傷口上。如果不在意的話，是不會太難看的。

她對夢的聯想是這樣的：割痕指的是她來找我治療；我們「切」入她的頭。因為那是道額頭上的割痕，所以有可能透露出她過度知識化的傾向，這點我們本來就知道，也不會影響到療效。衛生棉可能意指她對我的性欲，儘管這完全不構成困擾。從衛生棉也可以聯想到生殖：因為衛生棉是在受孕的生理期使用，這表示她可以生個孩子（可能意指她希望治療會有正向的結果，儘管我認為在現階段治療中下這樣的定論還太早）。夢中所謂「如果不在意的話」的說法，似乎正出自受過「良好」教養的中產階級人士。

然而，這就是所有可能的解釋了嗎？

當然不是。依我看，這個夢中的古代神話遠比以上所有討論的內容更重要。這就是全副武裝的雅典娜，從宙斯前額裂縫誕生出來的故事。這就是雌雄同體的雅典娜誕生的著名故事。因為雅典娜出生時母親已死（譯註：原來的故事是，雅典娜的母親懷孕時死了，於是爸爸宙斯成了代理孕母，並「生」下雅典娜），所以在亞斯克列斯刻劃人類文明開端的《奧瑞斯提亞》（*The Oresteia*）偉大三部曲中，雅典娜才得以具備扮演公正裁判的能力。

乍看之下，這個夢中的神話，似乎把我這個治療師變成了宙斯，我當時也頗有受寵若驚之感。但是，割痕是在她的額頭上，不是在我的額頭上啊！所以她才是眾神之王，才是奇蹟的創造者！我預期將會受到某種程度的挑戰，因為宙斯在我的診療室中萌生了。

這個夢中神話另外讓我了解到二件對心理治療非常重要的事。首先，就懷孕這件事而言，其中透露出堅強與率真的意味，她恢復健康也是可預期的。她的神經症十之八九可以得到控制，事實也正是如此。其次，它讓我了解到，我每次在評估她的病情展望時，都追問一句「如果妳真的願意」是正確的作為；如果她的秘密目標（可能是無意識的）是在扮演眾神之王，並且認為可以像擊敗前二位治療師一樣地打敗我，那麼她以怒火回報我也是可以理解的。我暗自忖度，前二位治療師的錯誤，或許是因為他們不自主地承擔起將她治癒的責任，這樣她就不必去經歷自己的「地獄」了。

讀者可能會問，如果案主心思不夠細膩，也從未讀過希臘神話或其他典籍，該當如何？雖然這位女士真的很有趣，相處起來也很愉快，但說她知道這神話故事則不然。據我推測，她沒讀過也不知道這則故事。這說明個人不必特別讀過神話才行。就像坎伯等專家所指出的，**神話是人類意識中的原型模式**。我們都是母親所生，也都必朽；我們都要面對性的存在與消失；我們都要工作，或逃避工作，依此類推。偉大的戲劇如《哈姆雷特》（*Hamlet*）之所以具備神話性質，是因為它呈現出每個人生命中的存在危機。我們不得不相信，神話與自我意識基本上是同義詞的假說。凡是意識存在的地方，就會有神話。一個人不論是否真的讀過伊底帕斯這本經典戲劇，都可能做伊底帕斯神話的夢，體驗到家庭三角關係（父母與孩子間）的種種變化。

榮格寫道：「美國南方黑人夢中會出現希臘神話的主題，而瑞士雜貨店學徒的精神病，則重複了埃及諾智派（Egyptiam Gnostic）教徒的心象。（《集體無意識的原型》（*Archetypes of the Collective Unconscious*），Princeton: Bollinger Press, 1959, p.50）

榮格說，神話是前意識心靈最原始的顯露。它們是無意識心靈活動的自然表述。「它們是原始部落的心靈生活，失去了部落的神話遺產，這些心靈活動也立刻破碎消失，就像個人失去了靈魂一般。」這位瑞士心理學家和其他心理學權威都同意，當代生活的警鐘正是象徵的貧乏。（出處同上，p.512）

榮格相信，詩人所觸及的真實遠超過理性心智所能覺知的範圍。他們知道自己發現了「精靈、惡魔與神祇」。榮格寫道：只有通過神話與儀式，才能發掘最深層的無意識。他認為神話是連接心靈與自然人的必要紐帶。基於這個道理，便導出表露集體無意識的原型概念。

因為我們具有神話模式，所以參與這些原型中；它們是人類存在的結構。我們不需要成為學者就能受到原型的影響；個人只要認真地投入人生即可。李維斯陀（Claude Lévi-Strauss）說：「我曾寫過，神話從人所不知的事物上獲取靈思」；「在我看來，〔神話〕描述的是生活經驗。」（李維斯陀，《神話與意義》〔*Myth and Meaning*〕，New York: Schocken Books, 1979, p.3）夢是公有神話生活的私人應用，而我們都是這公有神話生活的參與者。

第一個生存危機當然是**出生**。我們的出生或驚天動地，或平凡無奇，當時雖然我們沒能察覺到其間的差異，但是我們事後為自己出生所賦予的意義，卻遠遠超出事實許多。英雄的出生通常會被傳奇化，蘭克（Otto Rank）《英雄誕生的神話》（*Myth of the Birth of the Hero*）一書對此有所描繪。摩西的小嬰兒床漂流在尼羅河的紙草叢，為法老的女兒發現；耶穌為童女所生，誕生時東方天際有顆星特別閃亮；伊底帕斯一出生便被棄置荒野，讓他自生自滅。我們都會回顧自己的出生，有人讚頌，有人憎恨，有人有身世之謎，也可能有其他千百萬種不同的反應，但它們卻可以被含括在同一個神話內。

另一個危機則發生在五、六歲的時候，這是伊底帕斯式的渴求，它以渴望異性雙親的方式表達出來；此處適用的是《伊底帕斯王》（*Oedipus Rex*）的神話。在十二歲後的青春期階段，我們發現此時男女孩長大成人，神話則經由一連串的儀式表現出來。這些神話表現在天主教會的堅振禮（*confirmation*，編註：天主教七聖禮之一，堅振表示對聖洗聖事的確認）儀式，以及猶太聖堂的成人禮（*bar mitzvah*）中，也表現在美國印地安人的部落儀式中，通過這個儀式，男孩成為勇士，女孩成為可以生兒育女的女人。

另一個成長過程的存在危機，發生於青少年確定獨立之時；這在偉大的希臘古典文學作品《奧瑞斯提亞》中可以見到。不論是古代亞斯克列斯的詮釋，或是現代沙特與傑弗斯（Jeffers）的解讀，奧瑞斯提斯（Orestes，譯註：《奧瑞斯提亞》一劇的主角）神話都被視為是青少年成長路上的重大危機。這部戲劇因為劇中英雄想努力擺脫與父母的血緣關係而著稱。

接下來是愛情與婚姻的危機，由此源源不絕地衍生出阿弗黛蒂（Aphrodite）、愛羅斯（Eros）、賽姬（Psyche）等相關神祇的神話，例子多得不勝枚舉。「工作」的存在危機，表現在薛西弗斯（Sisyphus）的神話中；這點我們將在提到《大亨小傳》（*The Great Gatsby*）一書時深入討論。最後，關照到死亡降臨之存在危機的神話也不可勝數，其中像但丁在地獄中遇到死去朋友舊識的神話，就十分壯麗迷人（第九章）。放下自己對愛人或仇人的執著，似乎不太可能，因此，我們為敵人設下懲罰無間的地獄，卻為友人修建永恆至福的天堂。

已故哥倫比亞大學古典文學教授海伊特（Gilbert Highet）就曾有過如下動人心弦的描述：

根本的答案就是，神話是永恆的。它們處理最重大的問題，這些問題不會變，因為人不會變。它們處理愛情、戰爭、原罪、暴政、勇氣、命運等問題：它們都以某種方式處理人與神聖力量之間的關係，不論神聖力量是殘酷的還是正義的。②

說古老的神話非死即萎是不正確的。事實上，每個有意識的受造物都必須以某種形式與這些危機遭逢，這乃是「無限」這個神話要素的某個面向。每個交替的世代會重新詮釋神話，以適應文化的嶄新面向和需要。偉大的《奧瑞斯提亞》起源於荷馬之前的希臘詩文蒙昧期；它後來被亞斯克列斯解讀成年輕人在認同父親、長大成人過程中，必然要忍受痛苦的神話。奧瑞斯提斯的弒母重罪，被復仇三姊妹（Furies）追捕而短暫精神失常，以及最後在人類正義獲得神聖力量支持的著名雅典審判中獲釋等，這些情節都有了適當的安排。

在《奧瑞斯提亞》劇中，整個文明都繫於這個審判結果。因為在這個審判的象徵行為中，陪審團是由人類而非眾神組成；人類必須為他們自己的文明承擔責任。這個神話的意涵是，今日的「溫室效應」以及地球上的其他威脅，乃是我們自己的責任。

沙特與《蒼蠅》

讓我們來檢視沙特是如何運用奧瑞斯提斯的故事，這齣在人類偉大創作中堪稱歷史瑰寶的古代戲劇。在我們這個後弗洛依德時代，當青少年心理學不斷地被研究和討論的時候，人們可能會認為，奧瑞斯提斯這齣戲恐怕只剩下複製經典的趣味了。但這是錯誤的想法。二次大戰期間巴黎被德國人佔領，當沙特需要一齣和沮喪的法國人民溝通的現代劇時，他就選擇了奧瑞斯提斯這齣古代戲劇。

巴黎當時飽受納粹鐵蹄之苦，德國軍官就在劇院前面來回巡邏。沙特改寫亞斯克列斯的劇本，命名為《蒼蠅》（*The Flies*）。這齣劇開場時，一座天神宙斯的銅像佔據在舞台中央，而阿果城（Argos，因為這些緣故，在古代，Argos與Mycenae這二座城是同一個地方）的居民，正沉浸在他們充滿病態罪惡的年度狂歡中。沙特筆下的奧瑞斯提斯，年方十七，此時與他的朋友皮洛斯（Pylos）出現在舞台上。到目前為止的劇情，都還是亞斯克列斯作品的翻版。

但是沙特從此開始加入自己對這個古代神話的詮釋。他讓奧瑞斯提斯與宙斯展開爭辯，在此之前，宙斯一直是舞台背景的一尊銅像。這時宙斯從銅座上走了下來，試圖勸說這位年輕人打消弒母的計畫，那個可讓阿果城脫離紙醉金迷之罪惡淵藪的計畫。宙斯代表的是納粹武力，當時德國將軍們或許正好行經劇院的門口。如果你是一九四四年為納粹鐵蹄征服的法國人，你將如何挺身反抗威權的命令呢？

劇中宙斯大吼著，是他創造了奧瑞斯提斯與人類，因此奧瑞斯提斯必須順從其命令。當時奧瑞斯提斯對宙斯嘹亮的應答——「你大錯特錯，是你讓我無所顧忌的！」——必定強烈鼓舞了法國觀眾的士氣。

宙斯震怒之餘，便讓太陽和星球在天空中旋轉，以顯示自己創造諸天的神力。於是他挑戰這位年輕人，說道：「如果你繼續執迷不悟，你知道你的下場會有多慘嗎？」以下奧瑞斯提斯回應的這句話——「**人類的生命肇始於絕望的彼岸！**」，與一九四四年在巴黎激起動力的情況類似，也為今日的我們帶來深刻的啟發。

根據沙特的觀點，雖然宇宙可能不公正或不理性，但人類卻可以當著暴君的面肯定自身的自由。「奧瑞斯提斯是反抗英雄，」邦恩（Hazel Barnes）說：「儘管他所採取的行動，無可避免地會造成部分人民的死亡，但他還是不悔地為自由付出。」（邦恩，《關鍵報告》〔*The Key Reporter*〕，一九八六年夏季號，p. 3）

像《哈姆雷特》與《馬克白》（*Macbeth*）這類偉大的戲劇，都是觸及人心的鉅作。它們同樣以神話的形式長存於我們的記憶中，使我們得以對人性具備更深刻的鑑賞能力。貝克特（Beckett）的《等待果陀》（*Waiting for Godot*）也是此類的劇作。這是部既溫柔又意味深長的神話，它以深度的矛盾對立緊扣著我們的心弦。它和尼采「上帝已死」的寓言，同樣尖銳深刻。劇中角色等待著神話的降臨，說明了我們在現實生活中缺少劇中那樣深刻動人的角色。

這種對生命意義的覓求，以及永恆等待上帝的時代追尋，不露痕跡地充塞在我們為人處世的共同困惑中。艾斯特拉岡（Estragon）對瓦拉第米爾（Vladimir）說：「我們出發吧？」而瓦拉第米爾回答：「好，我們走吧！」但是此時舞台的旁白說明顯示：「他們並沒有移動。」這個寓意深遠的神話顯現人類是如此不確定：我們的生活好似夢遊一般。梅勒（Norman Mailer）在評論這部劇時說道，這份疑情所指的是「隨著基督消失的基督教……道德基礎。」而《倫敦時報》則把此劇說成是「〔以〕美麗而痛苦的傷疤……不露痕跡地充塞著人類整體的困惑。」（貝克特，《等待果陀》，New York: Grove Press, 1954）

奧瑞斯提斯和伊底帕斯的神話，是古希臘文明光芒閃耀的產物，而希伯來傳統中也有極具魅力的神話，例如亞當夏娃的意識覺醒、雅各與天使的角力，以及以賽亞和「受難僕人」（Suffering Servant）等，真是不勝枚舉。希臘與希伯來乃古代神話的兩大源頭，也是西方文明的「父親」與「母親」，我們將永遠受其澤被。

亞瑟·米勒（Arthur Miller）的《推銷員之死》（*Death of a Salesman*），讓我們再度看到神話的色彩，以及劇作家對是非對錯議題的關懷。亞瑟·米勒認為，當代百老匯的眾多劇場，把戲劇**弄得微不足道**：它製造粗俗的娛樂，而不觸碰希臘戲劇和聖經故事所大聲疾呼的偉大生死議題。我所說的存在危機，在亞瑟·米勒的筆下被描繪成心靈的處境：

> 我們取自聖經的可能只是角色本身——亞伯拉罕和以撒，拔士希巴和大衛——實則不然，他們都是心靈的處境。這類故事總是非常吸引我。希臘人對我也有相同的吸引力。以伊底帕斯為例——除了他的處境外，我們所知不多，但故事以最熟練的手法帶出最深刻的矛盾衝突。（《紐約時報》，一九八四年五月八日）

亞瑟·米勒的《推銷員之死》為數百萬美國人提供了一個強而有力的神話，因為這個緣故，此劇在全美電視頻道和舞台一再上演。在故事的結尾，威利自殺之後，一群人站在他的墓前。威利的寡妻告訴已死的威利說，當天正好是最後一筆房貸的付款日，她哭喊著說：「威利，你為什麼要這麼做？」

然而，大兒子卻難過地述說，威利「從不知道自己是誰」。鄰居查理則試著說些安頓人心的話：

任何人都沒有權利責備這個人。……威利是個推銷員。對推銷員而言，生命沒有任何需要固守的原則。他不會將螺帽套在螺栓上，他不會告訴你法律或給你藥物。他孤身在外，身處茫茫人海之中，有的只是臉上的笑容與一雙潔亮的皮鞋。當人們不再報以微笑——那就是大震撼。……任何人都沒有權利責備這個人。推銷員要有夢想。……這是專業的一部分。

畢福：查理，這人不知道自己是誰。

哈皮（憤怒地）：不要這麼說！……我會讓你和其他人明白威利・洛曼不會死得默默無聞。**他有美麗的夢。這是你唯一能夠擁有的夢——成為最出色的人**。他在外頭奮鬥過，這也是我要為他爭取的榮銜。

畢福（絕望地看哈皮一眼，轉過去對他媽媽說）：走吧，媽。

他們離開時，琳達殿後，又留了一會兒——

琳達：我一會兒就跟上你。去吧，查理。（他猶豫了一下）我只要一會兒就好。我從沒機會說再見。……原諒我，親愛的。我不能哭。我不知道怎麼回事，但是我不能哭。我不明白。你為什麼要這麼做？我今天才繳了最後一筆房貸。就在今天，親愛的。現在變成了空無一人的家。（她的喉嚨發出一陣嗚咽聲）我們沒有負擔了。（嗚咽得更大聲，如釋重負）我們自由了。

我們在此見證了當代美國神話的出色表現，一個多少把我們都涵納進去的神話。因為亞瑟．米勒說的是，我們「從不知道自己是誰」，不論我們是飄泊不定的推銷員，或是販賣知識的大學教授，不論賣的是新發明還是垃圾債券。我們願意相信自己有個「美麗的夢……以成為出類拔萃的人」。依照時間的序列，這部戲出現在何瑞修・艾爾格（Horatio Alger）神話，以及投資和垃圾債券銷售員的神話之間，並且透過數百萬大眾的神話舞台（因為我們多少都會好奇「自己是誰？」），勾勒出一幅圖像來。由於我們的問題是神話性的，因此我們的答案也必須是神話式的，好讓我們有機會去感受一下「那成為出類拔萃者的好夢」。

像威利一樣，努力發覺我們自己定位的神話，就呈現在我們銷售自己的方式中，不論所銷售的是我們的作品、觀念或努力，甚至是皮鞋上的亮光和臉上的微笑，都是如此。此外，我們也會在自己的神話失靈時，發覺「我們從來不知道自己是誰」。但是，如果我們的人生戲劇像奧瑞斯提斯、威利或其他角色一般，那麼我們可能仍在等待著果陀；儘管如此，我們依然過著自己的日子。我們都是尋找個人神話的推銷員。亞瑟．米勒的神話把我們都包攝進去，它是廣大群眾所居平凡世界的神話。

註釋

①穆瑞，〈撒旦的人格與事業〉（The Personality and Career of Satan），《心理學探尋》（*Endeavors of Psychology*），1981, p. 531。穆瑞接續他那迷人的描述：

魔鬼一開始「充滿智慧，外型完美，」……聖多瑪斯（St. Thomas Acquinas）說，撒旦是上帝純潔天使中的一位，說不定還「優位於其他天使」。但是露西弗妒嫉他的哥哥基督，這種同胞間的敵對，讓他變得邪惡了。因為妒嫉上帝至高無上的權力與榮耀地位，造成撒旦的怨恨之心。他宣稱：「我就像臻於極致一般。」這麼一來，妒嫉或傲慢，便出現在原罪中了。

②海伊特，《古典傳統：希臘羅馬對西方文學的影響》（*The Classical Tradition: Greek and Roman Influences on Western Literature*），New York: Oxford University Press, 1957, p.540。

3 尋根
In Search of Our Roots

我們對歷史的巨大飢渴意味著什麼？我們對其他文化的貪得無饜，意味著什麼？還有我們對知識的消費欲望，又意味著什麼？如果不是因為神話的喪失，神話之家與神話之源的喪失，還會是什麼？

——尼采，《悲劇的誕生》（*The Birth of Tragedy from the Spirit of Music*）

尼采當然沒錯：我們對神話的巨大渴求，是一種對社群的渴求。沒有神話的人，是一個沒有家的人。這樣的人真的會緊抓住其他文化，以找出「**神話之源**」。要成為社群的成員，便要分享社群的神話。清教徒初次登陸樸利茅茨岩，華盛頓總統過河前進德拉瓦州，布恩（Daniel Boone）與卡森（Kit Carson）西征拓荒，都讓我們打從心裏同感驕傲，這就是社群參與。所謂的外來者、外國人、陌生人，便是與我們沒有共同神話的人，那些依據不同天象引導、崇拜不同神祇的人。

在世界杯棒球爭霸賽現場，六萬名球迷同唱美國國歌：「烽火連天處」，「我們的國旗依然飄揚」，國旗飄揚在「自由之土與勇士之家」的上方！這些都是構成美國社群神話的一部分。當舊金山四九人隊贏得超級杯足球賽冠軍時，整個城市日以繼夜狂歡了二天。這時如果火星來了訪客，一定會以為是當地人集體受到精神錯亂的席捲所致。這位火星訪客也沒有錯，這是一種「常態性的精神錯亂」。四九人隊的球員都不出生在舊金山：球員「買」自全國各地，只對自己的工作效忠。但是他們確實夾帶著強力的舊金山神話，也就是這個七十五萬人的城市，已擁有來自居民的神話性效忠。這些行為說明神話能夠讓我們團結在一起。歷史學家羅伯森（James Oliver Robertson）在其見解卓越的著作《美國的神話與真實》（*American Myth / American Reality*）中，特別將神話定義為「將我們團結在一起的事物」。（羅伯森，《美國的神話與真實》，New York: Hill and Wang, 1980）

在漢娜‧格林的敘事（參見第一章）中，我們知道黛博拉無能投入屬於自己社會的神話，而被迫創造自己的秘密社群，這是由外厄王國的虛擬人物如「合體」、愛達忒、安特瑞貝、拉克特曼所組成。我們也知道黛博拉的神話社群效用卓著，因為這些神話人物的保護，她能夠進入深度睡眠。儘管她孤立於周遭社會之外，也能得到這些人物的慰藉。

古代雅典政治家培里克利斯（Pericles），對伯羅奔尼撒半島（Peloponnesian）之戰的遺族演說宣稱：「陣亡將士光榮地為雅典犧牲。」這句話同樣適用於不如雅典那樣偉大的城市和國家。不論是好是壞，我們成長的城市在記憶中仍然舉足輕重，因為那是我們歷經少年、陷入愛河、認同俗世，以及許多其他經驗發生的地方。這個神話可以回溯到人類以城牆護民的時代，如邁錫尼（Mycenae）或特洛伊都有此和平與保障的措施。在中古和古代的圍牆城市，人們的神話會受到城牆的限制。

權威的精神分析學派懷特學院（William Alanson White）中著名精神分析家，如蘇利文、弗洛姆（Erich Fromm）、弗洛姆—瑞奇曼都主張，心理問題的根源出自人們和自己文化中具重要心理意義的人物，所保持的關係密切程度。因此，在心理治療中浮現的神話，與文化和家園都有重大聯繫。

尋找家園的熱情

身為當代無神話世紀一員的海利（Alex Haley），開始尋找自己的神話，並將其過程寫成了《根》（*Roots*）這本書。不論是有意識或無意識地，海利確實是百分之百地接受尼采以下的建議：「被剝掉神話而饑腸轆轆佇立在過去事物中的現代人……必須瘋狂地挖掘自己的根，即便它是埋藏在太初遠古的殘骸中。」在奴隸制度的心靈風暴中，基於它極度羞辱的不義行為，迫使奴隸冠上主人的姓氏，這使得奴隸的心理認同一直被嚴重地打擊。《舊約聖經》中，耶和華對人類所能施予的最殘酷懲罰，便是「從『生者之書』中將他們的姓氏抹掉」。這就像共產主義國家一樣，可以改寫歷史讓某些人永遠消聲匿跡，創造出一種無名社會的現象。這種把人的身分認同奪去、摧毀其神話的做法，乃是一種威脅奴隸人格的精神懲罰，儘管他們的人格在殘酷的情境中，依然藉著民謠保存下來。

在找出自己根源的渴求下，海利寫道：「我必須找出我曾經是誰。……**我需要找到生命的意義**。」①海利只記得自己的非洲先人庫塔・康特（Kunta Kinte），年輕時到河邊製鼓。沒想到卻受埋伏，被打昏過去，當他醒過來的時候，已經和其他黑人被奴隸販子像牛群一樣綁在船上，要被帶到美國南方城市的街角拍賣。一位無根的人如何相信自己是個人呢？海利回想起來，以下這些話語不停地在心裏迴旋著，我—必—須—知—道—我—是—誰！

神奇的是，這幾乎就是二千三百年前伊底帕斯在《伊底帕斯王》中所說的話：「**我必須弄清楚我是誰？我來自哪裏？**」在伊底帕斯與海利這兩個人身上，擁有自己過去的神話，對於擁有目前的身分認同是很重要的，如果真相弄清楚了，那麼目前的認同也會影響到未來的擁有。

我們要怎麼解釋《根》這部電視影集，是美國有史以來收視率最高的節目呢？原因不就在於，**美國有太多人是無根的嗎？**譬如說，我們大部分人的祖先是在十九世紀移民到美國來的，有的是逃避愛爾蘭馬鈴薯荒所造成的饑饉，有的是逃避瑞典抵押品的大流當，有的是逃避東歐的猶太人大屠殺。他們勇敢地選擇拋下自己的神話。在慶幸自己自由無根之餘，這些美國人也普遍飽受孤寂之苦。托克維爾（de Tocqueville）指出，美國人在禁錮心靈的流浪癖驅使下，焦慮不安地在城市間不停搬遷。我們緊緊攀附著教派崇拜、對賺錢具有成癮的熱情，部分是為了逃離因沒有神話所造成的焦慮。

在船上的時候，海利每天晚上都選擇睡在船監中，儘可能重新體驗其遠祖被迫經歷的事情。突然間，整個故事就在他的想像中「迸裂」出來，就像所有創意產生的情況一樣，他知道要怎麼寫這本書了。神話就此誕生。後來，他手持黑奴庫塔・康特在不同主人間轉換的販賣券，瞪著它喃喃自語：「神啊！」

《根》這本書以及從它衍生出來的電視影集，都是追尋個人神話的例證，它開啟了美國各色人種的尋根運動，儘管為時並不算長。荷蘭裔、波蘭裔，以及其他歐洲移民的後代，返回祖先的故鄉，來到異地的墓園碑石前憑弔，上面刻劃的死亡印記，古老、斑駁而難以辨認。所有這一切都是為了找到根源，當然有時會有回報，有時則否；這正應了尼采的那句話，「即便它是埋藏在太初遠古的殘骸中」。在海利這個個案中，不論發現的過程多麼痛苦，先人庫塔・康特的艱辛乃珍惜與關愛的核心。這是典型的神話，殘酷與幸福的事實交織成一個模典，使我們可以珍愛它、擁有它。我們可以把精神分析看成是自我神話的追尋。對於能夠發現並活出這類神話的人，神話是何等的具有療效啊！

這個我們昔日的神話、源頭的神話，正是我們可以尊敬的參考點。不像所謂「飛行荷蘭人」（Flying Dutchman）的神話之船，沒有避難的港口可以停泊，我們已經找到我們的過去；而這本身就是在可能的未來，有港灣可泊的保證。

節慶神話

「神話生活便是節慶。」湯瑪斯曼如是說。社群的神話通常是快樂、享受的神話，讓我們生氣勃勃。它們標出節慶與神聖的日子。我們會互道「聖誕快樂」或「新年恭喜」。讓我們以狂歡節慶聚在一起的神聖日子，如紐奧良的嘉年華會（Mardi Gras），地中海地區及南美國家的四旬齋，都是色彩繽紛、帶有神話奧秘的日子。於是，我們可以去愛每一個人，也可以把自己讓渡給感官的即興。耶穌受難日（Good Friday）和復活節（Easter）是在紀念耶穌被釘上十字架，以及基督復活這二個永恆神奇的神話，而踰越節（Passover）則是最初的「最後的晚餐」（Last Supper，譯註：《舊約聖經》〈出埃及記〉記載神降下十種災難，逼使埃及法老放猶太人回到以色列，最後一個災難殺死了所有埃及人的長子，卻「踰越」了猶太人的家庭，這就是踰越節的由來。而耶穌被釘上十字架前的最後一次晚餐，便是踰越節晚宴），這三個節慶都和百合初開的綻放之美融合在一起，此時正是青草綠樹、陽春白雪的景致。

經年累月的積澱，這些神聖的日子便匯聚了永恆的神話特性。使我們對漫長的過去與遙遠的未來產生某種統合感。聖誕節字面的意思便是望彌撒，後來混合了北歐條頓與日耳曼部落的神話，才有聖誕樹這個用亮晶晶裝飾品和禮物精雕細琢的象徵事物。逐漸增添某些細節，以及把地方神話和昔日宗教神話吸納融合的過程，造就了這個神聖節日的永恆光環。誠如蘭克所說，聖誕節神話是英雄誕生的雛型，它描述耶穌誕生在馬槽內時，正是智者帶著賀禮循著東方之星而來的時刻。這則神話的意涵是，如果我們也以給予的精神參與節慶，那麼就能得到智慧。

就像節慶和宗教聖禮一樣，儀式是神話的具體表現。神話是敘事，而儀式如送禮、受洗等，則是以身體的動作來表達神話。儀式與神話為這個充滿變化、令人困惑沮喪的世界，提供了穩固的支點②。神話可能先於儀式，例如慶祝領聖餐的儀式便是；儀式也可能發生在先，就好像四九人隊在超級杯足球賽獲勝那樣。不論是哪一種方式，兩者互相賦予了對方的存在。沒有任何個體可以離開其神話社會而單獨存在。不論這個社會是具象的真實，或是像黛博拉主觀建構出來的外厄王國③。

歐洲的社群神話是由城鎮裏的教堂象徵地點飾出來的。沙特爾大教堂（**Cathedral of Chartres**）或科隆（**Cologne**）大尖塔，高聳在因防禦需要而緊密相連的民房聚落之上，外部由流線形的拱壁支撐，內部則滿佈《聖經》神話故事的訊息。這些聖經神話會吸引人們的注意，從而使他們對至高無上的神，以及其他村民早已熟知的聖經神話產生崇敬之心。教堂就是要讓每個人都看得見，它是人心與社群心靈的守護者，也是神話編織的核心象徵。在新英格蘭的村落中，也有類似的社群神話的拱形象徵。當你開車經過佛蒙特州或新罕布夏州時，會經過村子中央廣場（common ground）的那塊方型大草地，村裏的教堂高聳在旁，它那清教徒式的潔白外觀所呈現的單純美，彷佛是對村子的永恆祝福。

因此，對於古代和中古世紀的城邦居民來說，被流放是極令人恐懼的。被流放離開所屬城市的人，必須放棄自己的神話中心；而個人浸淫的城市，則是神話與社會血脈之語言和倫理的寄託處。放逐通常會毀掉當事人的心靈生活，他因無可歸屬而全然崩潰。但是在少數的個案中，流放反而會逼出流放者更強的創造力來，我們不妨稱之為昇華，但丁和馬基維里（Machiavelli）就是這樣的例子。但丁被流放離開佛羅倫斯，獨自重新體驗神話，從而產生壯麗的詩作《神曲》（*The Divine Comedy*）。馬基維里若沒有被放逐，也許永遠不會有《君王論》（*The Prince*）問世。

建設性神話存在的必要性，在於公民有培養慈悲的需要，特別是對異邦人的慈悲。在以色列的古代歷史中，這是一大進步；當時〈利未書〉（Book of Leviticus）中的律法規定：「你必須用對待以色列孩子的律法，來審判異邦人〔意思是：擁有不同神話的人〕。」

使人傾注心聲、擁有「在地」之感的家，是健康神話的根本要素。許多接受心理治療的案主發現，他們的神經症問題和他們從未能擁有一個傾注心聲的家密切相關。連恩（Ronald Laing）提及他治療的一位從不說話的五歲小女孩。她由雙親帶來，直接走進內診室，然後就像「小佛陀」般坐在地上。連恩在對面以同樣姿勢坐下。小女孩的手一會兒朝這邊動，一會兒朝那邊動，連恩也以同樣的方式舞動自己的手。一小時過去了，沒有人說話，他們只是沉默地複製這小小的部落舞蹈。治療時間結束後，他們站起來，小女孩也回去了。稍後她竟然開口和父母說話了。連恩後來才知道，當小女孩的父母問她在診療室內發生什麼事時，她回嘴道：「不干你們的事。」（與連恩醫生的私人書信）

像上述的小女孩一樣，不說話的孩子可能是因為他們出生的環境，充滿敵意、冷漠和不友善。回應這種環境的方式，便是拒絕說話，以免自己成為它的一部分。有些小孩長期吸吮大拇指，或是以其他方式表現出必須擁有某種親密的東西，如果他們需要的不是家庭，至少是帶有某種神話意義的寵物或布娃娃。

這就是社群存在的必要，讓我們有家的歸屬感，一個讓我們可以得到保護與親密關係的家庭。如果沒有神話幫助孩子成為社群的一分子，沒有提供溫暖與保護的家，孩子便不算真的發展成人。這點史必茲（Rene Spitz）醫生數十年前就證實過，從未得到母愛關懷的孤兒，容易退避到搖籃的一角，有些孩子最後便真的因為得不到愛而夭折了。

在真實或想像世界中，擁有屬於自己的朋友和家庭，不僅是一項迫切需要的東西，而且是身體、心理與心靈生存所必需。我們都渴求集體的神話，以便能夠在混沌的宇宙間找到穩固的支點。

英雄是本土（homeland）神話的象徵，社群的最高目標便投射在他們身上。沒有英雄，社群便少了核心，因為英雄代表社群的靈魂。為了讓人們在社會中找到自己的理想、勇氣與智慧，英雄是必要的。貝克（Ernest Becker）說：「社會必須設法讓其成員有英雄感；這是二十世紀最大的挑戰之一。」④我們渴求英雄做為我們人格的典範、行動的標準，以及血肉相連的倫理。**英雄是活動的神話**。

透過自己的投射，我們更像自己的英雄，霍桑（Hawthorne）〈人面石〉（The Great Stone Face）的故事，便是在說明這點。故事主人翁住的地方可以清楚地看見某座山，山頂的石頭長得像是一張英雄的臉。傳說有一天會有一位面貌和人面石長得一樣的英雄來到村裏。霍桑筆下的英雄一輩子都在為村人行善，他不時仰觀人面石，等待真正的英雄出現。等到故事主角變老之後，村民才突然注意到他的臉與山頂上人面石神似。

英雄挾帶著我們的憧憬、理想與信仰。就其最深刻的意義而言，英雄是我們創造出來的，是我們集體創生的神話。這就是英雄主義如此重要的原因：它反映了我們的認同感，並由此模造出我們的英雄主義。在我的書《追憶摯友》（*Paulus: Reminiscences of a Friendship*）出版後，有位評論家抨擊說，我好像把田立克捧成了英雄。該評論家接著說，這種作為在二十世紀是很危險的，因為這等於替英雄崇拜鋪路，就像希特勒的追隨者所表現的那樣，而希特勒妖魔化了英雄主義。這種辯證值得同情，因為希特勒一手培植的英雄主義，確實造成歷史上的最大災難。但是我們不能就此因噎廢食。在缺乏英雄的一九九〇年代，我們無法活出代表社會目標與理想的神話。

當林白（Charles Lindbergh）成為全美國以及文明世界的英雄時，那是個英雄的時代。一九二七年他單獨駕駛單薄的雙翼飛機穿越大西洋時，他體現的是一件現在看起來簡單，當時卻需要莫大勇氣的行為。成千上萬高聲歡呼的巴黎人在機場歡迎林白。這證明爵士時代的美國，不僅有薩克斯風，也有靈魂。林白回到紐約受到盛大空前的歡迎。他以美國式的靦腆微笑回應，這個出身中西部的青年代表美國原鄉的沉靜果敢。他駕駛的「聖路易精神號」展示在華盛頓的航太博物館，代表包括密蘇里州在內的所有美國人精神。我們仿效著英雄，多少靦腆的男女老少都因為認同林白，而強化了他們的自尊心。鄂哈特（Amelia Earhart，編註：一九三二年，美國飛行員鄂哈特〔1897～1937〕成為第一個橫渡大西洋的女性，也締造了十三・五小時的最快紀錄）的開創精神和冒險決心，代表了女性版的林白現象。林白和鄂哈特具體表現出大家心中共同追尋的獨行俠神話，我們都希望自己就是美國英雄，能夠以勇氣和自信設定目標，並終底於成。我們都不自覺地認為，自己擁有林白、愛蓮諾・羅斯福（Eleanor Roosevelt）等人所表現出來的勇氣，或雖不能至，然心嚮往之。⑤

我們的問題在於混淆了名人與英雄。「名人只是因為有名才有名」，這個定義仍舊有效。從尼爾森收視率（Nielsen ratings）以降，從報紙社會版到我們在郵件中收到的精美廣告，以及乞求我們從某人手中接受送上門的千萬美元彩金等，這些都是虛假誘餌佈置出來的「名人」。真金不換的英雄是極罕有的。

在美國雅痞（yuppies）運動之後，我們經常把英雄主義與賺大錢混為一談。華爾街交易員出身的億萬富翁，也是一九八〇年代許多雅痞的偶像波伊斯基（Ivan Boesky），在加州大學柏克萊分校的一次演講中說：「貪婪沒有什麼不對。」底下聽眾熱情的歡呼聲響遍大廳，其中有多少是好奇使然而不是英雄崇拜，便很難說清楚了。但是就在我寫這本書（編註：本書一九九一年出版）的時候，波伊斯基因為股市非法交易和在華爾街的犯罪事實，正在監獄服刑。他不但自己入獄，更牽連了不少同僚。這就不由得令人好奇，當波伊斯基在獄中回想起自己對貪婪的看法時會怎麼想，他曾說：「一筆交易成功後的感覺再好不過了！」

我們製造的假英雄搞壞了英雄主義的名聲。諾斯（Oliver North，譯註：伊朗軍售案的涉案軍官）是雷根總統及不少美國人眼中的英雄。但是他顯然犯了法，至於嚴重到什麼程度目前還不清楚。今日英雄少有，有人會覺得奇怪嗎？

對校園學生的研究也顯示英雄主義的崩解。利維（Arthur Levine）在《英雄與夢想同碎》（*When Dreams and Heroes Died*）中進行了這樣的研究，並得到以下發人深省的結論：

〔這項〕資料連同其他的訊息顯示，今日的學生極度物化，對社會與教育機構（包括高等教育）嗤之以鼻，對成績分數競爭激烈，不覺得作弊有什麼不對。更重要的是，他們的志向是內傾的，是屬於個人的，追求個人主義重於社會或人道的目標，這反映出過去十年來瀰漫在我們國家的「自我優先」哲學。（San Francisco: Jossey-Bass, 1980。這是出自出版社的文摘）

做為挖掘當代神話工作的一環，我們的任務是要重新發掘英雄主義的根基。某位大學校長的說法，讓人耳目一新，他說：「毫無疑問地，我認為學生需要英雄。當我在與學生會面時，不斷地詢問他們的英雄是誰，這個問題令他們大惑不解。」（傅德曼〔James O. Freedman〕，摘自《紐約時報》，一九八七年八月二十三日）

尼采把我們的目標擲地有聲地表達出來：

> 超人應該要不斷地出現並安駐在人群中，那是你們在世間一切努力的意義。你們之間應該要不斷有人能夠將你們提升到最高位階：那是你們奮鬥應得的獎賞。因為只有透過這類人的偶然現身，你們自身的存在才有價值。……就算你不能因此卓然而立，至少也沒有什麼好損失的！如此一來，你將在世間燃起降

生天才的神聖之火。（尼采，《尼采作品集》〔*Werke*〕，Leipzig: Alfred Kröner, 1919, vol.6, pp.496-497）

我對美國人文學科走下坡的情況憂心忡忡，因為那是學生接觸頂尖西方文學之處。西部某大學英美文學研究所的教授說，他班上共有五名學生，而課堂對面的資訊所教室卻有三百名學生。我們似乎已經忘記弗里施（Max Frisch）的警語：「科技是安置世界的機巧，於是我們無法體驗世界。」我們渴求的是人本的內涵，而不是應世的機巧。這些聲音是從我們未讀的經典、歷史的豐盈，以及從未被觸碰過的文學作品中呼喊出來的。在許多校園中，研究神話的呼聲仍然十分微弱。二十世紀少數真正英雄之一的馬丁路德・金恩（Martin Luther King），敢於夢想，並且甘冒生命的危險，百折不撓地去實現夢想。

我還記得學生時代的一首詩，儘管那不是什麼不朽的詩句，然而在我走過校園的許多夜晚中，它依然能讓我深受啟發：

牢牢地抓住你的夢想！
在你心裏
空出一塊地方

讓夢想隨行
並得以安頓其中
夢想繁盛成長
的地方
疑慮與害怕不再。
牢牢地抓住，
牢牢地抓住你的夢想！

希望是否得以實現，不是英雄的主要考量。我們以英雄為典範，多少溫和靦腆的男女老少因為認同金恩博士，而感到熱血沸騰、自尊提升。史懷哲（Albert Schweitzer）、德蕾莎修女以及五十年前的甘地（Mahatma Gandhi）都是我們的英雄。雖然德蕾莎修女不可能減輕加爾各答的重大苦難，史懷哲也沒能減緩非洲的瘟疫，但是這些英雄人物仍然是我們神話穹蒼中閃亮的星星。因為他們是我們所能得到的最偉大禮物，使我們相信宇宙中確有值得我們認同的人物存在。

英雄挾帶著我們的憧憬、理想、希望與信仰，因為他們是我們的神話所創造的。就其最深刻的意義而言，英雄是依據我們認同的行為而創造出來的，因此英雄是我們集體創生的神話。這就是英雄主義如此重要的原因：它反映了我們的認同感、我們共同的情緒，以及我們的神話。

重新發掘英雄主義是再度獲取神話和興起新神話的關鍵，這將足以引導我們走出古柯鹼、海洛因、抑鬱和自殺的陰影；通過神話的啟發，可使我們脫俗拔塵、超凡入聖。十九世紀詩人喬治・艾略特（George Eliot），觀想她「無形唱詩班」（Choir Invisible）的英雄圖像，對後世深具啟發意義：

哦，我能加入無形唱詩班，
那由不朽長眠者再生組成的詩班嗎？
在人心中因為他們的存在而變好；活
在脈搏中使其更加寬宏，
在果敢正直的行為中，在責備
那自我攀緣的可憐目標中
在昇華的思想中，像星辰一般
　穿透夜空
而他們溫柔地堅持，敦促著人們
　追尋
更浩瀚的議題。

所以活著即是天堂：
在世界中彈奏出永不止息的樂音……。⑥

神話與道德：中央公園謀殺案

我們的文化在倫理價值上的貧瘠，是肇因於神話的貧瘠，這表示我們許多人的生活沒有信仰。因為神話主要靠家庭流傳，而且家庭是我們初次認識社會神話的地方，所以當我們檢視一九八六年夏天，十九歲的羅伯‧錢伯斯（Robert Chambers）在紐約中央公園勒死十八歲珍妮佛（Jennifer Dawn Levin）的事件時，務必小心謹慎。

二位年輕人都來自富裕的家庭，上的都是貴族預科學校，也都有機會接觸到紐約市豐富的文化。二人都來自雙親離婚的破碎家庭，什麼都有，就是缺乏真正重要的東西——可依靠的家庭生活。他倆和爸媽都不親近。兩人既沒有受到宗教神話力量的影響，也沒有受到世俗倫理的約束。意外發生的當晚，他們離開朋友們在酒吧的聚會。二人都因縱情聲色而疲累不堪。他們來到中央公園做愛。他說她想咬下他的生殖器，於是他便用女孩的胸罩勒死了她。

曼哈頓私家偵探法瑞爾（Joan Farrell）的女兒，與羅伯和珍妮佛從同一所學校畢業。

法瑞爾陳述他對這場犯罪的看法：

> 我認為是父母而不是酒吧老闆，該為這些孩子的態度負責。……許多這類有錢人家的小孩有許多東西，卻沒有人教他們對人應有的尊重。……給他們二十元過個快樂週末，是很容易的。我認為這是我女兒這一代最大的沉淪。

芝加哥的精神科醫生葛林科（Dr. Roy Grinker）談到這次的謀殺案時說：「金錢不是罪惡的根源，卻是父母親無能（生理的或心理的）照顧小孩的根源。」曼哈頓班克學院（Bank School）的心理學家柏格（Dr. Bernice Berg）在評論這件離奇凶案時說：

> 父母百分之九十時間花在賺取遠超過自己實際需要的金錢上，而與家人相處只佔百分之五的時間，這樣的價值自然傳給小孩。這種價值觀告訴孩子家庭並不重要。賺錢、有錢、花錢才重要。

這二位年輕人常去流連並在命案當天一同離去的酒吧老闆表示，這些年輕人最需要的是擁抱、撫慰，以及身邊常有願意關心他們的人。

就神話的意義而言，這二位年輕人是無家的。「神話護衛並確保道德的實踐。」馬凌諾斯基如是說，沒有神話就沒有道德。羅伯與珍妮佛甚至連可反抗的神話和倫理模範都沒有。他們的無家可歸顯然不在身體或金錢的意義，而在心理和精神層次上。**他們在神話的真空，以及倫理的無根環境中成長，這是再清楚不過了**。當羅伯重新模擬謀殺現場時，他不斷地重複「我要回家，我要回家」，透露出深層的傷感。但是他在神話意義上是沒有家的。在這樁謀殺案的各種「解釋」中，可以聽聞到對我們社會的神話消弭及精神貧乏狀態的尖銳抗議，實乃**無家可歸的情境**。⑦

我在《愛與意志》中指出，意志的背後是願望。雖然這並不是說無論我們希望什麼，就會變成個人決心達成的目標，但是人類動機的深層必然包含願望，不論我們稱它為渴求、嚮往、激情欲望或是其他。否則意志就是外來的，從未轉化成為行動。在意志行為發揮功效之前，我們必須要有信念。「願望」屬於人類意識的一部分，它包含希望、渴求、想像、信仰等，都和動機背後人類本具的情感有關。譬如，我們從匿名戒酒者協會（Alcoholics Anonymous）對後補會員所要求的信念上，便可以看出這一點；他們必須全心全意想要打破舊習才行。

願望、嚮往、渴求、塑造神話——所有這些人類意識的活動，如今是前所未有的重要。任何決心的教導或原則性的規範，倘若不能含括以上的活動便註定要失敗。**願望和希望更是直接源自夢想和神話塑造的功能**。詩人施娃茨（Delmore Schwartz）正確地提醒我們：「責任始於夢想。」（施娃茨，《責任始於夢想及其他》〔*In Dreams Begin Responsibility* *and Other Stories*〕，New York: New Directions, 1978）如果不要那麼有詩意，我們或許可以說得更有說服力——倫理和渴望始於神話。一位智者說過：「我不在乎誰制定社會的律法，只要我能夠形塑律法的神話。」

註釋

①直到書的最後一頁都在傳遞這個主旨：「奶奶有時會再提出這個主題……媽媽會突然打斷說：『哦！媽，我希望你不要再提這些舊時奴隸的事。』……奶奶會立刻反駁說：『你可以不在乎祖先是誰，自己來自哪裏，我可是很在乎！』」（《根》，New York: Dell, 1980, p.704）

②克魯洪（Clyde Kluckhohn），〈神話與儀式：一般理論〉（Myths and Rituals: A General Theory）發表於《哈佛神學評論》（*Harvard Theological Review*）第三十五期（一九四二年元月），pp. 45-79。克魯洪繼續說：「同樣地，神話提供給人『某種可抓住的東西』。當基督徒聽到『打開你的心靈』這類快樂話語時，就比較可以面對逆境。」（New York: Norton, 1975, pp.77-79）。

③請參見拙著《焦慮的意義》（*Meaning of Anxiety*, New York: Norton, 1975, pp.77-79）中有關原始部落「巫毒死亡」（voodoo death）的討論。當整個社群相信巫毒中毒者要死時，這個人會躺下來，而在二、三小時左右，他便死去了。威廉・詹姆斯（William James）解釋說，他被所屬社群「切割死去」（cut dead），因為有力量在他身上運作的關係，他自己也相信自己要死了。這是神話功能的例證，說明社群神話可控制受害者的心識與意志。

④私人書信。貝克在創作多本優秀的著作後，因癌症早逝。對許多讀者而言，他本身便是位英雄。

⑤這段英雄行為悲慘的後記，當然就是林白的小孩被綁架，以及林白在二次大戰期間似乎與納粹立場一致的

行為。這說明了英雄氣概並非寄存於血肉之軀，而是我們賦予他或她的某種精神特質。

⑥艾略特，〈無形唱詩班〉，收錄在《一〇一首名詩》（*One Hundred and One Famous Poems*），Chicago: Cable, 1926, p.137。

⑦第七章的何瑞修・艾爾格神話那一節，也會討論到今日神話與道德的關係。

4 神話與記憶
Myth and Memory

當我就要完成手稿時，突然浮現一個念頭：依循著神話過活是何意涵，沒有神話的生活又是怎樣。……認為自己可以過著沒有神話的生活，或在神話以外過活的人，就像是被連根拔除的人，他與自己的過去、延續下來的祖先生活，以及當代的人類社會，都沒有真正的連結。人類的智巧永遠無法掌握生命的精粹。

——榮格（C.G. Jung）

阿德瑞妮（Adrienne）是一位年近三十的女人，她在頭幾次治療時，多次表示想要自殺。她不斷地想要跳河或撞車。當我提醒如果她真想這麼做，無疑可以做到時，她便打消了這個念頭。但是她的態度仍然沒有改變，每次來治療時，總是看什麼都不順眼，每次都會重複說：「我面對人生最嚴重的危機！」

治療時「我沒辦法」這句話總會出現個十來次。幾乎只要我一提出某種詮釋，她就會不高興地說「不對」。她似乎在洩忿。我暗忖，因為她是一位豔光四射的美人，或許一直都無須為自己的行為負責。她的神經質行為模式顯然已逐漸鬆動。但是我們該從哪裏下手治療呢？

某次來治療時，她劈頭就說：「我不知道這小時能不能談話，我驚魂未定。」她哭了一下，然後嗚咽地說，男朋友最近租了一戶公寓，卻不讓她同住。他排擠她，使她深受創傷。她接著說：「你必須說點什麼。……總要有人丟顆炸彈。」

我同意。我問她是否察覺到自己講這些事情時的語調？「沒有。」我又問她是否記得前一次治療時，已說過自己受夠了這個男人，打算把他趕出去？「不記得。」我又指出，她在每一次治療時都講同樣的故事，只是人物不一樣。我不解她為何要來治療？她只是來找個哭訴對象嗎？

事情理出了一點頭緒，但是在治療方法上，我們仍舊沒有什麼突破。我於是要求她講講自己最早期的童年回憶。她講了二個。第一個和她病得奄奄一息的祖父有關。老人會吐出一些黃黃的東西。「我清楚記得自己完全無能為力。」

第二個回憶和我們立即要指出的重點有關：

我和媽媽玩嬰兒遊戲。我扮演受傷的嬰兒，媽媽會安撫我，幫我換尿片等等的。遊戲的玩法是，每一次當她為我做了什麼，我就說：「不，那沒有用。」

——我喜歡玩這個。

她很明顯喜歡玩這個遊戲，因為她玩了一輩子，現在換成跟我玩這個遊戲。頭一個「回憶」間接說明了她的現況：她無能幫助祖父，表示她認為自己一輩子都很無力，無法影響身邊的人。

第二個更是提供直接的線索：「我是個受傷的寶寶，**我必須證明沒有人能夠幫我**。」這就是她的神話模式，一直到現在都引導著她的行為，更成為治療時很好的開場白。當我指出這一點時，總算讓她踏實多了，我們也較有把握在治療中對付她的問題。

就像我們在這位消極、憤怒，不斷證明全世界都無法幫她的女士身上，所看到的例子一樣，案主的神話往往在早期的童年記憶中，可以特別清楚地被分辨出來。並不是這個記憶真的發生了——我們永遠不可能知道它是否發生過，進一步說，它是真實或幻想①事件，其實無關緊要。一般而言，案主本身無法確定事情真發生過，或只是個夢或幻想。這也是弗洛依德發展嬰兒性欲理論時所要面臨的問題；他的這個理論建立在維多利亞時期婦女透露自己被父親強暴的「記憶」基礎上。最初弗洛依德把這些坦白之言當成事實看待，當他開始懷疑其中有許多是神話而非事實時，才懊惱了起來。但是這些故事與兒童神話同等重要，它們是維多利亞時期傲慢父親要求小孩完全符合他們期望的產物。敘事與神話同樣重要，從我們的觀點而言，這種就某個事件——不論真實還是想像

——創造神話的作為，是個重要的議題。②

記憶需要神話

記憶主要立基於神話之上。某些事件在我們的心內發生，它可能是真實，也可能是幻想。我們在記憶中形塑它，就像每天捏陶土那樣，我們很快便從那個事件中形塑出神話來。我們隨後將神話保存在記憶中，做為日後類似情境的指引。雖然神話不會透露太多案主的具體背景資料，但確實可以讓我們對回憶的當事人有深入了解。因為當事人會重新改造事件，形塑它，加點色彩或增添細節。我們於是看到這個人及其生命態度的顯像。就像沙特說的：「神話是超越的行為。」

神話是小孩為了賦予奇怪經驗意義而形成的。神話組織我們的經驗：將各式各樣的東西放在一塊兒，然後孕育出結果來。神話的誕生與滋養，源於記憶的創造過程與人心統合的需要。神話的成形或多或少讓孩子們鬆了一口氣。神話經常是孩童心靈唯一寄託的對象，不論神話內容痛苦與否，再怎麼樣也不如真實的歷史事件痛苦。神話有撫慰的功效，儘管它們可能（或說**特別**）是與殘酷的事情有關。詩人瑪絲葛雷芙（Susan Musgrave）寫道：

你被困鎖
的生命
是你自己選擇
的記憶。③

雖然這個選擇通常是無意識的，卻十分有影響力。

譬如說一個人二、三歲時的兒時記憶，頂多只有一、二件，而忘記其他千百件事。嬰兒一天吃三頓，一年被送上床三百六十五次，但是這些他全都忘了，只記得這一件事。因此，記憶與事件發生的頻率完全無關。我們真的很容易忘記自己最常做的事，例如早上起床等。對小男孩與小女孩而言，記憶必定帶有某種特殊的重要性、某些重要的意義。

在上面個案中，阿德瑞妮的記憶烙印著二件事情。時間為其添上色彩，「不快樂童年」的主題變成了神話。很快地，她便有了神話形式的「記憶」，並在二十五年後告訴我這位心理治療師。阿德瑞妮靠祖父之死這個次要神話（「我對生命中的問題無能為力」）過活，但是她的主要神話卻是，以不接受別人幫助的方式得到滿足。她和媽媽玩的遊戲持續了一輩子：「**我急切需要幫助，但是這個世界卻無法為我做任何事。**」

神話在某一個時點上會成為潛意識；於是它變成了這樣的想法：「我證明了全世界都無法幫助我，其實是我在操弄生活，讓別人**不能夠**幫助我。這真是一種權能的滿足啊！」她學會從告訴別人「不，那沒有用」這類語言得到快感，在這個案例中，這個別人正是她的心理治療師。這種自我否定弔詭地帶給她一種操弄環境與世界的真實感，儘管客觀而言，這是破壞性的表現。

記憶是一種奇怪的現象，當我們考量到它與神話的關係時，就更會覺得它奇怪。美國大學心理學課上的學生通常會被教導說，記憶是類似電腦裏的某種檔案，是我們儲存自己日常經驗的銀行。我們將自己的記憶建檔，以便有需要時可隨時叫出。在學校裏我們都學過，記憶的「法則」為接近性、生動性與重複性。④也就是說，我們的記憶所及都是些最近才發生、發生率高而且影像清楚的事件。

這絕非事實！這些心理學課上的測驗，都是在背誦**無意義**的字句——如果你能機械化地背下教授寫在黑板上的無聊句子，你便有好記憶。腦筋僵化的書呆子自然覺得這些「法則」合於他們的需要。但是有創意的學生則對這樣的測驗反感，因為他們知道（至少會懷疑），整個設計就和它的名稱一樣無聊。

這種記憶方法多麼荒謬！人類的記憶竟然和這個人記憶中事件的**重要性**與**意義**完全無關，這真是個錯誤的概念。薩奇特爾（Ernest Schachtel）在其著作《論記憶與童年失憶症》（*On Memory and Childhood Amnesia*）的經典文章中宣稱：「記憶從來就不會和個人無關〔譬如說，記憶從來不是『無聊的東西』〕，而是以對當事人的重要性為基礎來運作。」

阿德勒與早期的記憶

阿德勒在早期心理治療的先驅中，第一位看出早期童年記憶的重要性。他是一位有洞見又謙虛的人，對小孩子具有天生的敏銳感受。他是心理治療的發展趨勢引導者之一，影響對象由蘇利文到梅爾（Arnold Meyer），後者翻譯過阿德勒的書，也是蘇利文心理醫療學的老師。阿德勒在二十世紀初曾是弗洛依德的同僚，一九一三年離開另立門戶，創立以神話社會面向為關懷核心的學派。他相信造成神經官能症的病因在於缺乏「社會關懷」，譬如說神經官能症的患者會自己從同袍中孤立出來；直到案主對社會有足夠的關懷，接受自己對社群的責任，他的心理問題才能解決。阿德勒對絕對自戀的論調強烈反對，寧可改以自尊或正直的說法替代，用他的專門術語來講，就是「社會關懷」。他會像貝拉（Bellah）⑤或麥肯泰爾（MacIntyre）⑥那樣，對「人人為我」（all-for-me）這種自戀觀大肆批判。他在美國心理治療的演進過程中經常被忽視，或許就是他與美國人沉醉於自戀和自我中心的文化格格不入之故。阿德勒是一位激進的社會主義者，他全心全意關心政治，這點和瑞奇（Wilhelm Reich）一樣，和弗洛依德卻不相同。

阿德勒從治療孩子的偉大技巧中發展，以「導航故事」（guiding fiction）來表達他的核心關懷；這個概念乃「神話」的同義詞。它指的是個人童年記憶中的某個重要事件，然後這個事件變成了神話，成為當事人生活方式的導航指引，不論是否為虛構的。**在接下來的歲月中，當事人會把這個導航故事當作自己的秘密神話。**人透過神話來了解自己，就像察爾斯以「撒旦」，女演員以雅典娜來了解自己（見第二章）一樣。阿德勒通常會在第二次或第三次治療時，問案主說：「你最早的童年記憶是什麼？」他不認為會有「偶然的記憶或不重要的記憶，記憶過程也絕對不同於影像的記錄」。（威伊〔Lewis Way〕，《阿德勒與心理學》〔*Adler's Place in Psychology*〕，London: Macmillanm 1950, p.73）

走進文學這個書寫的記憶之鄉，我們很高興找到描述記憶功能的詩。「這就是記憶的功能，」艾略特在〈小格丁〉（Little Gidding）的結尾處寫著：

解放——愛不會減少，反而延展
那超越欲望的愛……於是解放了
未來與過去。⑦

記憶讓我們從執著中解脫，也從欲望或對錯誤的執著中走出來。記憶是我們內在的攝影棚，我們的想像力在那兒得以奔放，得以產生很棒的新點子，得以看到自己令人驚慄的燦爛未來。神話與記憶不可分，我從未在心理學課上聽過這個觀點。根據但丁的說法，記憶可將過去形塑成神話、故事或希望（第九章）。但丁相信，記憶通過神話可以將我們引領到神的跟前。

記憶是創造力之母。這是個值得反覆思考的神話。因為在記憶中，我們不僅保留也品嘗著有意義的經驗、炫目的景象和重大的事件。在記憶中，這些寶貴的經驗聚合起來，並形成故事的神話。我們說「觀念在睡夢中滋長」，當我們醒來後，覺得自己獲得新的洞見，彷彿諸神賜予禮物一般。誰說不是呢？涅莫西妮（Mnemosyne）或「記憶女神」（Memory）將我們的素材整合起來，於是新的發現誕生、詩句汩流，偉大書冊和不朽畫作的靈感也為之浮現。

註釋

①若指的是有意識的事件，我會將幻想這個字拼成「fantasy」，如果是無意識的事件，則會拼成「phantasy」。

②我很清楚有關此議題的多種詮釋，但是不準備在此做進一步的討論。

③辛普森（Elizabeth Simpson）引述自《人本心理學期刊》（*Nothingness: Journal of Humanistic Psychology*），19, no. 3，一九七九年夏季號。

④薩奇特爾，《變形記》（*Metamorphosis*），New York: Basic Books, 1959, p.309。

上述對記憶的機械性觀點使王爾德（Oscar Wilde）做出以下的諷刺性評論：「好記憶是創造力的最大敵人。」沒錯，以無聊字句為基礎的記憶確是如此。但這顯然不是真正的創造力。王爾德指的是那些照單唸稿回應教授的人，那些一五一十竭力回想作業的學生，那些蛋頭學者，那些捨棄原創、新穎、鮮活和愉悅的古物研究家。這樣的學生可能會得高分，但是永遠不會得到啟發，永遠不可能抓住新點子的火花。

⑤貝拉等（Robert N. Bellah et al.），《心的慣性》（*Habits of the Heart*），Berkeley: University of California Press, 1985。

⑥麥肯泰爾（Alasdair MacIntyre），《超越美德：道德治療研究》（*After Virtue: A Study in Moral Therapy*），Notre Dame: University of Notre Dame Press, 1981。

⑦西卡芮（Stephen Sicari），〈艾略特的記憶藝術〉（Dante's Wake: T. S. Eliot's Art of Memory），發表於《思潮》（*Cross Currents*），一九八八至一九八九年冬季號。

5 弗洛依德與神話的奧秘

Freud and the Mystery of Myths

本能理論就是我們所謂的神話。本能是神話的實體，有極大的不確定性。在我們的工作中，不能片刻忽視它們，然而我們也沒有把握能清楚地了解它們。

——弗洛依德，給福里斯（**Fleiss**）的信，一八九七年

這段陳述真是不同凡響。首先，弗洛依德坦白而明確地承認，他的精神分析理論是具有神話基礎的。而「極大的不確定性」這段話更是了不起，因為它告訴我們，本能的不確定性正是神話的價值所在。它們的壯麗宏偉使神話能保持開放、持續成長，並且能夠產生新的洞見，這是囿於實證陳述的觀察者永遠也不可能獲得的。這也使得神話深具啟發性，因為它們的戲劇永遠會透露出驚人的意涵，嶄新的奧秘以及可能性。理性主義者對神話批評之處，正好是神話最大的優勢所在。以伊底帕斯神話為例，針對父—母—子三角關係的意義，新的詮釋一直層出不窮；至於《流浪在科羅納斯的伊底帕斯》（*Oedipus in Colonus*），則對責任做出各種新的詮釋。當代對家庭雙親性虐待子女的關

懷，也是伊底帕斯神話的另一個詮釋。

弗洛依德的下一句話——「在我們的工作中，不能片刻忽視它們」——也是一位嚴謹科學家的心聲。正如懷海德（Alfred North Whitehead）所說的，我們在獲致新的了解之前，必須讓矛盾的假設並存心中，這樣才不致對各個觀點的可能結論造成損害。人本來就是活在矛盾之中，忘記這一點的人，便註定活在虛假的世界裏。生活在矛盾中需要勇氣，但同時也是令人興奮的。弗洛依德的最後一句話：「然而我們也沒有把握自己能清楚地了解它們。」表現了他的真誠，凡是體驗過神話之多重意義的治療師，都能了解這句話的意思。「神話是奧秘的外衣。」湯瑪斯曼在他史詩般的巨著《喬瑟夫兄弟們》（*Joseph and His Brothers*, New York: Knopf, 1935, p.33）中這樣寫道。

伊底帕斯：發現自己的神話

弗洛依德寫信給費倫茲（Ferenczi），談到他「為了解自己努力不懈」。他說，他的自我分析「比什麼都困難」。他繼續說：「但是這工作一定要完成！」[1]這像極了當初的伊底帕斯。瓊斯（Ernest Jones）告訴我們，弗洛依德的自我分析使他照見人類全體的命運。那是偉大主題的輪廓，因為極其偉大，所以是最基本的，也就是父—母—子的三角關係。

弗洛依德在其他地方也意味深長地說過：「神話因此是個人自集體心理中浮現出來的踏腳石。」換句話說，自我意識的浮現應歸功於我們能夠以神話思考。我們可能會提及典範、假說或其他類似的概念，但弗洛依德說得好，它們都相當於某種神話。我們若要了解文化與科學，神話不但不是障礙，反而是進步的基石。弗洛依德發現，當我們抵達人類心識的底層時，我們會很驚訝地發現神話。

值得注意的是，弗洛依德的這些發現是在一八九七年，距離其名著《夢的解析》（*The Interpretation of Dreams*）的問世還早了好幾年。因此，弗洛依德應該被視為與叔本華、齊克果和尼采等人一脈相承的重要文化巨擘；就像這些偉大的貢獻者一樣，弗洛依德對於十九世紀過渡到二十世紀的遽變，也有很深遠的影響。不論大家對精神分析的技術看法如何，弗洛依德做為文化巨匠的重要性是不容忽視的。他擁有探險家和考古學家的心靈，這點也可以從他收藏眾多遠古文化的雕像與古物看出來。做為一位這個時代最具影響力及最富原創性的思考家，弗洛依德體認到人類本性中，非理性動力和陰暗面的重要性。如同尼采與叔本華，弗洛依德也強力揭發維多利亞與清教徒時代無用的意志力（will-power）概念。他獻身研究十九世紀到二十世紀過渡期的重大問題——如何在一個壓抑的時代中存活。

弗洛依德的神話發掘經驗，可以從他做自我分析時的災難性體驗中顯現出來。他本來相信案主告訴他的誘惑與強暴故事，確有其事。但是當弗洛依德「回憶起當初他看到母親裸體產生性欲」的事時，他突然豁然貫通，若有所悟。瓊斯書寫這段回憶：

> 他警覺到，自己的父親是無辜的，而且他在父親身上投射了伊底帕斯式的敵意，後來他才明白這並非事實。雙親誘姦理論的崩解，乃是伊底帕斯情結真相揭露的部分原因。他個人的幻想（phantasies）逼出他的這個新結論。就在一八九七年時，弗洛依德寫信給費倫茲，告訴他這個「致命的消息」，原來他信以為真的誘姦故事，根本不是那麼回事。（《弗洛依德的生平與著作》，pp.325,326）

綜合這些要素，我們可以再度了解，記憶是如何與神話發生關係的。這齣父親、母親和孩子的戲劇，是以一種自動發生的方式持續不斷地上演，它不只是事實現象的記憶，而是一齣生動的、成長的、進行的戲劇。這個神話一再被詮釋、成長、改變，甚至增加內容。當記憶真的活過來的時候，記憶就不只是記憶了；它們扮演了神話的角色。雷耳斯王（Laius）將還是嬰兒的伊底帕斯丟到荒野任他死亡，攸卡斯塔皇后（Jocasta）知道真相後上吊自殺，伊底帕斯從瞎眼老先知泰瑞西爾斯（Tiresias）那兒逼出秘密後，挖出自己的眼睛——這都是這部偉大神話的一部分。從這層意義觀之，精神分析乃是人類歷來基本人際互動關係模式的寫照。

這色澤千差萬別但模式永恆的三角關係形式，是小孩成長過程中必定要攀爬的繩梯。有意思的是，弗洛依德對這個強加在他身上的結論感到遺憾，他認為這個看法根本是無稽之談。他在寫給福里斯的信上說：「在所有價值崩潰之際，只有心理學的理論毫不受損。」（《弗洛依德的生平與著作》，p.356）於是他轉而開始撰寫他的第一本書，也是最有影響力的書——《夢的解析》。他對心理學以及神話真理的新見解，乃是這本著作的重要基礎。

> 就像愛因斯坦一樣，弗洛依德運用神話語言，創造了一套象徵結構——一套完整的心理學方程式，由此開啟了科學進階知識的可能性，也闢除了關於他專斷永恆真理的疑問。（費德〔Lillian Feder〕，《現代詩中的古代神話》〔*Ancient Myth in Modern Poetry*〕，p.44）

費德附加上這句令人寬慰的話：「如果我們能夠活在這弔詭中，我們就能夠安然地活在這個星球上。」（出處同上，p.46）

弗洛依德的結論認為，神話所顯現的是「有意識的無知和無意識的智慧」。那些認為當代文化已經「超出神話」的人，最好問問自己：我們所表現出來的，不正是這種「有意識的無知和無意識的智慧」嗎？

愛與死的神話

弗洛依德的神話學中，令人印象最深刻的便是，他對愛神愛羅斯神話以及死神譚納托斯（Thanatos）神話之間永恆衝突的描述。愛神把人們聚在一塊兒，促進友誼、互依以及所有使人類統合的建設性面向。誠如弗洛依德所言，我們所以能活得快樂，親密地與友伴相處，都是愛羅斯神話的展現。這是生命中正面、向上與溫暖的力量，它會以多種方式浮現出來，浮士德在歌德作品最後一幕中的文化創造力，以及皮爾金（Peer Gynt）翻山越水，最終不再抗拒自己對索薇格（Solveig）的愛等都是例證。弗洛依德把愛羅斯看成是涵容我們內在力量的機轉，而且該力量引起的掙扎是其他類似力量所無法比擬的。由愛羅斯與譚納托斯的衝突中誕生的文明驅力，試圖馴服人類原始的毀滅性傾向。

我們已經說過，愛羅斯的掙扎是在對抗對手譚納托斯時產生的。愛羅斯分多少等級，譚納托斯便包含多少階段，例如生病、疲憊，以及田立克所說的「非有」（non-being）狀態。撕裂我們的力量、必死的恐懼，以及所有與愛羅斯對抗的事物，都被包含在譚納托斯的神話之中。弗洛依德說，愛與死的衝突是「保母試著用天堂的搖籃曲，來安撫巨人之間的戰爭。」②

從這綿延不絕的掙扎過程中，文明誕生了。藝術創作、偉大詩句、靈感的萌芽，都是來自愛羅斯與譚納托斯的衝突。沒有掙扎就沒有創造。只有愛羅斯，就會平淡、幼稚而無趣，就像出現在許多義大利文藝復興畫作中的小男孩「丘比特」（Cupid，譯註：丘比特為愛羅斯〔Eros〕的羅馬名字）一樣，無關痛癢。

文明的偉大事物來自愛羅斯與譚納托斯的衝突。失去愛羅斯的譚納托斯甚至比虛無還慘。但是當這二股偉大驅力彼此掙扎衝突時，我們便會在正常生活中看見弔詭的現象。譬如，我們看見大教堂的壯麗與宏偉時，也會看見屋頂上怪獸型滴水嘴嘲笑屋下看倌的景象；這兩個衝突的神話同時存在。

> 弗洛依德認為愛羅斯與譚納托斯之間的爭戰是頑固的、戲劇的與悲劇的……。人類困在這二個極端的無盡衝突裏。我們內在的永恆戰爭創造出折磨我們的罪惡感，這是我們為文明所付出的代價，只有當人類最深層的攻擊本能被箝制後，它才會誕生。（費德，《現代詩中的古代神話》，p.46）

關於自己真相的悲劇

當我們像弗洛依德一樣，實際閱讀索弗克列斯描寫的伊底帕斯劇情時，會驚訝地發現，這則神話和性欲或弒父這一類衝突完全沒有關係。這些情節遠在故事開始前便已發生。伊底帕斯是一位好國王（他被稱為「群龍之首」），英明地統治著底比斯城（Thebes），和皇后攸卡斯塔也過了好幾年幸福的婚姻生活。劇中唯一的議題就是他是否知道並承認自己做過的事。這個悲劇的議題就是找出關於自己的真相；它是人熱切追求真理的悲劇。伊底帕斯可悲的弱點在於，他不能坦然接受自己的真實。③

當該劇開場時，底比斯城正經歷另一場瘟疫的浩劫。神諭說只有找出殺死雷耳斯王的凶手，瘟疫才能平息。伊底帕斯傳喚老邁的盲眼先知泰瑞西爾斯，緊接著展開一段震撼又扣人心弦的伊底帕斯身世揭密過程。這段揭密過程對於真相、接受真相者，以及其他抗拒接受自身真實的面向，充滿了忿忿不平之氣。有趣的是，當弗洛依德看到這部戲劇實際演出時，情不自禁地喊出：「啊，這就是精神分析！」

失明的泰瑞西爾斯象徵著，人如果可以不受外在瑣屑事務的干擾分心，便比較能洞觀人類的內在真實，也就是獲致洞見。

最初，泰瑞西爾斯拒絕回答伊底帕斯關於誰有罪的問題：

知道了會很可怕……

知道了沒有好處！這些事情

我完全清楚，但就別提了……。④

在回應伊底帕斯進一步的要求和威脅時，泰瑞西爾斯接著說：

……讓我回家；
……這樣你就能輕易地承受你的包袱。
……你
什麼都不知道；凡我說過的，
我不會再說，以免露出我的悲傷。

故事隨著伊底帕斯身世的逐步揭露而展開，提供真相來源的不是伊底帕斯本人，而是泰瑞西爾斯。因此，**泰瑞西爾斯是精神分析師**。當越接近真相時，伊底帕斯反抗得越劇烈，表現出「抗拒」、「投射」等成串反應。他反控泰瑞西爾斯陰謀背叛城市；這是否是老人不說出真相的原因？老先知回答說：

我不想為自己帶來悔恨
也不想你落此下場。你為什麼還要苦苦追問？

伊底帕斯爆射出憤怒來，並指控泰瑞西爾斯殺了雷耳斯王。當被激怒的預言家終於告訴國王，伊底帕斯自己是殺父凶手時，伊底帕斯攻擊泰瑞西爾斯和妻舅克里昂（Creon），指控說這些話都是他們兩人聯手奪權的計謀。

妻子攸卡斯塔試著勸他不要在意預言家的指控，並說出一段極為動人的話：

注意聽了，人生的事情
不是那些預言家的技倆所能擺佈的。

攸卡斯塔既是伊底帕斯的妻子也是母親，她已漸漸明白伊底帕斯即將面對的可怕事情。她急切地試圖勸阻他：

……但是人為什麼要害怕，
命運之於人是無足輕重的，占卜之說
音信杳然？人生最好看開點，
盡力就好。對那個亂倫婚姻，
不要害怕，因為以前許多人
都這樣夢過；但是有這種夢的人
並沒有怎樣，可別大驚小怪了。

當伊底帕斯仍然強調，不論結果與真相為何，他都將面對事實時，她哭喊道：

別再追究了！我病了，夠了……。
可憐的傢伙，希望你永遠不知道自己是誰！

伊底帕斯沒有被勸阻，反而堅持他必須知道自己是誰，來自哪裏。**他必須知道並接受關於自己的真實、自己的神話與自己的命運。**

不讓我知道真相——我不予理會，
就讓真相大白吧，我不會猶豫的……。

當年在山裏救了襁褓中伊底帕斯的老牧羊人，最後被找了來，他才能提供連接這個宿命故事的最後線索。

「哦，我真害怕，現在就說了嗎？」牧羊人喊道。伊底帕斯回答：「我在聽。我必須聽到——一點都不能少。」

當伊底帕斯終於知道自己弒父姦母的悲慘真相時，他挖出這雙**看清真相**的眼睛。

他用**自我放逐**來懲罰自己，但是後來在二部曲《流浪在科羅納斯的伊底帕斯》一劇中，克里昂與政府又二度放逐他。這個悲劇繞了一個循環。他出生才幾天就被自己的父親下令放逐，而現在垂垂老矣的他又再度被放逐了。

由當代精神分析的觀點來看，放逐是個迷人的象徵行為，我們在前幾章曾討論過，二十世紀末美國人最大的恐懼和焦慮的原因，並不在於被閹割，而是被流放，也就是被自己社群放逐的可怕命運。許多當代人因為害怕被放逐而自行閹割，或讓自己被閹割。他在被流放的危難與威脅之下，會放棄自己的權力。

負責而不疚責

我們現在轉向伊底帕斯神話中的療癒面向，也就是《流浪在科羅納斯的伊底帕斯》一劇的主題。年老失明的伊底帕斯跟小女兒伊絲明妮（Ismene）流浪到科羅納斯，那是距離雅典幾英里遠的樹林。老人在這裏暫時安頓下來，將自己的疑問想個明白，為自己所承受的可怕經歷找出意義來。

整齣劇的「動作」非常少。幾乎是他對自身悲劇苦難和所學教訓的獨自沉思。據我所知，美國精神分析文獻從未提到這齣戲劇，這真令人震驚。輕忽的原因之一是，精神分析的討論通常抹去了神話的整合功能。更明確地說，如果我們對涉及性和弒父的神話都按字面意思解釋的話，其結果就會像《伊底帕斯王》的結局一樣，當這些場景依序呈現，善惡終有報，事實真相大白之後，就必須停止了。

但是，如果把神話看作是人類掙扎的展現，是有關個人自身的真相，那麼我們就必須像索弗克列斯一樣繼續下去，看看人類如何得出伊底帕斯犯行的意義。在後續的故事中，伊底帕斯與自我、西修斯（Theseus）以及雅典市民同胞們達成和解，也就是與他的生命終極意義和解。正如他的小女兒伊絲明妮所說：「曾經貶斥你的神祇，現在支持你。」

這齣劇是索弗克列斯在八十九歲的晚年寫的，其中自然也涵納了他的人生智慧。

伊底帕斯在科羅納斯沉思的第一個主題便是罪疚，也就是自我的倫理責任這個難題。如果人的行為不是出於預謀，或是事先不知情，是否有罪？在探索的過程中，年邁的伊底帕斯終於坦然釋懷。答案就是，人要負責，但不用疚責。

克里昂由底比斯遠道而來，勸老邁的伊底帕斯回去，因為預言說，能安葬伊底帕斯屍骨的地方，將永遠平和安寧。面對克里昂指責他有罪的無禮攻擊，老人憤慨地為自己辯護：

如果我來到這世界——我也確實來了——
來得可憐兮兮，和父親在打鬥中相遇
把他打倒在地，卻不知我殺了他

也不知殺的是誰——你又怎麼能夠
替那沒有預謀的行為定罪呢？……
至於我的母親——可惡，你真無恥，
雖然你是她的親弟弟——
……………………
但是我倆都不知道真相；而她也
懷了我的孩子——……
我並非自願娶她
也不願提起這件事。⑤

至於弒父這件事，他哭喊地說，他獲得了——

公正的減刑。事實是：
我當時不認識他；而他想要殺害我。
法律之前——神之前——我是無辜的！

伊底帕斯顯然接受並負起他的責任。但是他堅持，由於意識與無意識因素（我們可以這麼稱呼它們）錯綜複雜的交織，使得任何法律上或形式上的定罪，都是不當和錯誤的。自弗洛依德以來，**罪惡問題不在行為而在心中，**已是老生常談的道理了，索弗克列斯寫下此劇四百年後的耶穌便是這麼說的。這齣戲劇的意旨是，克里昂與波利奈西茲（Polynices，譯註：伊底帕斯的大兒子）的下流、貪婪和無禮之罪，並不會比伊底帕斯受懲的情慾之罪來得輕；此外，在對這二人迅速無情地施予公義的責難時，伊底帕斯完全依據自己從苦難經驗中領略的道德秩序而行。⑥

為了引誘放逐的伊底帕斯回去，底比斯的現任統治者克里昂把安提岡妮（Antigone，譯註：伊底帕斯的大女兒）捉來做人質；但是伊底帕斯悍然拒絕了他的狡猾提議。幸好雅典的統治者西修斯即時出現，派遣軍隊進攻克里昂，將安提岡妮送到科羅納斯樹林。

這個神話確實指向當代存在心理治療家強調的結論——因為意識與無意識因素在罪惡中的糾結，以及不可能以法律究責，我們便被迫接受這個人類的普遍情境。我們於是**認識到，我們每個人都是參與不人道行為的共犯**。毫無內心衝突的英雄國王西修斯對伊底帕斯說了沉痛卻重要的話：

……因為我
也曾被放逐……
我知道自己只是個凡人；我最終

懷抱的希望和你一樣。

這齣具整合意義戲劇的另一個主題，乃伊底帕斯具有施予**恩典**的力量；畢竟他已受盡苦難而且坦然接受。他親自對來到科羅納斯樹林探望他和女兒的雅典人說：

> 因為我被賦予恩典來此，
> 由那些超自然的神靈所賜；我將為
> 這裏的族人帶來好處。……

西修斯接受地說：「如您所說，您的到來乃是至福。」這種施恩的能力和成熟度，以及其他因勇敢面對伊底帕斯經驗獲致的情感，與他的心靈素養有關。他哭喊道：

> 我想，靈魂可以替其他許多人
> 贖罪，如果它被奉獻出來的話……

但是，另有一個明顯的象徵因素，使得他的恩典不致脫離正軌：神諭昭示，他的埋屍之所與當地的統治者將能確保勝利。只要他的屍骨**現身**（presence）就足夠了。⑦

從這個神話整理出的最後一個重點就是「愛」。故事末了，伊底帕斯帶著他的女兒們回到某座巨岩處等死。事後回報伊底帕斯卓然仙去的信差，轉述了伊底帕斯對女兒們的臨終遺言：

……然而還有一個字
可以讓我們卸下生命的一切重擔與痛苦：
這個字就是愛。

把愛看成攻擊或強烈憤怒情緒的消弭，伊底帕斯絕非此意。老伊底帕斯只愛他所選擇愛的。曾經背叛他的兒子，在懇求他寬恕時說：「連神都有慈悲之心，不能為所欲為。」但是伊底帕斯完全不為所動。他寧可對二位女兒安提岡妮與伊絲明妮釋愛；在其流放游蕩的歲月中，女兒們對他表現出來的愛才是他看重的。

他銳利暴烈的脾氣，在這最後一幕劇中依然十分鮮明，並未因苦難或成熟而稍減；早在多年前他於十字路口殺死父親，以及在《伊底帕斯王》中，他對泰瑞西爾斯的尖銳衝撞時，這脾氣就已表現出來了。索弗克列斯並不認為把伊底帕斯的攻擊和憤怒去掉或軟化是適當的，換言之，他並不認為「攻擊」和「憤怒的情緒」是老伊底帕斯該克服的「缺點」。這些都在說明我們的題旨——伊底帕斯弒父的攻擊性，並非這系列神話的中心議題。伊底帕斯的成熟不在於拋卻情感來遷就社會，也不是學習以「符應文明現實要求」的方式過活。他是與自己、自己所愛的人，以及他生命中的超越意義和解。

最後，信差回報描述了伊底帕斯已卓然仙去並安葬——

然而諸天的神靈們
為他而來；冥府也
以愛打開幽暗的大地之門。
因為他走得沒有哀傷，
疾病或痛苦；他的逝世真的
是凡人中最奇妙的。

這位偉大人物美麗動人的死亡，在索弗克列斯戲劇化的表現下，顯得宏偉壯麗。《伊底帕斯王》是屬於「無意識」的神話，主要是關於人類在面對現實的陰暗與毀滅力量時的掙扎。《流浪在科羅納斯的伊底帕斯》則屬於意識的神話，所關懷的是意義的追尋與和解。兩者共同構成了人類面對自身真實的神話。

從我們對伊底帕斯神話的關懷，可以看出神話的療癒力量。首先，神話把被壓抑的、無意識的、原始的驅力、渴望、恐懼，以及其他的心靈素材，帶入我們的覺知之中。這是神話的**退轉**（regressive）功能。但是，神話同時也為我們開啟**新的**目標、**新的**倫理見解和可能性。神話乃是未呈現意義的突破。由此觀點來看，神話是從更高的整合層次來解決問題。這是神話的**前進**（progressive）功能。

古典的精神分析把後者化約成前者，並把神話當成是退轉後，再「投射」到外在倫理或其他意義層面的現象，這幾乎已是普遍的傾向。如此一來，神話便失去了整合的層面。這可以從精神分析圈極力強調《伊底帕斯王》，卻遺忘了《流浪在科羅納斯的伊底帕斯》顯示出來。

但是**神話是發現的手段**。它們逐步揭露我們與自然及自我存在的關係結構。神話是具有**教育性**（e-ducatio）的。它們藉由外顯內在真實，使得個人能夠在外在世界中體驗到更高的真實。

我們在此要強調的是經常被忽略的那一面事實；那就是，**這些神話也能為我們發掘一個嶄新的真實**。它們是通往超越個人體驗的普遍世界的道路。只有在這樣的基礎上，我們才能相信，個人真能接受並克服前嬰兒期的剝削經驗，不致潛伏在怨懟中過一輩子。由這層意義看來，神話協助我們接受自己的過去，這樣未來才會展現在我們的面前。

這種「拋卻怨懟」的作為，其間的精微差異幾乎是無限的。每個人都需要以自己獨特的方式走完旅程，心理病患更是如此。這趟旅途有一伴隨的過程，那就是個人如何把神經症的罪惡轉化成為正常的、存在的罪惡。後兩種焦慮的形式，具有建設性的作用，可以拓展我們的意識與敏感度。這趟旅程的目的在於了解和正視神話；神話不僅具有原始、退轉的一面，同時具有整合、規範與前進的一面。

註釋

①瓊斯（Ernest Jones），《弗洛依德的生平與著作》（*The Life and Work of Sigmund Freud*），New York: Basic Books, 1955, p.325。

②這是引述自費德的話。她寫道：「弗洛依德最英勇、最令人欽佩的事蹟，莫過於他在心中創造出這些神話。」出自費德，《現代詩中的古代神話》。

③伊底帕斯出生的時候，就有預言說他將殺死自己的父親——底比斯王雷耳斯。為了防止這個預言發生，雷耳斯將嬰兒交給一位牧羊人，並告訴他要把嬰兒放在山裏任其自生自滅。但是這位好心的牧羊人將嬰兒帶回家去了。伊底帕斯並被帶到科林斯（Corinth），由皇家輔養長大。伊底帕斯長大成人後，聽到自己將會

殺死父親，便離開科林斯以避免預言實現。他在路上碰到一輛馬車，並和車伕發生爭執。車上的乘客雷耳斯國王下車來幫助車伕，反而被伊底帕斯打倒在地而死。伊底帕斯繼續前往底比斯城，並破解人頭獅身怪獸斯芬克斯（Sphinx）的謎題，因而得到王位以及新近孀居的皇后攸卡斯塔做為報酬。

伊底帕斯在當代特別有說服力，因為它在精神分析和文學中都很重要。例如，我們在讚譽有加的莎士比亞戲劇《哈姆雷特》中也可見到它的影子。劇中的主角受命於父親的鬼魂，要代其報仇，殺死弒兄娶嫂的叔叔。但是哈姆雷特是現代初期的英雄人物，因此在他的自我意識中總是推遲行動。當他在最後一幕意外被殺時，他向死黨何瑞修（Horatio）哭喊道：

> 如果你心中有我的話，
> 且別去享天堂的極樂，
> 在這嚴酷的塵世隱忍些時
> 把我的故事宣揚一下……。

④引述自索弗克列斯，《伊底帕斯王》（*Oedipus Tyrannus*），收錄於《經典戲劇》（*Dramas*），喬治・楊爵士（Sir George Young）譯，New York: Everyman's Library, 1947。

⑤引述自索弗克列斯，《流浪在科羅納斯的伊底帕斯》，收錄於《伊底帕斯三部曲》（*The Oedipus Cycle*），羅伯・費茲傑羅（Robert Fitzgerald）譯，Chicago: University of Chicago Press, 1949。

⑥費茲傑羅的註釋，出處同上，p.176。

⑦這個「現身」我們會在許多神話中討論到：如索薇格為皮爾金現身、睡美人為王子現身等。

II | *The Cry for Myth*

亞美利加的神話

Myths in America

6 偉大的新大陸神話
The Great Myth of the New Land

美洲的發現讓西方世界為之振奮和陶醉。它顛覆中世紀世界觀的程度，更甚於任何事物，甚至超越了哥白尼和伽利略。它改革了西方人的思維。西方人深信，人類社會即將有個全新的開始。

——湯瑪斯・莫頓（Thomas Merton）

我們首先驚訝地注意到**神話先於發現**的怪現象。在一四九二年哥倫布帶領三艘小船出航之前的數世紀，中世紀歐洲並不「需要」一個新世界。公元十一世紀時，維京人在艾利克森（Leif Ericson）帶領下，曾經到過美洲，而在這之前，愛爾蘭人便不只一次去過北美洲。但這些發現大多被忽略了。中世紀歐洲人關心的，是他們內在的世界和上面的天堂世界，而不是像他們現在擁有的新世界。要讓人們看見和體驗新世界，歐洲必須先有一次**內在的**變化。一個嶄新的神話世界必須先誕生，然後才能論及發現外在的新世界。我們注意到，神話比赤裸裸的史實更可決定是否能讓人們具有某種視野。一個國家的神話不是由其歷史所決定，相反地，是神話決定該國的歷史。①這讓我們想到維吉爾（Virgil）所說的：「我們選擇神明以決定自己的命運。」

要能夠發現並殖民新世界，必須先有文藝復興，在歐洲帶來朝向人文主義發展的偉大風潮。譬如，在義大利藝術中新興的大自然之愛，取代了中世紀僵硬的鑲嵌藝術。對人類潛能新生的信心、對冒險賦予新的意義，以及由四面八方而來的挑戰，逼得人們去打破地理與科學原有的疆界。這些新神話為哥倫布的遠航鋪好了路。就像大多數的情況一樣，**是神話引出事實，而非事實引出神話**。神話讓人們注意到某種可能性，進而改變他們的意圖與夢想。哥倫布便在人們準備好接受新大陸時，提出他的遠征計畫（*Kairos*）②。

在人們的心目中，美洲的發現乃神的眷顧使然。那是祂在一個嶄新時局開始之際，為人類設計的一部分。新世界的神話並沒有忽略舊神話。「五月花號」乘客的心靈充滿了天堂樂園、伊甸園、黃金年代等神話。人們將這些古代神話轉化成日後的偉大美洲神話。（羅伯森，《美國的神話與真實》，p.33）。因為神話超越時間，它們可以被塑造成為一則則光芒耀眼的敘事。一九四三年時，貝內特（Stephen Vincent Benet）曾在〈西方之星〉（Western Star）中寫下，神話充滿著：

奇妙與敬畏之情
叛逆的水手看見……
困倦、咒罵，糟透了的飲水與食物，
看到前方有，……
遙遠的細線，雖然微細但就在眼前，
那想像不到的海岸線。③

拓荒神話

透納（Frederick Jackson Turner）敏銳地看出疆界對美國社會的影響，這使他設定了理解疆界意義的重要神話。他看出人們**逃離和趨近**的事物是有意義的。疆界的自由土地，將歐洲人吸引過去，讓美洲人建立新的疆域與文化，雖然部分得力於歐洲，但是有它自己的特色。因此，疆界是個重要的神話，它自有的特色遂形塑了風格獨特的美國人。

透納指出，新殖民地和城市中生生不息的能量，是與個人主義、自食其力，以及「因自由而產生的富裕豐饒」結合在一起的。（透納，《大英百科全書》〔*Encyclopedia Brit tanica*〕，vol.22, Chicago: William Benton, 1983, p.625）透納相信，我們這個新國家所以能有自己的特色，多半是因為我們拋掉歐洲，全力為自己打拼的緣故。他正視蠻荒對移民生存的衝擊力。雖然他的透徹分析直到一八九〇年才問世，不過他描繪了新西部精神，也提出美國歷史的新思考方式。在美國境內，這個新觀點將本土歷史從古物研究的侷限，提升到**神話的意義**。

對西方而言，美洲是人性重生的神話，舊世界特有的罪愆、邪惡、貧窮、不公和迫害，在此都不復存在。刻著以下碑文的自由女神像是十九世紀才安置的，但是同樣表達出幾世紀前的心聲——

把你疲憊、貧窮
亂成一團的民眾給我
　　他們渴望自由地呼吸，
可憐的人們拒絕了你們擁擠的
　　彼岸，
把這些無家可歸，
　　備受打擊的人們，送給我：
我高舉炬火在

金色的大門邊。

這個新世界的神話一直持續到現在。邱吉爾在二次大戰期間的演說中宣告：「英國會挺下去，直到新世界前來解救舊世界為止。」

在開疆闢土過程中，朝聖者、拓荒者、探險者，甚至好萊塢目無王法的西部槍手克林．伊斯威特（Clint Eastwood）的先祖們，都被刻畫成信仰神聖正義或應報觀念的人。孤獨拓荒者的神話係從古典神話奧德修斯（Odysseus，譯註：荷馬史詩《奧德賽》的主角）借力，奧德修斯的內心成為諸神爭鬥的戰場，就像被刻畫出來的美國拓荒者形象，也成了美國命運的展現。拜倫（Lord Byron）曾在寫作《哈洛德公子巡遊記》（*Childe Harold*）的過程中，特別稱頌布恩（Daniel Boone）和美國的荒野精神。在他的筆下，布恩是個天真、快樂、仁慈、質樸而純真的人，直到晚年仍保有赤子之心：「他的美德映現了文明的墮落。」（史密斯〔Henry Nash Smith〕，《處女之地》〔*Virgin Land*〕，Cambridge:Harvard University Press, 1975, p.55）

西部曠野自有一股命定之感，有宗教信仰的人，便會在曠野的每個角落感受到神的臨在。耶穌到曠野待了四十天，佛陀也一樣，許多隱士都到曠野中獨處，進行沉思。田立克把西部曠野稱作「神聖的空無」（holy void）。那是個人可以沉入的神話，至於結果是神聖或焦慮，就因人而異了。

撒旦（梅菲斯托菲里斯或露西弗）原本是神的夥伴，這可以對美國人認同壞傢伙的怪現象提供解讀的線索：像詹姆士（Jesse James）、鴛鴦大盜邦妮與克萊（Bonnie and Clyde），以及火車大盜灰狐狸（Grey Fox）等人皆是顯例。而當灰狐狸這位仁兄入獄時，包括學校樂隊在內的全鎮鎮民，都為他歡呼鼓掌。甚至現在當小孩唱著「他劫富濟貧」的西部歌曲時，也是認同羅賓漢這個中世紀劫富濟貧強盜英雄神話的表現。

和西部荒野神話有關的另一件趣事是，西部以具有療癒力量而聞名。當老羅斯福總統（Theodore Roosevelt）還是個體弱多病的青少年時，便到西部鍛鍊強健的體魄，追求自我的心理成長，並將自己打造成英勇的男人。在本書第七章，〈路克・拉金的好運〉（Luke Larkin's Luck）會提到何瑞修・艾爾格的神話，其中鄧肯（Duncans）貴族世家的「邪惡」成員，被法官裁定押赴西部，以重塑他們誠實與正直的品德。

布恩、卡森（Kit Carson）、芬克（Mike Fink）、女神槍手瑪莎珍（Calamity Jane），甚至卡士達（Custer）和野牛比爾（Buffalo Bill）等人，不只是我們個人的英雄，更是新大陸具療癒力量的神話代言人。這些神話英雄相當清楚，自己是神指派來教化西部的代理人；野牛比爾就認為自己是界於文明與蠻荒之間的人物。

有關美國自由的神話，在實際運用時卻出現很不同的結果。一位年輕人在心理治療時，描述了自己和家人離開舊世界，移入南塔科塔州農場墾荒的經過。前四年都沒有人要理會這個屯墾農家。案主小時候會和兄弟姊妹搭巴士上學，在學校也受排擠。案主是天主教家庭，當他不經意地問另一名孩子參加什麼教會後，那小孩的媽媽在當天下午就特別駕著馬拖車，跋涉了四英里到案主家，大聲責罵其雙親，為什麼任由自己小孩刺探別人的宗教信仰。案主的哥哥在學校被嘲笑而與人打架，他的姊姊十一歲時因為學校環境太不友善而轉校，但一直無法走出小時候被排斥所引發的神經症障礙。

自由女神像並沒有為所有的移民「在金色大門邊高舉炬火」。被排斥的恐懼經常出現在明尼蘇達州、北威斯康辛州和密西根州的新移民身上。我們多數人小時候都曾輕蔑地把移民稱為東歐佬（Bohunk）、波蘭佬（Polock），以及城市中的南歐仔（Dago，或拉丁佬）和猶太佬（Kike）；為此我們應深感懊悔。我們在自由女神像四周營造的浪漫氣氛，使我們無法看到自己通常只聽聞卡內基（Andrew Carnegie）、博克（Edward Bok），以及其他成功移民事蹟的現實。

美洲的孤寂

美國最強有力、最普及的神話，就是西部孤獨牛仔的神話；這個神話不但在美國國內的影響力廣泛得驚人，凡是傳媒所及的世界各地也是名聲響亮。④《威廉・泰爾》（*William Tell*）序文中出現的《獨行俠》（Lone Ranger，譯註：獨行俠原為漫畫，後改拍為電視影集而造成轟動，主角出現時總是戴著眼罩，不讓人識破）便是一例（威廉・泰爾是作者瑞士故鄉神話的獨行英雄）。在故事的夜間歷險中，孤獨遊俠身著偽裝，不願意讓人視破真面目。在忠心助手銅頭（Tonto）的協助下，孤獨遊俠帶頭除害。每一集的節目最後，孤獨遊俠的身分仍然沒有被揭露，他便再度急馳沒入孤獨的黑夜中。這個神話把孤寂感糅入西部神話中。這孤寂感似乎是來自美國孤獨先人的文化遺產，狩獵者、捕獸人與邊疆居民等人，都相對過著離群索居的生活，並以此自豪。

一長串數不清的電影名字，記錄著專為好萊塢和美國情懷打造的孤寂牛仔神話。猩紅靛紫的西部群山，襯托著無盡的黃土沙塵。電影中英勇的美國邊疆男女，可是天不怕地不怕的。這些從壞蛋手中被救出或自行逃出的婦女，或是纖細的南方美人，或是砍柴打槍都不輸男人的粗獷墾荒女牛仔；最後都會有一場英雄與壞蛋的單挑比槍對決。西部片說明人們熱愛「重複」這個弗洛依德提過的觀點；我們似乎擁有無盡的胃口，可以一而再、再而三地觀看同一個主題故事，並把它當成是真實的神話。⑤

當美國前國務卿季辛吉（Henry Kissinger）被法列西（Oriani Fallaci）詢問，請他解釋何以對自己「非凡的電影明星身分」如此投入時，他回答說那是因為「他總是單獨行動」。季辛吉指的是，他穿梭在黎巴嫩、耶路撒冷與開羅之間的「孤獨牛仔」角色，只是他乘的是外交噴射機，而不是騎在馬背上。「美國人非常喜歡這種調調」，他說：

> 美國人喜歡獨自騎馬在馬車隊前頭領隊的牛仔，喜歡單騎入城的牛仔……除了自己的座騎外孑然一身；甚至連一管槍都沒有。……牛仔不一定要很英勇。他只需要讓其他人看到他獨自騎馬進城，獨自做每件事情。美國人喜歡這種調調。（法列西，《訪談歷史》〔*Interview with History*〕，New York: Liveright, 1976, p.41）

這種孤寂感，似乎和孤獨先人的文化遺產有關，狩獵者、捕獸人、邊疆居民等都過著相對離群索居的生活，並以此自豪。但是到了二十世紀，困擾我們的並不是環境上的孤寂。當此廣播電視大行其道的世代，每個人無時無刻都聽得到別人的聲音。我們在《未曾許諾的玫瑰花園》一書中注意到黛博拉的孤寂問題；儘管隨時有人陪在她的身旁，她仍然覺得完全孤立，而必須建構自己的神祇。美國常被認為是「社團動物」（joiner）的國度；我們加入的社團從扶輪社到游泳健身俱樂部（Kiwanas），由兄弟會姊妹會到各式各樣的婦女社團都有。我認為這種不斷加入社團的行為，**是一種反應構造，一種掩飾暗藏其下的競爭與孤寂的設施**。

有些來做心理治療的人，純粹是受不了寂寞。我們這一行現在要看的患者越來越多，他們被驅使著去向一位沒有利害關係，只希望他們好起來的人傾訴。就像第一章的黛博拉，在這個電子和衛星即時溝通的時代，卻有越來越多心理患者找不到真心關切他們的人來傾聽心聲。當代人真該加入藍儂（Lennon）與麥卡尼（McCartney），一起哼唱披頭四的歌曲：「這些寂寞的人——他們都從哪裏來？」

這種孤寂感深植美國神話之中。紐約、休士頓、洛杉磯的收費公路上，許多駕駛人看起來像是被內在的孤寂追逼，匆匆趕往不知目的地的地方。他們的表情有種孤獨的味道，彷彿已經丟失了什麼——或者，可能是**他們**迷失了。或者，他們的行為像是被罪惡感、恐怖的記憶或瘋狂的希望驅趕著呢？今日人們的態度中所欠缺的，是一種平和感，一種寧靜、深沉、輕鬆的平和。

這種孤寂感是人們無根的表現。[6]今日許多人與傳統脫節，被隔離在社會之外。他們孤身一人沒有神話引導，沒有確定的儀式將他們迎入社群，沒有聖禮喚醒他們的神聖感，因此他們四周也不可能有神聖的事物。**沒有神話的孤寂感埋得最深，也最難撫平**。我們和過去不發生關聯，和未來沒有接軌，恰好就像吊在半空中。我們就像奧德修斯在冥府碰到的亡靈，渴求陽間人們的消息，但自己卻無法有任何感受。

這種孤寂的部分原因在於美國人缺乏本土的歷史根源，習慣性的遷徙也使我們極少有時間去植根。壓力一來，我們便打包，坐上飛機、汽車或火車到另一個地方。最令托克維爾吃驚的地方就是，當蓋好房子，常人想當然爾搬進去好好享受時，美國人卻是一完工就掛出售屋廣告，自己搬到新地方去了。

我們少了歐洲人的歷史感。法國村民一踏出家門立刻看到一座大教堂，將這個人與幾世紀前的歷史接上線。他的根源很明顯地在他的視線與情愫之中，那才是孤寂的真正寬慰。不論個人是否走進教堂，或相信教會代言人的教誨都無關緊要，那座宏偉的建築物就矗立在那兒，將他與過去數百年的神話接上線。在美國我們引以為傲的摩天大樓，一百年內便會拆掉重蓋。歐洲人多數在時間內移動，而美國人主要在空間內變動。

暴力與孤寂

我們存在的孤寂感可以從美國是個民主國家，卻同時是暴力民族這點表現出來。即使在二十世紀，美國的暴力依然是眼見容易，卻難以承認和解釋。在所謂的「週末夜特別時段」（Saturday night specials）被謀殺的美國同胞，比瑞典或英國的謀殺受害者多了五十倍。美國的凶殺案比率，比中美洲以外任何文明國家高出許多。對拓荒先祖依神意屠殺印地安人，一貫持肯定態度的「溫和的」美國人，現在可受到命運捉弄的報應了。

我們把匪徒變成英雄。在電影中，我們認同罪犯。禁酒令期間的頭號公敵迪林傑（Dillinger）便是個英雄；其他幫派分子也因為克林．伊斯威特的演出而成為英雄。電視螢幕上鋪天蓋地的暴力早已不稀奇，這是否在年輕人身上孕育暴力因子尚不確定，不過它確實助長了凡事只能靠自己的感覺。我們四周都是潛在的敵人，這讓我們考慮穿防彈衣，並永不放鬆警戒。報紙報導，德州一位牧師穿著防彈衣佈道，因為他獨自站在講壇上，很容易成為狙擊手的目標。

因此，孤寂、否認孤寂或逃離孤寂是多麼重要的美國神話。兒童逃離的方式是看電視，青少年用派對和一夜情遮掩住它，中年人則用不斷結婚─離婚─再結婚來壓抑它。於是，面對面接觸的團體在美國變得非常重要。只要有新的「成長」團體成立，人們便成群而至，去學習生活與自發愛人的新技術，卻完全沒有察覺到「自發性技術」（techniques of spontaneity）這個詞彙存在著矛盾。我們都依據與建立神話相同的基礎而成長，舉凡樸利茅茨岩上的樂園，以及拓荒先驅的神奇成功故事等，都是潛意識中的神話；我們找不到其他替代品，只能不斷重複舊有的暗語。

求新的誘惑

早期的美國人一開始就往西推展，總是會發現新的事物。我們將五十州命名為**新**約克（*New York*）、新墨西哥等。新事物的神話一直在向我們招手。我們相信神必定眷顧著我們，因為每天都有新發現迎接獵人、墾荒者、捕獸人和開礦者；蒼翠茂盛的鄉野也四面八方地邀請我們。礦石金屬可在山裏找到，山丘上的樹林穩定地供給我們豐盛的木材；這一切更在一八四九年加州確定發現金礦時達到高峰。難怪美國人喜愛一切**新**技術；某型電腦被**新**機種擠出市場，新品牌的阿斯匹靈或維他命被貪得無饜的胃納搶購一空。教派崇拜和心靈導師不斷衍生，特別是發生在西部地區，它表現出新的宗教、新的生活方式、新的天堂以及到達這些天堂的新科技，總的來說，都可歸結在「新時代」（New Age）這個詞彙下。

這就是為什麼不同的心理治療，在歐洲僅止於研究的興趣，但在新世界卻像火箭一樣不斷地升空；儘管每一種心理治療的早期形式都是在歐洲發現的，例如弗洛依德學派、阿德勒學派、榮格學派、蘭克學派（Rankian）、瑞奇學派（Reichian）等都是。由霍妮（Horney）、佛洛姆、亞歷山大（Alexander）、弗洛姆—瑞奇曼等發展出來的心理治療新形式，也都秘密地由歐洲抵達美國此岸。我們對心理治療的新進路是多麼地貪婪！總而言之，我們要的就是**新的**事物。

在心理治療領域中，這種傾向就是改換自我（self）的神話：美國人總是在找一個新的自我，一套新的期待。這個神話最重要的道德含意便是，一般美國人接受心理治療的目的，並不尋求**被治癒**，而是在尋找**新**生命，在**改變**一種不同的生活方式。

改變在美國是一個了不起的字眼。我們不只相信它，簡直是崇拜它。我們可以在每個人的身上看到它。這一點我們在蓋茲比（Gatsby）自信能改變口音、名字（第八章）的行為中看到，他其實是在**創發**他自己。托克維爾對這一點看得很清楚：

> 美國人沒有時間固定在任何事上面，他只有對改變越來越習慣，並認為這就是人類的自然狀態。他感覺到需要它，甚至愛戀它。變動對他而言不僅不是災

難，反而能促使奇蹟誕生。

無論這種改變被評斷為「天意」（Providence）或是「進步」（Progress），美國人總認為這是好事。在政治這個最出類拔萃的神話模式中，求新的神話更是非常重要——新交易、新疆界、新血輪、新視界等都是。這個國家沒有一個競選人以保守舊疆界為訴求。甘迺迪總統的部分競選魅力是因為他代表新觀念，代表拋掉舊觀念的年輕人。新事物的品質究竟如何，這個真正的問題卻很少被問到。在這個新世界中，只要是新的就比較好。這就是有關改變的神話，我們穿戴上新的自我，追隨暗示的信仰，認定「每天我在各方面都會越來越好」。

這種心境和美國人認為歷史不重要的看法有關，儘管我們國家的歷史已經短得可憐；我們如釋重負地擺脫掉歐洲的歷史。許多美國人暗地相信亨利．福特（Henry Ford）所說「歷史是空談」的話是對的；歷史對他而言，是從福特小汽車發明後才開始的。我們的歷史觀只關心現在與未來，完全抹煞了美國歷史的豐富性。對於新事物的喜愛，以及心理治療中對各種改變的期待，是與真正的進步背道而馳的。心理治療的患者因為期待新生，反而錯失了能讓內心深處平靜的價值。

不過，我們追尋新神話迄今，可能一直懷疑，自己根本就被「新時代」的法門帶偏了。當我們說到改變人格時，我們便需要更神秘的詞彙。應運而生的名詞便是「轉化」：我們會說自己正致力於「人的轉化」。一九七〇年代，厄哈德（Werner Erhard）在加州創立了所謂的EST講座，這個運動像野火燎原一樣地很快散佈到全國。

> 大多為富有的白人青年，約五十萬之多，……付給厄哈德和他的訓練講師三百到五百美元，用一個週末的時間，從人生沒有方向的失敗者，轉化成為自信、自主的「悟」者——承擔起自己的人生責任。（道威〔Mark Dowie〕，〈轉化遊戲〉〔The Transformation Game〕，發表於《形象》〔*Image*〕雜誌，San Francisco, October 12 1986, pp.22-26）

但這只是個短命的神話。五年之後，這股轉化之泉便開始枯竭，很快的EST便消聲匿跡了。毫不奇怪的是，厄哈德自己卻「轉化」了。他現在發展出一套改造企業的「突破」系統，稱作「轉化的技術」（Transformational Technologies）。這家公司已經開始賺錢。報導這種改變新形式的記者寫道：

> 在我們這個再生、丟棄與替換的文化中，對話取代了改正，快速的轉化對個人而言像速食一樣容易。你在轉化過程中變成了什麼並不重要，只要你有轉化就好。如果你除了有趣的新詞彙外，還是原來那個不完美的動物，那就再轉化自

已一次吧。（出處同上，p.16）

普羅修斯神話

希臘神話中的海神普羅修斯（Proteus，譯註：在荷馬的《奧德賽》中，普羅修斯其實是海神波塞頓的助手，善於變形）代表改換的神話。當普羅修斯碰到急難情境時，他會變成某種新形體以確保安全，不論那是動物、樹或昆蟲。美國精神科醫生立富頓（Robert Lifton）曾經很精彩地形容這種總是處於轉換過程的人格（*Protean*）。就某種程度而言，這種美式改換神話，就是我們像普羅修斯一樣不斷逃離焦慮的表現；無休止地追求新事物、渴求轉化等，也都屬於改換神話。荷馬《奧德賽》中，奧德修斯與他的伙伴碰到狡猾的普羅修斯，必須向他問到如何回家：

> 當普羅修斯終於睡著了
> 我們大叫一聲跳下水，
> 從他的背後抱緊。但是老傢伙
> 尚未忘記他的花招，差得遠呢。
> 他先變成一頭髯鬚雄獅，

接下來變成巨蟒、花豹、大野豬，
然後是流水，接下來是一株高大綠樹。
我們繼續攀住，用鐵鉤或鉤子，什麼東西都用。
直到老海神認輸了，
猙獰地開口問我。⑦

但是沉迷於改變，會導致膚淺和心靈的空虛，就像皮爾金一樣，我們從未停下腳步傾聽自己內心深層的觀照。立富頓引用普羅修斯的神話來形容這種變色龍的傾向，由於對此習以為常，以致許多當代美國人會隨時隨地改變自己扮演的角色。於是，我們不但不能表達內在真實的心聲，甚至還常常相信自己無法活出「真正的自我」。

在這樣的處境下，改變的神話遂成為膚淺的同義詞。我們根據別人的期望過活。一位著名的電影演員在心理治療時，被問到自己的想法，他回答說：「我沒有想法。不管你要我說什麼，你都必須寫在卡片上，攝影機一開拍，我便開始說。」雖然他富有又出名，但是這個人和其他演藝人員並無不同。他同時有深沉的憂鬱，並覺得喪失了生命的意義。他形容自己的心境一直都像是「走了味的鹽」。

不論我們用「新時代」、「轉化」、「新的可能性」或其他術語來包裝，普羅修斯的永恆變遷神話確實可以暫時讓我們免於焦慮。美國人總是以不斷的變動，來逃避人生弔詭的焦慮和死亡的焦慮。**這種逃避的代價便是深深的寂寞和孤立感**。隨之而來的則是憂鬱，以及認定自己從未真正活過，並且從生命中被放逐出來了。

當代詩人默溫（W. S. Merwin）討論過表現在當代美國人身上的普羅修斯神話。他首先說：「神話是界定當代詩人角色最重要而有力的工具。」他認為當代人演出的正是普羅修斯的多重人格神話。在詮釋掌控普羅修斯以求智慧及神諭恩賜的神話時，默溫這麼說：

> 我們藉著仿效普羅修斯來規避危險，這不只是當代神經分裂人格的特質，我們所有的人也都一樣。美國人對熱愛改變的本身，便蘊藏著對死亡光譜，以及可能威脅到自己之危險的逃避。⑧

「他朝向我的這面臉，和我一個模樣。」默溫繼續說，這等於承認他自己偶爾也會受到普羅修斯的誘惑。英國詩人華茲華斯（Wordsworth）也運用普羅修斯神話，深入地掌握了我們的重商主義：

> 這世界有我們嫌多；早晚如此，
> 賺了再花，我們浪費自己的力量；

我們於大自然所見皆非吾有；
我們已經麻木不仁，好個貪婪的恩賜！

但是就像所有神話一樣，普羅修斯神話本身並不邪惡。我們的錯誤是，過度沉溺於商業主義，並且讓我們對金錢之愛，超過欣賞周遭大自然的能力：

……偉大的神啊！我寧可
是個仰賴過時信條度日的異教徒，
這樣我才能，站在這舒服的草地上，
瞥見使我減少痛苦的靈光，
看到普羅修斯從海上升起，
或者傾聽老海神（**Triton**）吹起他的鑲花螺號。⑨

註釋

①卡西勒（Ernst Cassirer）在《國家的神話》（*The Myth of the State*, New Haven: Yale University Press, 1946）一書中指出這一點。

②*Kairos* 是一個希臘字，田立克及其他人用來表示「命定時刻」（destined time）。

③《美國的神話與真實》中的引文。

④當孩子們還小的時候，我偶爾會為了他們的興趣與娛樂——至少我是這麼告訴自己的——帶他們去看西部拓荒秀。我知道情節都是一樣的：印地安人騎馬繞著馬車奔馳，所有馬車聚在一起圍成圈，以保護那些仍舊活命的拓荒者與他們的家人。就在馬車隊被攻下之前，喇叭聲響起了，美國星條旗和騎兵隊在一位英俊上尉的帶領下，適時出現在山丘上趕來救援。我每次都告訴自己，這些都是老套了，但是每次喇叭響起、星條旗和騎兵同時出現在山丘上時，我仍舊感到興奮。這就是神話的力量。

⑤這種在歡樂美國人中出現的驚人孤寂現象，是名符其實的暢銷書《寂寞的群眾》〔*The Lonely Crowd*，黎士曼等著〔David Reissman et al〕，New Haven: Yale University Press, 1973）所描繪的景象。

⑥史列特（Philip Slater）自歐洲旅居回到美國後，出了一本名為《孤寂的追尋》（*Pursuit of Loneliness*, Boston: Beacon, 1976）的書，書中提到每個美國人看起來都很寂寞：「在現實生活人們陰霾的臉龐與電視播出的快樂景象對比之下，這個觀感就更形強化了：紅男綠女興高采烈地投入一成不變的快樂象徵中——跑過田野、海灘漫步、跳舞歌唱。美國人從一開始就知道自己快樂時的樣子應該如何，也知道要做什麼或買什麼才會快樂。但是基於某些原因，他們的幻想不可能實現，而且會讓他們失望和痛苦。」

⑦荷馬，《奧德賽》，費茲傑羅（Robert Fitzgerald）譯，Garden City, NY: Anchor Books, 1963, p.66。

⑧費德（Lillian Feder），〈默溫詩中的神話〉（Myth in the Poetry of W. S. Merwin），收錄在《進步詩人》（*Poets in Progress*），杭格福特（Edward Hungerford）主編，Evanston, Ill.: Edward Hungerford, 1962, pp.412-413。

⑨華茲華斯，〈這世界有我們嫌多〉（The World Is Too Much with Us）。

7 個人主義與自戀時代

Individualism and Our Age of Narcissism

我在美國……這個全世界最快樂環境中，見到受過最好教育、最自由的人，然而，他們會習慣性皺起眉頭，歡笑中嚴肅得幾乎要悲傷起來……因為他們一直想著尚未得到的好東西。

——托克維爾

美國人牢牢抓住個人主義神話不放，好像那是唯一的正常生活方式，沒有注意到中世紀時完全沒聽過這樣的事（除了隱士外），而在古希臘時這類人則會被認為是瘋子。依循著大草原上孤立小屋這個影響深遠的神話，美國人覺得每個人都必須獨立自主。每個人都必須學會照顧自己，這樣就不必接受他人的恩惠。庫柏（James Fenimore Cooper）的十八世紀英雄「皮襪子」（Leatherstocking），在朋友因獨居而受責時挺身辯護，庫柏透過皮襪子說出以下的話：

不，不要批評。我已在林中長住四十年之久，有五年時間根本沒見過樹林中比乾草束還大的空地上的星光；我想知道你上哪兒去，找出一位六十八歲，可以在你的土地與鹿群中，過著比這更輕鬆愜意生活的人；基於誠懇與人際道義，我還是會尊重你專屬的珍品。①

在政治圈，這是所謂「粗糙的個人主義」，某些歷史學家則稱它為「粗暴的個人主義」，這個神話顯然對民主提供了極大的利基。但是它展現的基本弱點，就是我們不再能夠擁有屬於自己的完整社群。在美國創立與拓荒過程中，沒有人會懷疑風吹日曬的斥候硬漢，曾經扮演了重要的角色；他們穿得比較像印地安人，而不像歐洲人，特別是阿利根尼山脈（Allegheries）一路往西的獵戶、捕獸人、斥候，徹頭徹尾都是單槍匹馬的個人。他們都是孤寂個人主義的造就者，使得我們美國人的孤寂，近乎一種奇特而高尚的道德成就。

許多學生心目中最偉大的美國詩人惠特曼（Walt Whitman），在〈自我之歌〉（Song of Myself）裏面這麼寫道：

我歌頌自我……

生命的劇烈熱情、躍動
　與力量，
令人歡騰，因為那是聖律下
　所能成就的最自由行動
我歌頌現代人。

詩文繼續寫著：

我讚美自己，歌頌自己，……
我悠閒地邀請自己的靈魂，
我用心並恬適地觀看著
　一片細長的夏日草葉。②

理應為社群服務的宗教也受到影響，十九世紀中葉以野火燎原之勢，席捲中西部甚至遠西地區的信仰復興運動，就是此一個人主義的表現。它強調的是兀自孤立的個人。當龐大的群眾聚集在一起等待被「救贖」時，他們所唱的歌對於身邊千百名同胞，完全置若罔聞：

我獨自來到花園，
露珠依然留駐玫瑰；
　我聽到聲音，貫入我耳，
那是「人子」的啟示。

他與我同行交談，
　他說我本屬於他，
我們在那兒分享的喜樂
　是舉世無雙的。

貝拉（Robert Bellah）曾經強調說，最早由富蘭克林宣說的美式道德，其關注的焦點「完全放在個人的自我改進上，以至於更寬廣的社會脈絡幾乎視而不見」[3]。此一個人主義的神話，可以遠溯至古代的一則故事，儘管當時所用的名詞並不相同。

可愛健談的林中仙女愛珂（Echo），撞見在林內打獵的那西瑟斯（Narcissus）之前，過著無憂無慮的生活。她一見到那少年，便深深愛上他。

但是她的百般討好一點用都沒有，由於對少年的鐵石心腸感到絕望，她跑去求女神阿弗黛蒂懲罰那西瑟斯，讓他承受單戀之愛的痛苦。

阿弗黛蒂沒有忘記可憐的愛珂臨終前的殷切期盼，等待機會懲罰倔傲的那西瑟斯。有一天，在漫長地追捕獵物之後，那西瑟斯跑到一處幽靜的池子邊飲水止渴。

他迅速跪在草地上，彎向池子喝水。但是他突然驚訝地停了下來。他看到佈滿小卵石的池底，有一張秀麗異常的臉，使他為之神魂顛倒。他想這一定是水中的仙女透過清澈的池水看著他。

他對水中美麗的倒影熱情地伸出手，但是他的手臂一碰到水，水中的仙女便消失。他既吃驚又沮喪，緩緩後退了一點，緊張等待仙女再出現。

被攪亂的池水很快恢復鏡面般的光滑。那西瑟斯踮起腳尖，悄悄回到池邊，小心翼翼地偷瞧過去。他首先看到一頭紊亂的鬈髮，接著是一雙美麗的眼睛，露出小心又期待的眼神。水中仙女好似要從躲藏地方出來看個究竟的樣子。

同樣的啞劇一次又一次上演，水中仙女一次又一次地巧妙逃開他的碰觸。迷戀其中的年輕人，無法脫離甜蜜身影出沒的池邊，細膩的臉面映現出他的萬種風情，池中倒影也像他一樣蒼白而消瘦，明顯地和他一樣是愛情與憂鬱的俘虜。

那西瑟斯在池邊日夜徘徊，既不吃也不喝，直到死了都不知道迷人的水中仙女，不過是自己在清澈水中的倒影罷了。愛珂的報復得償，但是奧林匹斯山眾神同情躺在池邊的豔屍，將他變成以那西瑟斯為名的水仙花，從此長在水邊，看入池中清楚映照出的蒼白身影。

當代的神經症

心理治療從這類寂寞孤立的個人中，發展出一種滿貼切的新名詞，稱為「自戀人格」（narcissistic personality）。弗洛依德和他的後繼者，曾經很清楚地引述並說明自戀行為，不過，這種神經官能症在弗洛依德時代還不太為人所知。自戀人格在一九六〇年代後的美國，已經成為患者的主要類型。（雷須〔Christopher Lasch〕，《自戀的文化》〔*The Culture of Narcissism*〕，New York: Norton, 1979）

心理治療中的自戀患者，就是孤寂個人主義的當代神話。④這種人很少有深刻的情感關係，他在僅有的少數關係中，也無法得到滿足與享受。這類人就像小說描繪的「著灰色法蘭絨西裝的抑鬱男人」。雷須在《自戀的文化》一書中，將這類人描寫得很精彩：

> 他雖然從過去的迷信中被釋放出來，但是他連自己的焦慮也懷疑。……儘管他對性的態度是隨興的、不禁慾的，但是他無法從中得到持久的歡愉。他貪得無饜到無盡渴求的程度……他要求立即的報酬，活在一種停不下來、欲望永遠無法滿足的狀態。

「自戀的社會不斷鼓勵強化自戀的特質」，個人彷彿就是在窺探自己的井中倒影。雷須認為：「表面上看似樂觀前瞻的流行態度，實則是從自戀的貧瘠心靈衍生出來。」（雷須，《自戀的文化》，pp. xvi-xvii）

這種患者很難配合做心理治療，因為自戀使他們無法與治療師建立深刻的關係。他們表面上看似很合作，因為他們知道個人在治療時舉止應該如何，他們遵守規則，但卻不會對任何人際關係認真投入：他們仍是非常孤立而寂寞的個體。因此，在他們長達數年的心理治療中，治療師變成了一位「保管者」，永遠是所有道德決定建議的來源，有任何新需求時都可以向他尋求指引。這對於心理治療的品質當然是一大諷刺，因為人際關係的本質根本喪失了。案主的各種決定都會得到忠告，這反而再度強化他原本就無法自己做決定的問題。**雖然看似矛盾，但是自戀摧毀了個體性**。

我們的社會有二個層次。一個是樂觀的，總是在微笑，從各式娛樂應有盡有的郵輪之旅、田野上的奔馳、跳舞、駕駛凱迪拉克轎車等讓人沉浸在永恆幸福中的電視廣告最能看得出來。這是表面層次。另一層則是表面底下的抑鬱現實——例如恐懼核子災難，或是性欲泛濫關係卻不長久。「人們抱怨沒有感受的能力。他們培養的只是空洞的經驗，想要刺激老化的肉體回春，試圖恢復疲軟的胃口。」（雷須，《自戀的文化》，p. 11）治療師，而不是牧師，成為大受歡迎的個人自修講師。甚至當治療師談到「意義」和「愛」的需要時，他們所謂的愛和意義，也只是在滿足案主的情緒需要罷了，並非關愛的關係。自戀是一種新興的難題，它讓人們產生痛苦的內在矛盾，不僅阻滯了他們的自發性，也把他們送上心理治療之路。

自戀傾向者會認識許多人，但卻沒有親密的朋友。他們在性事上相當開放，卻體驗不到熱情。一般說來他們受過良好教育，但是大學畢業後便放棄了大部分的知識興趣。自戀傾向者多專精於股票與債券交易，但這對他們只是無意義的遊戲。他們通常賺不少錢，有時候高達數百萬美元的年收入，但是也沒能為他們帶來多少成就感。簡言之，他們擁有電視廣告承諾的所有快樂事物——旅遊、發亮的車子、美女等，但是快樂總是與他們無緣。他們往往是名人，但依然空虛得令人氣結。他們既摩登又成熟，但是前來做精神分析的人數卻與日增加，並且治療既困難又緩慢。

最要命的是，這些人非常寂寞。他們唯一感受得到的情緒，只是緩緩透入內在的抑鬱感，以及錯失生命所有歡笑的感覺，儘管他們弔詭地擁有一切事物。正如托克維爾告訴我們的：「他們一直想著自己尚未得到的好東西。」

自戀人格是美國個人主義進階發展的產物。它也帶來新的問題，因為精神分析技術的發展，似乎越來越支持自戀，並非以分析化解它。基於多種原因，心理治療朝向自戀和過度的個人主義發展，彼此互相增長對方的勢力；原因有財務方面的，也有理論方面的，有些則與行為主義在美國心理學傳統中的成長有關。美國的心理治療傾向以問題而非以人為中心。

何瑞修．艾爾格神話

托克維爾和威廉•詹姆斯的洞見不謀而合，後者稱成功的壓力為「狐狸精女神」（bitch goddess）。這項個人主義與成功之間的私生子婚姻，是怎麼發展出來的呢？是心理治療師促成二者聯姻，這一點非常清楚。懷特（R. W. White）認為：「〔美式〕文化強調與競爭掛勾的個人主義，並將它導向同儕猛烈攻擊，以做為個人和集體安全感的基礎。每個人都要憑一己之力爭取想得到的東西，就是這個文化的哲學。」（懷特，《進步的生活》〔*Lives in Progress*〕，New York: Dryden, 1954）

內戰之後，美國需要新的神話，以支撐人們追求成功的驅力；成功的定義主要是以財務為衡量標準，社會地位與名望也列入考量。我們崇拜「成功的狐狸精女神」時，需要神話的撫慰與啟發。這種成功驅力鼓舞了人們，並很快與著名「美國夢」中的個人主義合而為一。

早期麻薩諸塞灣殖民地的行政首長溫索洛普（John Winthrop）總督說過，是神送來財富的，後來與喀爾文主義的教條結合，主張富人便是好人，因為這些財富證明神已經肯定了他。這個新神話是十九世紀最重要的美國神話，經由何瑞修・艾爾格（Horatio Alger）寫的故事流傳下來。這個神話「為組織人」提供了一個神話典範。以下故事大綱，主要取材自歷史學家羅伯森所寫《美國的神話與真實》中的〈是力爭上游，還是路克・拉金的好運〉（Struggling Upward or Luke Larkin's Luck）。（羅伯森，《美國的神話與真實》，pp. 165-168）

這個故事的處女秀，是以連載方式刊登在一本剛好叫《成功之路》（*Ways to Success*）的雜誌上，故事單行本的平裝版賣了五千萬本，流傳對象達數百萬人之多。故事以一場典型的激烈美式溜冰賽開場。銀行家普林斯・鄧肯（Prince Duncan）的兒子魯道夫・鄧肯，具備所有歐洲上流社會的氣質，包括父親的名字（譯註：Prince的字意為王子）。魯道夫與路克這位可憐的木匠遺孀之子，進行一場競賽。路克出身學校清潔工人，力爭上游有成。他展現出「熱愛工作、誠實可靠、寬宏大度」的氣質，臉上露出「愉快的表情，是一種熱誠而堅定的外表」。

路克被鄧肯的同夥絆倒，輸掉了比賽和獎品華特伯瑞（Waterbury）錶。當路克上前向鄧肯恭喜時，後者以一種高高在上的姿態說：「你是個窮孩子。有沒有錶對你都無所謂。」路克回答說：「這我可不敢講，魯道夫。時間對窮孩子和富家子都很重要。」這其中隱含的意思是，時間對大企業而言是金錢，任何事情都要準時，而對農夫或清潔工而言，錶便成了奢侈品。

後來路克在一場冤屈官司中，受到一位「體型高大、深色皮膚的陌生人」的幫助，並被帶到紐約，他在那兒認識了阿姆斯壯先生。後者說路克是：「道道地地的好孩子，人也很聰明。我必須給他一個出人頭地的機會。他十分可靠。」值得注意的是「出人頭地」這個字眼——成功的意思就是不斷地出人頭地。

故事的結局是，路克發現魯道夫的銀行家父親竊取阿姆斯壯先生的債券。最後路克找出小偷，並在紐約出人頭地，魯道夫和鄧肯家族則被強制搬到西部，以重建他們的道德。我們在前面曾指出，這個故事的引人入勝處在於，西部是個具有療癒力的地方，是人們變得正直與獲得力量的地方。我認為這來自西部的力量——吸收自美國神話的力量——為個人所吸收，然後再轉回東部，成為在大企業裏攀登成功階梯的力量。

那位深色皮膚、體型高大的陌生人是個古怪人物。他讓我們想到易卜生（Ibsen）《皮爾金》（*Peer Gynt*）中的「陌生客」，他對皮爾金終於能夠發現自己的完整天性具關鍵作用。此外，這位「高大的陌生人」也與柯迪先生（Mr. Cody）這位提供蓋茲比第一份工作和遊艇駕駛制服的有錢人相當。得到某位喜歡你的人士照顧，是許多故事的普遍素材；它讓我想到《推銷員之死》的神話，其中主角威利不顧一切地要成為「最受歡迎的人」。

這些艾爾格故事對個人提供強有力的保證，也讓每個大企業的員工獲得精神支柱。它協助人們接受自己的社會地位，應付他們的焦慮，消除他們的疚責感，並且為他們的道德感和認同提供一個架構。這類成功的例子永遠不缺：卡內基便是何瑞修・艾爾格神話最主要的英雄人物。他在少年時期移民美國，獨自奮鬥當上美國鋼鐵公司（American Steel）總裁，並將股份賣了四億美元，寫了一本書叫《成功之道》（*Road to Success*），並巡迴全國演講，告訴大家自己如何成功。

當我們試圖「出人頭地」，成功地攀爬到最高的位置，卻碰到困難的時候，成功的神話能夠撫慰我們。當我們焦慮地自問：「我爬得夠高夠遠嗎？」我們可以撫慰自己說：只有足夠勇氣的人，才能到達頂端。當我們對剝削自己同胞感到疚責時，我們可以輕聲地對自己說，我不需要為別人負責，他們必須自己去學習。這些個人主義的說詞，讓我們不再有疚責之感。

〈路克・拉金的好運〉是不可預期的，也不是我們可以控制的。我們如何確定自己的努力會產生傲人的「成功」呢？難怪醫生研究當代人的潰瘍和心臟毛病時會說：「瀰漫四處的何瑞修・艾爾格神話，乃是A型行為的罪魁禍首。」（《紐約時報》，一九八四年二月十四日）這正是當代人症候群的形貌：他們總是被驅策著、忙忙碌碌的、非常緊張、瘦削、充滿競爭，容易染患與壓力相關的疾病。研究人員說得沒錯，這是「何瑞修・艾爾格神話所造就的」⑤。

路克・拉金故事中的「好運」，是文藝復興時代財富女神（Fortuna）的重複，是希臘神話隨侍天神宙斯的命運女神提坷（Tyche）的延續。她出現時是站在不停轉動的輪子上，她環遊世界「隨意散發數不清的禮物，慷慨地給予她最迷人的微笑」。在我們的文化中，「好運」仍然是相當舉足輕重的事。財富女神是不可測的，那得視我們幾乎無法控制的股票市場，以及其他變化無常的事物而定。

當代的天堂之惡

最誇張的是，前美國總統雷根竟然是何瑞修・艾爾格神話的代言人。他愛死乞丐變皇帝的風格：他曾經在記者會中明白指出，自己小時候不得不吃「麥片食物」。現在他已是百萬富翁，這也是他為所有美國人樹立的理想典範。某次記者會中，雷根被要求對支持窮人或富人表態，他則堅定地說：「我最想看到的是，這個國家人人都能致富。」（《紐約時報》，一九八三年六月二十九日）這根本就是何瑞修・艾爾格神話的翻版；雷根是在為何瑞修‧艾爾格神話能興盛於美國請願。雷根總統預測道瓊指數會大幅攀升，美國人瘋狂消費而導致「歷史上最偉大的創業成功典範」⑥。這些判斷後來成為事實，他對自己的準確預測能力頗為自豪。

美國股市繁盛的程度，是過去無法想像的。金錢自由的流動，信用卡更讓美國處在龐大的瘋狂消費中。我們被那些電視廣播中的廣告人包圍著，他們實現了柯立芝（Coolidge）總統半個多世紀前的格言：「廣告開發了人們對美好事物的渴求。」電腦技術、錄放影機、飛機或輪船旅遊各方面的新發明，無時無刻不在呈現新的可能。年輕人擠爆了商學院，報紙媒體把多位二十出頭就賺「大」錢的百萬富翁捧成偶像。雷根對這股他所說的「奇蹟似繁榮」也有部分貢獻。這是商業世界中個人主義的勝利歡呼。

某位商業購併作者形容說：「這就是美國夢：來自紐約黑人區（Bronx）的小孩，或來自威斯康辛鄉下的男孩，坐鎮指揮這場波濤洶湧、轉化華爾街及美利堅企業的購併大戰，並讓自己成為三十五歲的百萬富翁。」（瓊斯頓〔Moira Johnston〕，《企業購併》〔*Takeover*〕，New York: Arbor House, 1986, p1）

與這場金融好景差堪比擬的，便是賭博業的快速成長。「賓州樂透彩金高達令人炫目的一億一千五百萬美元。……過去，大規模的非理性行為會被認為是對民主政府的威脅。但是在樂透時代……大規模歇斯底里卻是公共財務的重要成分。」賭博對窮人剝皮的程度更甚於有錢人，這是大家都知道的事。賭博利用了財富女神的神話：我們可以靠

「好運」致富，過著電視上有錢人的快樂生活。

在本書寫作的同時，美國州政府做莊的樂透共有二十六州，這個數字還在增加中。《新聞週刊》報導：「美國的賭博熱……是數千萬美國人每個星期，甚至每天例行生活的一部分。」樂透收入每年平均成長百分之十七・五。喬治・威爾（George Will）正確無誤地指出：「賭博是降格的風險投資，貪求突然地致富……樂透時代」是大規模的歇斯底里。（喬治・威爾的引言都來自《新聞週刊》，一九八九年五月八日）

賭博與樂透也展現了好幾個極有力量的神話。首先是**媽媽的乳房**：一個人只要張嘴吸吮，乳房便神奇地滑入。另一個便是暗中照顧餵養我們的偉大女神。就這層意義而言，賭博已使美國宣稱的目標——增加產能——遭到嚴重的破壞。越希望在股票、樂透或足球賭博上大贏一場的人，便越不願花力氣誠實工作。於是工作變得越來越無關痛癢；出現了人可以靠神降甘露而活這樣的神話，更適切地說，人可以依靠魔鬼世界的流出物而活。

喬治・威爾對賭博的看法如下：

賭博熱反映出所謂的「群眾宿命論」有惡化現象。越多人相信好運、機會、機緣、命運的重要性，他們就越不相信刻苦、節儉、遲來的喜悅、勤奮、努力等堅實的美德。在國家的生產力、競爭力、儲蓄率、學術表現都很差的時候，樂透這項無技術可言的懶人賭博竟然一直在興盛，這是很可怕的事。

憂鬱時代

掩蓋在樂透快樂的吵鬧聲，以及美國瘋狂購物之下的，是普遍的心理抑鬱。美國國家心理衛生機構（National Institutes for Mental Health）為時二年深入研究後，發現了二項結果。這是二次世界大戰以來就有的現象。如今心理抑鬱的成長率，是二次大戰前的十倍。（引述自布伊〔James Buie〕著，〈時代抑鬱症〉〔'Me' Decades Generate Depression〕，刊登在《追蹤》〔*Monitor*〕，美國心理協會〔American Psychological Association〕期刊，第十九期，一九九八年十月號，賽里格曼醫生研究摘要）。主持該研究的心理學家賽里格曼（Martin Seligman）總結如下：「如果你出生在過去五十年內，你得到嚴重抑鬱的機會，是這以前五十年的十倍。」⑦

這項調查進行了二年，詢問過九千五百人。所問的問題包括是否長時間心情低落、是否有自殺念頭或行為、是否對過去投入的活動失去興趣、是否長期缺乏動機、是否失去胃口、是否服用鋰或類似藥物來治療心理抑鬱等。

賽里格曼醫生指出，過去五十年來，抑鬱流行的情況，與失去心理與精神指引的現象，可以說是一體的兩面。在一個不信神的文化中，家庭的影響也就消失得無影無蹤了。

當人們——特別是年輕人——遇到挫敗時，過去可以做為慰藉或指點迷津的社會資源，現在完全崩解了。當事人只能把自己當作最後申訴的法庭，而根據賽里格曼研究，這其實是個極度脆弱的法庭。我們先前引述過年輕人的自殺率在一九七〇年代節節上升，賽里格曼的研究則呈現出那些可怕數字的具體脈絡來。

為了平衡自己的偏見，賽里格曼與他的同僚們研究了二個原始文化。其中一個是賓州蘭卡斯特郡的愛米虛（Amish）人。他們沒有汽車，也保留了不受當代美國社會影響的十九世紀早期社群。另一個則是新幾內亞的庫路里（Kaluli）人。研究者發現，在這二個社會中，當個人遭遇失敗或失落時，會經驗到由神話與儀式組成的完整社會結構。神話賦予挫折正面的意義，使個人不致感到失落，能夠重新振作起來。

反之，當美國社會的個人失敗後想重新振作時，除了「自己這個極小而脆弱的單元外」，就沒有可以依歸之處了。這又是心理治療快速成長的原因之一，雖然這個專業顯然無法充分回答，為何抑鬱已成了美國的風土病。就像前面所指出的，基本上美國人很少獲得來自社會的引導——在他們需要時，既無儀式也無神話可以撫慰他們。⑧

個人微不足道的份量需要借助外力，但是，「宗教、家庭以及對國家認同力量的式微，卻削弱了信仰做為拒斥抑鬱的效力。」

賽里格曼及其同僚提出了一個階段性解決方案。有一種「可怕的情況是，我們會輕易放棄個人主義帶來的甜美自由，以及個人對自我的控制和關心，以甩脫抑鬱的糾纏、獲得意義。二十世紀社會許多災難性例子，正是以這種方式來治療它的疾病。近來在美國和全球，出現對基教派宗教的渴求，似乎就是這樣的誘惑。」遁入教派崇拜，特別是在美國西岸，是另一個引人注目的例子。

不過，賽里格曼也提出「比較樂觀的方案——在個人主義與公益信念之間取得平衡，雖然個人主義的自由有其危險性，但是這種平衡應當能降低心理的抑鬱，並讓生命更有意義。」

我們在這裏要強調，賽里格曼描述吾人所處情境的整體症狀之一，乃是我們缺乏有力的神話與儀式。**我們必須重新發掘神話，以賦予我們面對普遍抑鬱的必備心理結構**。否則，我們將永遠無法控制藥物濫用的情況。

自戀、毒品與金錢

資深媒體人莫以爾（Bill Moyer）來到紐約某區，那裏隨時可以向站在街角的男孩買到毒品，特別是快克（crack）和古柯鹼。附近沒有警察。大家告訴他，幾個月前一名「條子」被殺後，警力特別加強了好幾天，但是現在都已撤離了。賣毒品的男孩告訴莫以爾，自己大約十二歲時便開始賣古柯鹼與快克。當時剛好有空缺，也總有人等著接替販毒者的位置。這是此區唯一的工作。聚集在莫以爾身旁也有幾位大學生。稍後訪談中，莫以爾直截了當問這些男孩為什麼販毒。他們的答案很簡單：「錢，錢，錢。」

他們學到美國社會大部分人的目標。他們看到交易員波伊斯基上了電視，後來卻因為侵佔多位百萬富翁的錢而入獄。他們也注意到只要有百萬財產就是名人，就會上報。這些男孩也注意到，年輕人拿到企管碩士學位，便可以在三十歲前成為百萬富翁，沒有人在乎他們怎麼賺到那一百萬元。莫以爾想了解他們的學習榜樣。男孩一方面否認有這樣人物，另一方面卻提到水門事件、波伊斯基、諾斯（North）等人物。這些男孩也知道賓州高達一億一千五百萬美元的樂透彩金，半數的州有這種賭博形式，彩金數字持續上升中。

無獨有偶，在莫以爾節目播出後沒多久，電視上播出前總統雷根夫婦抵達日本的新聞。新聞報導雷根將發表二場二十分鐘的演說，代價高達二百萬美元。難怪年輕人會不斷地重複「錢，錢，錢」的人生目標。⑨

我們由美洲早期移民非常重要的個人主義原創神話，探討到惠特曼的詩，以及何瑞修・艾爾格的神話。這些勢力當然影響了近幾十年來神話與生活方式的形成與模塑。我們試著澄清美國生活的形成與再塑，以便在意識中重新形塑這些神話，並形成二十一世紀建設性生活的基礎。

註釋

①史密斯（Henry Nash Smith），《處女之地》（*Virgin Land*），Cambridge: Harvard University Press, 1975, p.63。

②惠特曼，《草葉集》（*Leaves of Grass*），New York: Heritage Press, p.25。

③貝拉，《心靈的習性》（*Habits of the Heart*），Berkeley: University of California Press, 1985, p.33。這本書對美國過度強調個人主義提出強烈控訴。

我在一次心理治療大會上的演講，被多家報紙報導出來。這些媒體的編輯一方面同意我大部分的觀點，另一方面卻強烈反對我針對美國個人主義需要降溫的提議。他們每個人都無法想像一旦降低個人主義的後果。看來個人主義在他們道德系統中的重要性，已足以成為他們的第十一條誡律。

④柯哈特（Hans Kohut）與肯伯格（Otto Kernberg）是傳遞自戀型人格觀念的重要精神科醫生。

⑤這種精神的強調至今仍舊活躍，最明顯的例子就是某電視節目結束時，螢幕上都會打出：「美國人不要存活——我們要成功。」

⑥某位官方人士告訴我，道瓊指數的大幅成長，是因為日本資金大舉湧入美國股市，並不是因為美國工業真有成長。

⑦這幾段摘要來自賽里格曼醫生向美國心理協會提出的一篇報告，〈為什麼今日憂鬱這麼普遍？〉（Why Is There So Much Depression Today?）這些研究的贊助單位有：NIMH grant 19604、NIMH grant 40142、NIA grant AG05590，以及麥克阿瑟基金會（MacArthur Foundation Research Network on Determinants and Consequences of Health-Promoting and Health-Damaging Behavior）。

⑧請參見第三章對犯罪與家庭影響力減弱之關係的討論。

⑨米爾肯（Michael Milken）被處以六億美元罰金，這種巨額金錢使得當代生活的魅力，成為賺得巨款的概念更根深柢固。請參考一九九〇年四月二十五日《紐約時報》。

8 蓋茲比與美國夢
Gatsby and the American Dream

他的生活雜亂無章……假如一朝能回到起點，慢慢重新來過，他覺得自己便能夠找出失掉的究竟是什麼。

——費茲傑羅（F. Scott Fitzgerald），《大亨小傳》

一九一八年第一次世界大戰結束後，美國國內出現奔放而無處宣洩的巨大能量。大戰時，每個人似乎都充滿了參戰的自由熱情，然而大部分的能量卻因為凡爾賽條約而懸宕未決。我們的能量該如何展現出來呢？其中一大部分湧入了歷時十二年的不平凡的爵士時代（**Jazz Age**）。

爵士時代

這個薩克斯風的懷舊與牢騷年代，幾乎對什麼都叛逆。當時，禁酒令讓組織犯罪坐收暴利，大家根本不把法律與倫理放在眼裏。「清教主義」（Puritanism）是個骯髒字眼。最明顯的叛逆行為表現在女性的穿著外形上：長髮不見了，起而代之的是法式短髮，今日人們無法想像女人首次剪短髮的可怕狀況。女人也拒穿長及腳踝的袍子，她們的衣服一下子拉到膝蓋上，就像小約翰海德（John Held, Jr.）的漫畫所畫那樣。十幾歲小姑娘邊隨著黑人音樂旋律，邊跳著卻爾斯登舞（Charleston），邊和男朋友擁抱接吻，汽車則為這種因陋就簡的性行為提供流動的掩護形式。

金錢在一九二〇年代自由地流竄。在政界，這是哈定（Warren Gamaliel Harding）總統主政時期，他卻因為不名譽而一敗塗地下台。「茶壺」（Teapot Dome）醜聞案使得往後所有醜聞相形見絀。受惠於柯立芝總統「美國事務便是商業」的宣示，股票市場出現瘋狂的投機交易，其效應要到歷史性的一九二九年十月二十九日股市大崩盤時，才會出現。股市外，銀行倒閉了，經濟大蕭條的劇烈痛苦於焉展開。

在這個「爵士時代」，美國人沒有什麼不「推銷」的情況可說高漲到了極點，甚至連自己都在推銷之列。相關的書不斷出版：如何向僱主推銷你的人格，如何向愛人及未來丈母娘推銷自己。至於為什麼推銷自己是好的，而在街角出賣靈肉就不好，卻沒有人搞得清楚。紐約成功的廣告商巴頓（Bruce Barton）寫了一本書叫《無名小卒》（*The Man Nobody Knows*），將耶穌描繪成「偉大的推銷員」，這本書在全美國造成轟動。快速致富法隨時湧現。幾乎每個人都因為投資佛羅里達州的潮濕沼澤地而吃大虧。教派崇拜也不少，麥可費森（Aimie Semple McPherson）、庫格林神父（Father Coughlin）等都是。

我認為「爵士時代」是美國夢崩解的首次陣痛。**美洲賴以生存的神話結構歷經四百年以來，現在被迫進入激烈的過渡時期**。

提出「邊疆假說」（frontier hypothesis）並為邊疆神話定調的學術泰斗透納（Frederick Jackson Turner），似乎也沒有注意到時代的重要意涵。透納相信，經過中西部州立大學嚴格訓練出來的領袖，是民主的救星。

> 我寧可相信……教育和科學都是改變這些傾向，以及為人生難題提供理性解決方案的強大力量。……我對那些透過知性努力找出解決之道的心智寄予厚望……他們無懼地找出調適方法……並對地球的和平抱持信念。①

透納在一九二四年寫下上述深具理想主義色彩的言論時，正當「爵士時代」的中期，當時毫無經濟大蕭條即將來臨的徵兆，自然也就無從知道，美國神話結構的基礎即將產生劇烈的轉變。

「爵士時代」產生了一部藝術傑作，它將潛藏神話的逐步流失逐一記錄下來，並預示了它們必然崩潰的結果。那就是費茲傑羅的經典小說《大亨小傳》。費茲傑羅被視為「爵士時代」最傑出的代言人，他英俊、慵懶的身軀，加上迷人的豐富想像力，傳遞出這個狂亂時代的靈魂。他是以遠親史考特基（Francis Scott Key）來命名，史考特基也是美國國歌的作詞者。費茲傑羅在母親世代居住一棟位於明尼蘇達州聖保羅的豪宅內長大。他由過度強勢的母親撫養長大，他的父親在岳家眼中是個商場敗將。他的母親將全部的愛傾注在費茲傑羅身上，而非自己事業無成的丈夫。

費茲傑羅在舞蹈學校和自己的舞伴發生純純之愛的同時，也開始寫作了。後來他進了普林斯頓大學，寫了一部才華洋溢的音樂劇，旋即因為數學和化學不及格而被退學。他在紐約喝得酩酊大醉，與夜總會的保鑣打架，並被狠狠修理了一頓，復原後繼續寫作。他回到普林斯頓參加昔日兄弟會的聚會，又打了一架，並且被打成二個黑眼圈，結果立刻因為不良行為被逐出兄弟會，他卻試圖從窗戶爬回去。

費茲傑羅寫作題材直接源出「爵士時代」的核心，充滿了那個時代的浪漫與混亂。他為了擺脫債務大量寫作，在炮製許多二流作品後，也寫了幾本不錯的書，和一部真正的天才之作《大亨小傳》。小說的編者柏金斯（Maxwell Perkins）認為該書帶給了讀者「永恆的觸感」。那是「爵士時代」特有靈魂的最深刻故事；自憐、衝突，卻帶有悲劇性格。這本小說是自登陸樸利茅茨岩後，成功帶領美國人的美式神話悲歌。

費茲傑羅在事業生涯的某個階段，突然拋棄酗酒和花花公子的行為，也放棄自己才華洋溢的想像力（米蕾〔Edna St. Vincent Millay〕，譯註：美國女詩人、劇作家）形容它像貴夫人的寶石一樣珍貴，在遺世孤寂中，試圖創作一本可充分展現其偉大才華的作品。這是他早就答應柏金斯的。就像書中的主角蓋茲比（Gatsby）一樣，費茲傑羅靜下心來找出自己生命亂象的導因。對蓋茲比而言，那個造成亂象的「東西」，便是在他與黛西（Daisy）戀情中發生的事。蓋茲比（也就是費茲傑羅）生命中的障礙——

> 直通樹梢天邊一個秘密所在的梯子——他可以攀登到這個高處，只要他單人匹馬勇往直前，一登上去他便可以盡情吸吮生命的瓊漿，暢飲無可比擬的神奇乳汁……傾聽片刻生命的聲音。（費茲傑羅，《大亨小傳》，New York: Scribners, 1925, pp.111-112）

《大亨小傳》是費茲傑羅的精神自傳。他在書中經常使用「永遠」這個字眼。柏金斯寫信給他說：「你具有偶然往天空一瞥，便能傳遞出永恆感的才能。」這本書在處理那個時代的神話，它掌握住「全球視野的象徵實在」。

悲劇性勝利

吉姆・蓋茲（Jim Gatz，譯註：傑・蓋茲比〔Jay Gatsby〕的真實姓名）是北達科塔州懶惰的貧窮農夫之子，他反映出一種美式的普羅修斯（Proteus，譯註：希臘神話中海神的助手，參見第六章）神話。他相信自己能夠否認出身及根源，重新創造自己，建立一個新身分。在他的想像中，他從來沒有真正接受自己的父母。

孩提時候，蓋茲比便在一本漫畫書的背後，寫下能讓自己成就大業的自修守則，也就是他自己的何瑞修・艾爾格故事。費茲傑羅寫道：「事實是，來自長島西卵鎮（West Egg）的傑・蓋茲比，由他……對自己的柏拉圖式概念中冒出來。……他創造的正是十七歲少年可能會創造的傑・蓋茲比，一直到故事結尾，蓋茲比都忠於此一概念。」（費茲傑羅，《大亨小傳》，p.99）費茲傑羅的傳記作家拉莫特（Andrew Le Vot）寫道，費茲傑羅在本書中「比所有其他自傳式小說，更能反映他本身及其世代所面對的問題核心。……在《大亨小傳》裏，『原罪與墮落』纏身的費茲傑羅，承擔了所有腐敗人性的弱點。」（拉莫特，《費茲傑羅傳》〔*F. Scott Fitzgerald, A Biography*〕，New York: Doubleday, 1983, p.142）

就像何瑞修・艾爾格神話中的路克・拉金（Luke Larkin），蓋茲比一開始便幸運地成為有錢的遊艇主人柯迪先生（Mr. Dan Cody）的朋友，因為蓋茲比特地游泳去警告後者，告訴他遊艇下錨處有一塊看不見的海底大石頭。②柯迪先生僱用了他，並給他一套藍色的遊艇水手制服，那是蓋茲比的第一套制服，故事中還會出現他第一次與黛西約會所穿的軍服，以及後來在自己豪宅內毫無節制地款待客人時，所穿的白色禮服（「你總是看起來這麼瀟灑。」黛西稍後這麼評論）。

蓋茲比被派到路易士維爾（Louisville）接受軍事訓練，並且愛上富家女黛西。他們在春日的丁香花下卿卿我我，互相獻給對方，並發誓戰爭結束前互不嫁娶。但是他沒有想到她的天性容易臣服於世俗，也沒有自己的個性，更無法放棄「玩樂和財富」。當蓋茲比在歐洲聽說黛西嫁給富有的芝加哥社交名流湯姆・布坎南（Tom Buchanan）時，便發誓要奪回她。從此他的一生都投注在這個夢想上：改換名字和穿著方式，到牛津入學五個月學得一口英國腔，最後回到美國成為富商，並且在長島灣（Long Island Sound）買了一座有「青色草坪」的豪宅。這一切作為都為了贏回黛西，她與湯姆正在長島灣對岸避暑。

他對美國夢有十足信心，深信可以將夢想化為行動。蓋茲比在書中的傾訴對象尼克，是前來避暑的鄰居，對生命也自有其一套看法——隨俗、道貌岸然、生活嚴謹，看起來就像是出身中西部的耶魯人，和蓋茲比的處世哲學恰恰相反。但是尼克也不得不承認，蓋茲比「自有迷人之處，對生命的許諾具高度敏感。……對夢想有超凡天賦，一種我從未在其他人身上發現的羅曼蒂克敏捷，看來我永遠也找不出類似的人。」（費茲傑羅，《大亨小傳》，p.2）

蓋茲比無條件信仰「綠燈」（Green Light）這個深具影響力的美國神話，這個象徵也經常出現在書中。黛西家的碼頭尾端，總是掛著一盞綠燈，好似誘惑著蓋茲比。尼克第一次在某個黃昏無意中看到他的鄰居時，蓋茲比正站在門前草坪上，看著海灣對岸的綠燈，雙手張開成懇求的姿勢，「我可以發誓我看到他在發抖。」尼克說。

這個永恆的「綠燈」是美國的啟示神話，意指新潛力、新疆界、不遠處的新生活。生命中並沒有所謂的命中註定，如果有的話，也是我們自己建構的。一切就在眼前，任何事物都是我們對生命的選擇。「綠燈」招呼我們向前、向上，承諾櫛比鱗次的高聳摩天大樓中更多更好的事物，毫無限制地向上直升到無窮無盡。「綠燈」最後變成我們最大的幻想，遮蓋住我們的困頓，讓我們做盡壞事而沒有疚責，它那泛濫成災的承諾，掩藏了我們的邪惡能力和我們的問題，並在過程中摧毀了我們的價值。「綠燈」是創造何瑞修・艾爾格「應許之地」（Promised Land）的神話。

就何瑞修・艾爾格的觀點而言，蓋茲比當然是成功的。他是真的有錢，雖然他自己可能沒有意識到，但是他的整個信念都投入到這個我們繼承自十九世紀的神話中。他略識字的父親在芝加哥報紙上看到自己兒子的訃文，一路由北達科塔州趕過來後，看到了足以證明蓋茲比成功的豪宅，馬上由看到已入殮兒子的哀傷情緒恢復過來，得意洋洋地說：「他很有出息。……如果他還活著，他會成為一位大人物。他可以像希爾（James J. Hill）一樣，對國家建設有貢獻。」（費茲傑羅，《大亨小傳》，p.169）

很顯然地，蓋茲比的財富堆積如山——雖然那是非法得來的錢，卻是「爵士時代」多數人的致富方式。美國的致富方法，一直沒有涇渭分明的對錯差別。股市投機？在德州小棚屋下挖到石油？在華盛頓州大規模砍伐洋松？水門案的壞蛋服刑後，反而四處演講聚積成堆財富？美國夢精髓在於**致富，然後那些極度有錢的人，便可以決定你的境**

遇。你成功是因為神眷顧你，是你得到救贖。因此，為什麼逐漸致富的確是喀爾文傳統的第十一誡，也就不難了解了。

如果錢可以買到任何東西，蓋茲比就成了最幸運的人。然而，功名與財富全都用來填充他的大夢——這個讓他信以為真，也束縛了他的夢。金錢可以買到盛大的宴會、金碧輝煌的豪宅、鎮日不斷供應的美酒，加上夜夜笙歌、門庭若市，紅男綠女像飛蛾撲火般湧入。但是，這些奢華排場要能夠吸引到黛西才有意義。他的神話成真，蓋茲比在這點上也成功了——黛西出現，他們重溫蓋茲比的甜蜜情懷。

蓋茲比的悲劇性缺點便是錯把美國夢當真。他對美國夢有十足信心，也從不懷疑自己的轉化與終極功名是有保證的。尼克提及「蓋茲比巨大的幻想動能」。如果齊克果「赤忱之心在於專心一意」這句話沒錯的話，蓋茲比真的有一顆赤子之心。奇怪的是，他是書中唯一人格完整的人物。當蓋茲比向尼克提到自己唯一的目標，就是讓黛西承認只愛過他一個人，並像他倆當初的誓約那樣，一起在路易士維爾的大房子結婚時，尼克勸他：「舊夢不能重溫。」蓋茲比回應說：「不能重溫？我看當然可以。」（費茲傑羅，《大亨小傳》，p.111）

尼克克服了自己對蓋茲比生活方式——與私酒販子掛勾並為幫派打前哨來賺錢——的嫌惡。拉莫特寫道，蓋茲比達成目標的骯髒手段，並沒有改變他根本的人格和精神完整。他的手段反映出那個時代的腐化，那是潦倒紳士試圖致富的少數可行方式之一。尼克發現，真正的墮落存在於那些瞧不起蓋茲比的人心裏，特別是黛西的老公湯姆。蓋茲比的人格完整，是因為他敢於夢想並忠於夢想。他甚至從未想透露，是黛西而不是自己開車撞死威爾森太太（Myrtle Wilson）的。尼克說，蓋茲比沒有錯，「是飄浮在他夢醒之初的污濁塵埃，暫時隔絕了我對人類挫敗之不幸和短促得意的興趣。」就這層意義而言，並不是美國夢本身讓我們誤入歧途，「飄浮在夢醒之初的污濁塵埃」才是罪魁禍首。它攀附過時的何瑞修•艾爾格神話，利用過時神話來合理化世界上的貧窮饑餓；它是寄望於早已逝去的往昔，才不斷增加的妄想症。

但是，蓋茲比的夢太過固著。在以廣場飯店為背景的故事大結局中，蓋茲比堅持黛西要對湯姆表白自己從未愛過後者；黛西啜泣著說：「你要求得太過分了！」費茲傑羅繼續寫著：「午後溜逝，只有死去的夢跟消逝的下午時光在掙扎，試圖捉住已經幻滅的事物，不快樂卻也不絕望地掙扎著。」（費茲傑羅，《大亨小傳》，p.135）我們注意到，費茲傑羅並不絕望地寫著。**真正的絕望是一種建設性的情緒，能夠針對某種處境誘發出創造性的解決方案**。這正是「爵士時代」所無法感受到的。蓋茲比躺在棺木中，黛西什麼也沒說，這時尼克沉思著，可能蓋茲比「已不在乎。如果是這樣的話，他一定覺得自己失去了溫馨的舊世界，他為單一夢想活得太久，付出了極高的代價。」（費茲傑羅，《大亨小傳》，p.162）

關懷能力的喪失

費茲傑羅認為「爵士時代」以及人們寂寞背後的真正關愛喪失了。與他同世代的人認為，關懷威脅到人們的獨立性，以及任意搬遷的自由。具體地說，蓋茲比的夢想敗在人們無能彼此關懷。費茲傑羅又特別以湯姆與黛西之間的冷漠來表現。「湯姆與黛西都是冷漠的人——他們破壞東西、撞死人後，便縮回自己的錢堆、冷漠，或與他倆臭味相投的朋友中，讓別人為他們收拾爛攤子。」（費茲傑羅，《大亨小傳》，pp.180-181）

費茲傑羅幾乎每一頁都會用到「漠不關心」這個字眼。在故事尾聲蓋茲比被謀殺後，尼克做了一個奇怪的夢：

> 我覺得好像是艾爾・葛雷柯（El Greco）的一幅夜景：上百棟房子，既平凡又怪異，蜷縮在一片陰鬱重重的天空，和暗淡無輝的夜空下。前景有四位穿大禮服、表情嚴肅的男人，他們手上抬著擔架走在人行道上，上面躺著一位身著白色夜禮服的醉婦。她的手垂掛在擔架旁邊，手上的珠寶閃爍著冷光。這幾個人神情嚴肅地走進一棟房子，卻走錯了地方，並不是他們進去的房子。沒有人知道女人的名字，也沒有人在乎。（費茲傑羅，《大亨小傳》，p.178）

這個不斷出現的夢可視為費茲傑羅自己的夢，因為那浮現他的想像。這個夢也對費茲傑羅的強迫性、焦慮與醉鬧提供一絲線索。夢境透露出他沒有自己的房子，將無家可歸且永遠孤寂。更重要的是，抬他的是一點都不在乎的人，深層而言，或許我們也毫不在乎。這就是為什麼在這本書中，原罪與墮落神話的感受一直揮之不去的緣故。

「關懷」應按其字面意義來解讀：人們擁有慈悲的能力，能夠在較深層次彼此溝通，能夠愛對方。這和弗洛依德的愛羅斯（Eros，譯註：參見第五章）神話有一定關係。湯姆和黛西沒有惻隱之心，不能表達關懷，也無法緩和人類的殘酷無情。

海德格（Heidegger）以關懷（*sorge*）做為存有的基礎：失去了關懷，我們的本性便收縮起來，我們失去意志的能力，也失去了我們自己的本性。（羅洛・梅，《愛與意志》〔*Love and Will*〕，New York: Norton, 1969, p.290）費茲傑羅提示，缺少關懷代表人的原罪，也就無能感受到他人的心並與之交流。他甚至暗示說，如此一來，人便無可避免地不斷傷害對方最深刻的感覺與需要。費茲傑羅經常使用「說不出口」、「無法表達」、「無法溝通」等字眼，好像極力溝通說不出口的事物，或想極力解釋，註定困在這個旋轉小星球上的人類，具有彼此熱切關愛的需求，但是我們的關懷往往殘缺不全。蓋茲比被射死在自家游泳池的一個小時前，尼克與蓋茲比邊吃早餐，邊試著釐清前一天的悲劇事件。蓋茲比想說服自己，黛西對湯姆的愛，可能「只是他們剛結婚的時候——在那之後，她愛我愛得更深，你懂這道理嗎？」（費茲傑羅，《大亨小傳》，p.152）他實際上是邊說邊仔細注意電話聲——黛西會打電話來或暗示些什麼嗎？什麼都沒有。

尼克離開時，隔著大草坪對蓋茲比大聲說：「他們都是混蛋……。他們沒有一個人比得上你。」（費茲傑羅，《大亨小傳》，p.154）尼克後來一直說：「很高興我說了那句話。這是我唯一一次恭維他。」用尼克的話來說，雖然蓋茲比「仍代表我所鄙夷的一切」（費茲傑羅，《大亨小傳》，p.2），後者仍然有讓他看重的地方。

拉昆（Laocoön）的衝突呈現了費茲傑羅的二個面向，他在全書以並列共陳的方式表現它們。這個衝突存在於「爵士時代」的社會風氣，以及費茲傑羅的正直人格之間。他的敏銳想像力，一方面讓他格外看清一九二〇年代的原罪與地獄主題，另一方面又受到所痛恨事物的誘惑。這就是這本書口味如此辛辣的原因。

費茲傑羅小說的中心主題一貫是寂寞。蓋茲比的宴會，有最有錢、最糜爛的音樂、跳舞與飲酒形式，卻完全沒有交流，只有「彼此不知對方姓名的熱情會面」。蓋茲比站在前廊，對離去客人「舉起手做出正式道別的姿勢」時，「一股突如其來的空虛感，自窗戶和大門湧入，讓男主人完完全全地孤立無援。」（費茲傑羅，《大亨小傳》，p.56）

尼克在紐約閒逛時，也特別感受到孤獨的氣氛。「有時候我會覺得孤寂糾纏不休，在其他人身上也感覺到——黃昏薄暮中可憐的年輕店員，虛度夜晚以及生命中最劇烈痛苦的時刻。」（費茲傑羅，《大亨小傳》，p.57）在廣場飯店的大結局後，尼克突然想起那天是自己的生日。「三十歲——十年孤寂的保證，需要認識的單身漢變少了，充滿熱情

的公事包變輕了，頭髮變少了。」（費茲傑羅，《大亨小傳》，p.136）

全書中最寂寞的角色，還是傑・蓋茲比這位討厭自己華麗派對的主人。他在暮色中的前門大草坪登場，雙手隔空擁抱長島灣對岸、黛西家門口碼頭上的綠燈。從那一刻起直到他的葬禮，他都是代表孤寂的雛型。**蓋茲比的不認同，讓這個孤寂雛型更具震撼效果；對蓋茲比而言，孤寂不是來來去去的情緒，而是種人格狀態，一種存有狀態。**世界上沒有人能探究驅動其目標背後的世界；他在現實世界是個白手起家的人，就像所有白手起家者一樣，他對內已經切斷任何深刻的人際關係。豪宅內川流不息的客人，只是為了吸引黛西，和派對本身完全無關。

蓋茲比已入殮，尼克卻一直聽到蓋茲比央告的聲音：「我說呀，老兄，你得替我找一、二個人來……。我不能就這樣孤零零地走呀。」尼克向死去的蓋茲比保證：「我會找來的，蓋茲比。不用擔心。相信我，我好歹也會找一、二個人來……」（費茲傑羅，《大亨小傳》，p.165）

儘管尼克到處打電話，三輛禮車組成的送殯行列又多等了半小時，表現在蓋茲比葬禮的最後孤寂，可以用一句話總結：**沒有人出現**。沒有來自黛西的片語隻字或花束。一陣毛毛細雨更加深墓地四周的哀傷氣氛，好似大自然本身也參與了這個說不出口、又不知如何是好的時刻，因為下葬的不只蓋茲比，更重要的是，美國夢也葬送於此，美國的核心神話被下葬了。

墓地這支小小送喪隊伍中有個小例外。來過蓋茲比家派對的一名醉漢竟出現在葬禮上。貓頭鷹（Aghast）先生喊道：「為什麼，老天！過去（參加派對的）人一來就好幾百！」他又加上一句讀者心中的話：「他媽的，死得真可憐！」這場喪禮可類比《推銷員之死》中的威利，更不堪的是，這次甚至連議論紛紛的人都沒有。

費茲傑羅感受到這種深刻的孤寂。我們只有了解他想克服孤寂卻欲振乏力的情況下，才能體會他的恐慌性尋歡作樂和強迫性酗酒。「爵士時代」確實到處透露著無根感。直到一九三〇年代的股市大崩盤，美國人才被迫直接檢視自己的問題，並質疑人際間的疏離，以及孤立於自己生命之泉以外的原因。

美式風格的神

這種孤寂與關懷的喪失，是因為人類遠離了神的緣故嗎？雖然這個問題好像很奇怪，但確實是《大亨小傳》的意涵。沒錯，當人們失去經驗神話的能力時，他們也失去了自己的神。這個問題在《大亨小傳》中，以艾柯爾堡醫生（Dr. T. J. Eckleburg）之眼的象徵形式出現，這也再次展現了費茲傑羅的天份。

從西卵鎮到紐約的半路上，通勤者會碰到一片荒地，那是和月球一樣貧瘠的荒蕪景觀。費茲傑羅稱這塊荒地為「廢墟之谷」（Valley of Ashes），那裏的灰塵形成奇妙的房屋與煙囪外形：「灰灰的人暗淡地移動……穿過灰撲撲的空氣，攏起一朵朵厚厚的灰渣塵雲，以及陰森暗淡的灰濛濛環境。」③

不過，再過一會兒，在這片永遠被一陣陣塵土籠罩的灰色地面上，你會發覺兩隻大眼，兩隻龐大無比的藍眼睛，單單瞳仁就有三呎高——「醫學博士艾柯爾堡」的雙眼。這雙眼睛不是出現在什麼臉孔之上，中間也瞧不出有什麼鼻樑，眼睛上卻戴著一幅巨靈的黃色眼鏡。顯然這是皇后區某位眼科醫生一時妙想天開，豎這座大廣告牌招徠生意，然後……便忘了，要不然就搬走了。（費茲傑羅，《大亨小傳》，p.23）

這個場景著力於地獄般的奇怪宗教面向。喬治・威爾森（George Wilson）在他太太被蓋茲比的車撞死之後，已經是半瘋狂狀態了。他和來自「廢墟之谷」的客人米契里士（Michaelis）站在路的這一邊。在威爾森喪妻後，這位年輕的希臘籍鄰居，整晚陪伴著他。威爾森一直看著這對巨大的眼睛。米契里士安慰他：「喬治，人在這種時候會需要教堂。」喬治喃喃自語：

「我早對她說過，我告訴她，她儘可以騙我卻騙不了神。」他重複道：「我說，妳儘可以騙我卻騙不了神！」

米契里士站在他旁邊，吃驚地發現他正盯著從朝霧中浮現，巨大、慘淡無光的艾柯爾堡醫生之眼。

「那是廣告。」米契里士肯定地說，眼光卻從窗外轉到房裏。威爾森仍然在那兒站了好長一段時間，臉貼著玻璃的木頭方框，對著晨曦不住點頭。（費茲傑羅，《大亨小傳》，p.160）

成年後的費茲傑羅一直想掙脫他的天主教成長背景。這種掙扎在這本小說中非常明顯，這種原罪與地獄的暗流，也同樣出現在他的其他作品中。

費茲傑羅的傳記作者拉莫特論證說，創造並拋棄這個世界的，是露西弗這種次要的神祇。不論如何，他都認為費茲傑羅表達得很清楚：「不是人拋棄神，而是神將人拋在這個無法居住的荒謬物質世界。」（拉莫特，《費茲傑羅傳》，p.156）

「爵士時代」自憐、懷舊的一面，所造成的被遺棄感，以及對所有箝制的憤怒反抗，是費茲傑羅式自憐中所透露出來的氣氛。（海明威曾試著讓他了解這一點。他寫信給費茲傑羅說：「我們一開始都會抱怨——我們不是悲劇角色。」）費茲傑羅的這種傾向，部分遺傳自孩童時期媽媽的過度保護與關心，並缺少可認同的強壯成功父親形象。然而，更廣泛地說，「嬌寵小孩」（pampered child）的心理是一九二〇年代的主要內容，當時的人相信自己應該擁有一切，不論哪個階層的人都不把正義當一回事，不論是法律層面或其他的相關標準，吃喝玩樂的哲學似乎支配了每一個人。

艾柯爾堡醫生廣告看板的重要性，在於那是一張巨大的放大照片。文學批評家蘇姍・桑塔（Susan Sontag）指出，當代人分不清照片和真實。許多旅客以為只要自己照了張遠方珍寶的照片，便擁有了它；他們無須真正**注視**雕像，使它成為自己想像的一部分，使它化入自己的生命。瞬間按下「快門」，他們便可「捕捉」住場景。攝影（shoot）與捕捉（capture）這二個字眼，屬於獵人或士兵的詞彙。旅客將袖珍版的「珍寶」拍在可以帶回家的照相機底片上。這張照片被歸檔後，就只剩下便於抽取出來給別人看的一個名字或號碼。這就是「神已然拋棄人類」的意義。神的替代品以照片的形式歸檔，真的神不可能回來了。

就像米契里士指出的，喬治・威爾森當作神眼般崇拜的巨大眼睛，只是廣告，目的在賣眼鏡。它被放置在那裏，是希望有助於眼科醫生的生意。商業主義的買賣行為，也就是一個人口袋內的銀幣響聲，已篡奪了神的角色。善於以商品照片引起購買慾的廣告人，以及成功的利潤創造等，都是一九二〇年代以及蓋茲比與費茲傑羅文化的重要部分，也是書中所呈現的悲劇。諷刺的是，廣告與商業主義的勝利，出現在「廢墟是工業盛況唯一殘餘物的地方。」（拉莫特，《費茲傑羅傳》，p.158）

康考特（Edmund Concourt）曾針對工業化社會的新神祇問題，說過一段預言，並刊載在一本巴黎的期刊上：

我有時候會想，當代人得到美式神祇守護的那一天，終將會來臨……祂的形象不再伸縮自如，隨著畫家的想像調整，不再浮現於聖女薇諾妮卡的手帕（Veronica's veil，譯註：薇諾妮卡在耶穌被帶往刑場途中，用手帕替耶穌擦拭汗水，手帕因而印上耶穌的聖容）上，反而被捕捉在相片上。……沒錯，我勾勒出一位出現在照片上戴著眼鏡的神。（拉莫特，《費茲傑羅傳》，p.158）

這個神沒有卡內基、洛克斐勒或惠特尼（Whitney）的面容。祂的臉完全不可辨識，只是一位穿著灰西裝的男人，一位無名氏，一位照在鏡子上的「廣告人」（ad man）代表，不在意自己相信什麼，只關心可賣出多少。真的，信仰是不相干的。祂很清楚在「爵士時代」，最要緊的是將自己推銷出去。商業主義神祇的崇拜者，是一位長得像機器人的奇怪傢伙，也恰好是這片荒地的產物，沒有「高」或「低」，沒有「北」或「南」，甚至可能什麼都不要。這個神話與創造或生產先驅無涉，只和市場行銷有關。這個新目標——拉莫特稱之為「日常生活的新英雄」，以及今日仍具說服力的神話——便是賣主、皮條客和「廣告人」。拉莫特認為，唯一真正的美式悲劇「根深柢固地奠基於凡夫俗子的神話，那就是《推銷員之死》。」④威利是一位道道地地的推銷員。如果你賣的是自己——從臉上的微笑到腳上皮鞋的亮光——你便將自己物化，也沒有了認同。因此威利的親人說他「從來不知道自己是誰」，是完全合理的。我們只知道他「人緣最好」。這符合多數科技在西方（尤其是美國）的發展方向，都是在將人類的主要目標以及尋求的神話，推向「讓我們的國家成為人人都能致富的國家」這個極致。

美國意識

蓋茲比喪禮結束後，費茲傑羅透過尼克這個角色，思考自己的美國意識。在他的沉思中，蓋茲比的悲劇、美國神話的喪失，以及美國夢的崩解，徹底合而為一。尼克回想起聖誕節時，在芝加哥火車站與老朋友碰頭，一起由預科學校回家的遙遠旅程。在穿越威斯康辛州的火車上，他和其他年輕人「在這神奇的一個鐘頭內，我們無法言喻地覺察到自己與這個國家同為一體，然後我們再度與它密不可分地融合在一起。」

> 這就是我的中西部故鄉——不是麥田、大草原，或昔日瑞典移民的小鎮，而是令人興奮的年少返鄉列車，嚴寒夜色中的街燈和雪橇鈴聲，家家戶戶的燈光將窗口掛的聖誕冬青花環打在雪地上的影子。這就是我的出身。（費茲傑羅，《大亨小傳》，p.177）

這是關於西部的故事──蓋茲比、湯姆、黛西和尼克都來自中西部。不是孤寂牛仔神話的遙遠西部，也不是他正描述的何瑞修・艾爾格神話的崩解。他說的是中西部，來自那裏的人想逃離它，它卻是當代美國道德與文學的誕生地。尼克想了很久，或許我們中西部人「的共同缺陷讓我們無形中對東部生活微妙得無法調適」。因為東部是糜爛的巴比倫，人們只能坐在河邊為它哭泣。這個國家真正的靈魂在紐約以外，「漫漫長夜、一望無際的新大陸田野。」

拉莫特寫道：「蓋茲比的故事，以及宏大夢想出了錯的故事，都環繞在當代美國，和所伴隨的心象這個象徵上。……**蓋茲比夢想的崩裂，無疑地等同於……美國夢的失敗。**」（拉莫特，《費茲傑羅傳》，pp.147-148）

費茲傑羅這位偉大小說家的才華，竭力把美國過去和現有的危機刻畫清楚。這本小說帶出了與另一個神話的詭異相似性。那是《聖經》〈創世記〉大洪水前的那一幕，群眾圍著方舟，嘲笑正為世界即將一頭滑入的大災難而準備的諾亞。

尼克決心離開東岸回到故鄉。但在離開之前，蓋茲比豪宅的最後時光卻在他腦海裏揮之不去：

> 我仍然聽得到音樂聲與歡笑聲，微微不斷飄過來……。
>
> 有天晚上，我真的聽到有一輛車開過來，亮著車燈停在蓋茲比前門。但是我沒

有去過問。可能是某位剛從天涯海角倦遊歸來的客人，不知道蓋茲比的筵席早就散了。（費茲傑羅，《大亨小傳》，p.181）

離去前的最後一晚，尼克走到海邊、躺在沙灘上，讓自己沉浸在回憶之中。海灘上遊客聚集的地方已人去樓空，「幾乎沒有任何燈光，除了偶爾穿過海灣的渡輪，照射出來暗淡移動燈影。」在這片雄山峻嶺與富庶平原的豐饒芬芳鄉野中，美國曾經興盛過。

明月越爬越高，地上的小房子漸漸消逝，我眼中出現一座林木蔥綠的島嶼——那是當年荷蘭航海家眺望到的新大陸。島上那些曾為蓋茲比的豪宅開道，現在已經消失的林蔭扶木，它們曾颯颯低語，勾引那最終、最偉大的人類夢想。在那玄妙的短暫片刻，人們必定為眼前這片土地屏息驚嘆，被迫順服於它那有點莫名其妙又難得的美學冥思。那是人類有史以來最後一次面對這種創造奇景的機會。

尼克想起了蓋茲比，以及他創造奇蹟的能力。

他努力奮鬥才來到這片青色草坪，夢想似乎就在眼前，幾乎不可能失敗。他不知道的是，夢想已經遠遠落在身後，迷失在紐約外某個寂寂無聞的地方，在漫漫長夜、一望無際的新大陸田野。（費茲傑羅，《大亨小傳》，p.182）

正如其他千百萬名善良的美國人，「蓋茲比一生就寄託在綠燈上」。但是尼克知道這就是「年復一年，在我們眼前流逝的狂歡未來。……它逃離我們的追求，不過沒關係——明天我們會跑得更快一點，手臂伸得更長一點。……總有一天——」

書的結尾句，就這樣掛在半空中，只有一個破折號，沒有用句號來結尾。尼克在短暫的絕望中沉默摸索。當他探索時，他躊躇著。這麼做有任何意義嗎？有任何原則、智慧、想法，可以為顯然無希望的美國意識提供一些線索嗎？還是我們註定要活在一個找不出意義的世界？尼克在黑暗中摸索可以指出方向的神話，就好像一個人在黑暗中找尋電燈開關，來點亮整個天堂一樣。他找的是一個吸納這種永不停息失敗的神話，一個讓永恆回歸成為我們可以忍受事物的神話，一個可以暫時為我們的荒謬存在帶來意義的神話。尼克於是加上最後一行，單獨的一段，就像是個書跋：

我們於是繼續往前掙扎，像逆流的小船，不停地被浪頭推回到過去。（費茲傑羅，《大亨小傳》，p.182）

薛西弗斯神話

在這個絕望時刻，誕生了這個永遠古老、卻富含新義，而且能夠解釋這個看似無希望處境的唯一神話。那就是薛西弗斯（Sisyphus）的神話，那是針對美國夢直接予以痛擊的唯一神話。這個神話否定進化，完全沒有出路，看起來只是不斷重複，每天的每個動作，都永遠是持續而單調的勞苦與流汗。

如果只有這樣的話，便忽略了其中的關鍵性意義。薛西弗斯至少可以做一件事情：他可以關注在他和天神宙斯之間的每一個片刻，也就是他和自己命運之間的每一片刻。這樣做是最有人味的，也讓他的反應全然不同於黑夜推石上頂時的心情。

薛西弗斯因為欺騙眾神而被宙斯懲罰，荷馬如此描述他：

> 伴著疲乏的腳步和呻吟聲，
> 他挺著巨大圓石，往高高的山坡推去：
> 那塊大圓石，彈跳了一下，
> 雷鳴般滾下來。⑤

荷馬接著說，「可憐的薛西弗斯」聽得到「耳邊那銷魂的迷人音樂」，那是自冥府之王普魯托（Pluto）管轄領域，所傳出來的奧菲斯（Orpheus）的笛聲。⑥薛西弗斯神話有時會被詮釋為，太陽每天爬到最高峰，然後又落下來。對人類生命而言，再也沒有比太陽的循環旅程更重要的。

由於蓋茲比的憂鬱苦悶，才有全人類必須忍受的枯燥單調——一種因「爵士時代」的花天酒地和不斷躁動而產生，卻一直要否認的苦悶掙扎。因為我們的所做所為都是單調枯燥；我們生命的每一刻都是無止盡的連續吸氣又呼氣，這是最極致的單調無聊。但是就在這種重複呼吸當中，佛教徒與瑜伽士形成他們宗教的冥想，以及達到狂喜巔峰的方法。

薛西弗斯是位有創意的人，他甚至想消弭死亡。他從不放棄，總是投入精力創造更好生活。他是一位不顧絕望，持續堅持的模範英雄。沒有這種面對絕望的能力，我們便不會有貝多芬、林布蘭特（Rembrandt）、米開朗基羅、但丁、歌德，以及文化發展過程中的其他偉大人物。

薛西弗斯的意識是身為人的正字標記。薛西弗斯是有心識的人，能夠建構目標，知道狂喜與痛苦，分辨絕望與單調，並將滾動石頭的單調痛苦，放進自己受到懲罰的反叛計謀中。我們不知道薛西弗斯推大石頭時，在幻想與反芻些什麼，但是他的每一個動作，都可能在反叛要其順服的諸神，或可能是懺悔的行為。這就是我們建構出來的想像、目標和人類信仰。薛西弗斯在群雄之中佔有一席之地，他們都宣示要為更偉大的神，而推翻不合時宜的神——這個例證與啟發陣線包括了普羅米修斯（Prometheus）、亞當等，更希望能延伸包含當代的神與神話。就像薛西弗斯一樣，擁有認清人類使命的不朽能力，我們便能生出超越推石頭、日常經驗等單調無聊的勇氣。

更進一步，薛西弗斯必定在推石頭上坡途中，注意到幾縷破曉前粉紅色的雲，或是當他邁開腳步跑在石頭後面下坡時，享受微風吹拂胸膛的愉悅感覺，或想起讓他浸淫沉思的某幾句詩。真的，他必須以神話來解釋這個瘋狂的世界。這對薛西弗斯都是有可能的——甚至，如果他是蓋茲比的話，便知道逝者已矣，但是每踏出新的一步，就可以將過去拋在後面。這些人類想像的能力，是我們的弔詭懲罰，以及身為人類的正字標記。

薛西弗斯神話必須與「綠燈」神話對照，才能對整個美國和我們個人，提供平衡與推理。它是避免使我們陷入自許上帝選民之莫須有自大心態的保護神。它讓我們看清何瑞修・艾爾格神話只會讓我們誤入歧途。薛西弗斯平衡了應許之地的神話：它讓我們在前進這塊應許的「美麗亞美利加」（America-the-beautiful）途中，暫停下來，沉思一下我們的目的，並釐清自己的目標。

蓋茲比顯然少了一種神話。薛西弗斯神話最起碼協助我們了解為什麼夢想會崩解；它至少為我們指出狂喜之路，為我們的無希望狀態帶來平衡，並為我們開啟一個直接面對並建設性運用這種絕望的新時代。

我們因此知道人類實存意義的深度，比美國夢或蓋茲比的夢，更加無法測量。不論我們回到疲憊的過去與終極的死亡有多深遠，我們已然安住於狂喜的思想中，我們在顛沛流離之際，已經探索與體驗了辛酸與悲傷。會有那麼片刻的功夫，悲傷脫離了咎責，歡笑也不再有焦慮。當永恆像神話一樣破解了時間的限制時，我們便會突然領略人類意識的意義。

這麼一來，薛西弗斯神話便解釋了人類的無意義努力；它為我們一成不變的辛勞投注了一道曙光，為我們單調無聊的生活帶來一絲短暫的趣味。不論我們是划船逆流而上，或是在工廠裏像機械人一樣操勞，或是每日試圖想用永遠捉摸不定的語言來表達難纏的思想，這個神話都可以適用。

薛西弗斯神話是美國夢的終極挑戰。我們必定或「命定」要去認同人類的意識狀態，認同「綠燈」，認同黛西，認同破碎的人類世界。就是這種認同，使我們在可憐的規範證實無效後，還能拯救我們免於毀滅。

卡繆（Albert Camus）因此為他對薛西弗斯神話的論述，下了這樣的結論：「我們應當認為薛西弗斯是快樂的。」（卡繆，《薛西弗斯神話與其他文章》〔*Myth of Sisyphus and Other Essays*〕，New York: Random House, 1959）

註釋

①史密斯，《處女之地》，p.259。透納其實對未來是很焦慮的。他的話中有重建信心的味道。

②我們記得柯帝是野牛比爾的真名。這一點顯示出美國神話對費茲傑羅的羈絆。

③這裏「荒野」（wasteland）這個字，很明顯與詩人艾略特的同名長詩《荒原》（*The Waste Land*）有關，那也是「爵士時代」的作品。

④拉莫特忘了尤金・歐尼爾（Eugene O'Neill），但是他在這裏的意思已經夠清楚了。

⑤荷馬（Homer），波普（Pope）的翻譯版，收錄在《希臘羅馬神話》（*Myths of Greece and Rome*），哥伯（H. A. Guerber）主編，London: George Harrap, 1907, p.144。

⑥同上，p.60。

西方世界的神話

Myths of the Western World

9 治療師與地獄之旅

The Therapist and the Journey Into Hell

沒有人，像我一樣，召來那些駐在人類心中尚未被馴服的大惡魔，並試圖與之搏鬥，還期望能在這場爭鬥中毫髮無傷地全身而退。

——弗洛依德

心理治療師是個奇怪的職業。它帶有宗教性質。自文藝復興時代的名醫波勒西爾瑟斯（Paracelsus）起，醫生——後來包括精神科醫生和心理治療師——就以牧師的姿態出現。我們不能否認，心理治療師除了處理人的道德與精神問題外，扮演代理告解神父的角色，也是心理治療師工作的一部分，就像弗洛依德治療時的位置是**在後面**，不讓心理告解者看到一樣。

心理治療也有一部分是科學。弗洛依德的貢獻就是讓心理治療達到某種程度的客觀性，也讓它變成可傳授。心理治療中不可分割的一部分就是友誼。當然，這種友誼比一般人熟悉的社會關係的友情，更容易有爭議。心理治療師最好以「撩起他們反抗」的方式來協助患者。就算是沒有接觸過心理治療的一般大眾，也可從已公開的個案研究，或通俗電影如《不結婚的女人》（*An Unmarried Woman*）與《凡夫俗子》（*Ordinary People*）等，來了解這種治療中有益的掙扎過程。

這三種成分（譯註：指宗教、科學、友誼）可調釀出十分濃烈的產物。四百年前，莎士比亞筆下的馬克白便讓醫生躲在簾子後面，觀察因歇斯底里疚責感而呻吟的馬克白夫人。馬克白懇求醫生：

你難道不能為生病的心出出力，
從記憶中拔除根深柢固的愁苦，
抹去深印腦中的煩惱
用某種甜美的遺忘藥劑
清除堆滿胸間
重壓心頭的毒瘤嗎？①

馬克白在暗示人類需要某種複合的新專業。醫生的回答在今日聽起來好像陳腔濫調：「病人在這點上，必須自助。」馬克白正當地反駁道：「見鬼的藥，我一劑都不要。」因為不論我們發明了多少抗憂鬱的新藥，醫術無法在根本上克服根深柢固的愁苦，或抹去深印腦中的煩惱。

當然，科學與科技在取代或推翻舊有神話後，會提出新的神話，一開始科技雖然讓人興奮，但其發展卻顯示科技越來越排斥宗教信仰者。當此後工業時代人性感覺其信仰被剝奪時，就像馬修．阿諾（Matthew Arnold）一百多年前為將逝文明所寫下的經典墓誌銘一樣：

喔，愛，讓我們對彼此真誠。……

……這個世界，好似
夢幻之土在我們面前伸展開
這麼多樣，這麼美麗，這麼新穎，
沒有歡笑，沒有愛，沒有光，
沒有正義，沒有和平，沒有痛苦的援手；
我們好像在一片闃黑的平原上
掙扎與奔逃的混亂警訊橫掃而過，
無知的群眾在黑暗中互相衝撞。②

我們在前面說過，失去了這個重要性，只會留給人們一團沒有可靠結構的混亂。我們覺得自己好像坐上迷失在大海的小船，沒有羅盤或方向感，海上風暴又即將來臨。因此，能夠讓我們了解自己的心理學，以及能夠為生活點出明光的心理治療，會在二十世紀萌芽，便一點都不奇怪！

但丁《神曲》

我在這兒提出另一個這類神話，但丁的偉大詩作《神曲》。我們關心的是它對治療過程有何啟發。這齣高潮迭起的神話是維吉爾與但丁以治療師—患者的關係，在《神曲》中完成他們的地獄之旅。

包括弗洛依德這類人文學者在內，許多心理治療師並不知道但丁這部偉大的詩作。有人在一九〇七年請弗洛依德列出自己最喜愛的書時，他列了荷馬、索弗克列斯、莎士比亞、米爾頓、歌德，及其他許多人，卻獨漏了但丁。在後弗洛依德的心理治療師養成教育中，大部分學生的人文素養是文盲的程度，這是種根本的缺陷。西方的文學是貫穿歷史與呈現人類自我詮釋的最豐富資源。缺乏西方文學的素養，對心理治療師的危害更甚於自然科學學者，因為想像力明顯是他們的研究對象與工具，任何在了解想像力作用上的忽略，都會嚴重限制專業的進步。

《地獄篇》（*Inferno*）自耶穌受難日（Good Friday）開始，那年但丁三十五歲——

在人生中途，我發現自己身處
黑森林中，迷失了方向。③

這段《神曲》的開場白，讓許多歷史人物留下難忘的印象。喬哀思（James Joyce）說過：「我愛但丁恰如《聖經》。他是我的精神食糧，其他作品只是船上的壓艙物。」④

但丁如此受到喜愛，是因為他承認自己每一階段的人性困境，從不覬覦虛假的美德。他意識到自己已陷入僵局，一個類似馬修・阿諾在〈多佛海灘〉中的心理位置。但丁在詩的序曲中寫道：

……我從正途
走入歧路並覺察到自己
獨個兒在黑森林裏。⑤

「黑森林」（*selva oscura*）不但是黑暗的原罪世界，也是無知的世界。但丁不了解自己以及生命的目的，因此需要某個高地，某種視野的提升，以獲致對整體經驗架構的了解。他的眼光放在高於自己的喜樂山（Mount of Joy）上，但是單靠自己無法完成旅程。

在這個意義上，他就像接受心理治療的患者。他在山腳被三頭野獸擋住去路：暴力之獅、惡意之豹以及貪婪母狼。但丁這麼描寫母狼：

沿著〔獅子的〕足跡，
一頭母狼碰上我，饑腸轆轆的可怕東西
狼吞虎嚥卻又瘦弱得令人無法置信。
她好似又貪婪，又瘦弱，又殘忍
哦！她為多少靈魂帶來無盡的悲痛！⑥

弗洛依德洞察到性障礙是神經性疾病的不變肇因。這點得到但丁的支持，他懺悔說，**色慾的追逐**將他驅離就在眼前的喜樂。但是我們不必這麼狹隘地解讀這個比喻。對但丁或許有原罪的傾向，卻可視為將個人精神地獄合理化的機制：抑制、傲慢、變形、虛偽等。它們比獅、豹、狼更能阻礙我們的道路，雖然不如三獸的比喻有趣。

一個人的地獄可包括：母親從未愛過他的事實；幻想毀掉自己最愛的人，譬如殺死自己小孩的女祭司米蒂亞（Medea）；戰時經歷因愛國主義的仇恨殺戮而釋放出來的可怕殘酷。我們的個人地獄在面前呼號，我們孤立無援對抗這些障礙是很無力的。

但丁在受難日的處境，讓我們想起包括自己經驗在內的無數個類似情況。他的處境讓人想起哀而新諾（Elsinore）的哈姆雷特，多佛海灘的阿諾。往上探源則可追溯到聖奧古斯丁（St. Augustine），他把自己在羅馬的放蕩生活和因此而來的絕望情緒，比喻為地獄之旅；還有聖保羅在《聖經》〈羅馬書〉的痛苦懺悔，其在心理分析文獻的知名度不亞於但丁的詩：「意志與我同在，但是我卻不知道如何行善。我願意的善，我反不做；我不願意的惡，我倒做去。」（〈羅馬書〉第七章第十八—九節）

維吉爾與移情

在這個心理時刻，但丁看到一個身影向他走來，並叫出：「可憐可憐我，不論你是什麼，是幽靈或活人。」那個人是已故的羅馬詩人維吉爾，他被傳喚來帶領但丁通過地獄。在自我解釋後，維吉爾最後說：

那麼，為了你自己好，我想最好是
你跟著我，
我將成為你的嚮導
帶領你往前到永恆之地。

你將看到古代的靈魂在
無盡痛苦中嘗試，聽到他們的悲嘆。

但丁回答說：

詩人，以你所不知的神之名，
為我帶路。超越眼前的不幸
和失敗到恐懼的事物，帶我通過天堂之門
請成為我通過悲慘地獄會堂的嚮導。⑦

維吉爾就以嚮導和諮詢者的身分，伴隨但丁並向他解釋地獄的不同罪惡層次（依照弗洛依德的說法，那是無意識的深度）。對於他們即將經歷的危險道德景象，維吉爾早就有徹底熟練的實作經驗了，特別是在《伊尼亞德》（*Aeneid*）這部史詩中所表現出來的。最重要的是，維吉爾將成為一位朋友，陪伴著這位不知所措朝聖者的「現身」。

這個在治療師與患者間的「現身」（參見第八章），是最重要的啟發教育方式，卻是我們最不了解的。維吉爾不只會解釋每一層地獄，更是一位活生生出現在但丁世界的存有者（being）。但丁也可同時被視為患者與治療師。有些治療師治療時需要患者的朋友陪侍在側，好讓自己進入患者失調的身心深處，羅森（John Rosen）在對精神分裂者的積極治療便是如此。患者的朋友輕輕跟在羅森之後，一點都不能出聲，但是他的「現身」改變了整個磁場；羅森便能全神投入治療，不致迷失在精神分裂之中。這種「現身」有時又稱為神入（empathy）或人際關係，我相信對所有治療師的世界都很重要，在治療師所說的和所受學派訓練外，「現身」在患者身上的功效頗為卓著。

但丁故事中的第一個障礙，很快出現在他與維吉爾「接觸」之後，也與當代心理治療有驚人相似處。但丁堅信自己不配得到這種特別待遇。他向維吉爾哭喊道：

詩人，我不可少的嚮導，
在你將我交付給那艱難的旅程之前，
看著我，看穿我——我值得嗎？⑧

心理治療過程中，患者問這種問題的機會有多少？如果患者不是直接說出來的話，至少說在內耳裏。為什麼全世界這麼多人之中，他單獨被**挑中**擁有此特殊導引？用田立克的話來說，但丁和我們的患者一樣，無法「肯定接受」（accept acceptance）。但丁喚醒維吉爾對聖保羅和史詩英雄伊尼亞斯（Aeneas，譯註：《伊尼亞德》的故事主角）的記憶，並斷言自己知道**他們**為什麼被選中：

但是我——怎麼敢？誰允許了？
我不是伊尼亞斯。我非聖保羅。
誰會相信我有此心象？

我怎能進行這高貴的追尋，
而不害怕自己的無禮？

他對維吉爾的申訴中，加上一段所謂正向移情作用的陳述：「你很聰明，可以捕捉我貧乏之言語中的未盡之意。」

維吉爾會像許多經驗不足的治療師一樣回應嗎？也就是再保證：「當然你值得！」完全不是。他反而攻擊但丁：

我從你的眼神和話中知道……
你的靈魂沉入怯懦之中

它壓垮許多人，讓他們的人生道路
和目標因為想像的潛在危害而轉道，
就像被自己陰影嚇得亂轉的馬一樣。⑨

這個回答可詮釋為一種挑戰，在心理治療中會用在任何形式的神經官能症患者身上（包括藥物成癮）。應該盡量避免使用再肯定的方式，特別在治療的初期，心理學家不應該剝奪患者關鍵的優先權。

但丁說：「你很聰明，可以捕捉我貧乏言語中的未盡之意。」這是在討好治療師。這種褒獎不用在言語上否認（事實上，我們私底下相信我們**能夠**讀入他的心識！），反而可用一個手勢或咧嘴一笑帶過——任何咧嘴而笑的人都不可能什麼都懂。

維吉爾對但丁的回應中，有一句話很重要：「我是個靈魂，地獄邊緣的眾多靈魂之一。」⑩我們都在地獄邊緣；在那特定時點上，不論我們是王子或乞丐，患者或治療師，都一直處於人性的掙扎中。但是治療師不會以直接點出患者問題的方式，來告訴患者個中的人性內涵。費莉達・弗洛姆—瑞奇曼睿智地指出：「患者為自己的問題已經夠煩惱了，不需要再加上治療師的煩惱。」我再度強調，肢體語言和態度的溝通，遠比道德說教高明：每個人都活在地獄邊緣，原罪（用但丁的語言來說）不在沒有問題，而在沒有意識到並面對罪惡。

維吉爾解釋了自己為什麼會出現在這裏。天堂上的碧雅翠絲（Beatrice）遣他來幫助但丁。維吉爾從頭到尾都很堅定，從不感情用事。他最後說：

現在你在苦惱什麼？為什麼慢下來？為什麼
有這種悲痛猶豫和蒼白恐懼呢？

這番斥責深深打動但丁，他回答道：

就像夜晚小花垂頭喪氣地縮起來
白天便轉向太陽舒展開來
它們的花瓣因為太陽的光和熱而打開——
一如我憔悴的靈魂再度振作起來
一股熱情暖流通過我的血管
我重獲新生……。
我的領路人！我的大師！我的嚮導！繼續帶領我：
一個人的意志儘夠我們兩人。⑪

於是，他們展開但丁所說的「通往地獄的艱辛危險路徑」。

我們不用太過關心這裏的「指示性」語言。我們必須繼續尋求內在意義，那是但丁單靠人類的痛苦無法獨自找出來的路。他不只需要安穩的神話（由維吉爾帶來的），更需要可以整合納入自己目標的神話。領路人與朝聖者的目的無法交叉混合，或分享文化背景極不相似的神話。同樣地，身為隱喻性大師和嚮導角色的治療師，必須弔詭地兼顧謙虛摯友以及可靠人物這二個角色。

然而，維吉爾在敘事中的特定關鍵時刻，的確能夠讓他的朋友安心。在稍後經驗中，但丁因深刻而真實的焦慮，而向維吉爾求救：

噢！我敬愛的嚮導，我在危困中的領路人，……
陪著我……在我心中的恐懼。

維吉爾明確回應了：

鼓起勇氣來……
我不會離開你
獨自在這地底世界遊蕩。⑫

這種保證仍將旅程的任務保留在案主手中，也沒有將他的責任接過手來。我在工作上也碰過類似階段，當時案主因為害怕自己無法全身而退，或害怕被我拋下，而不敢進行下去。碰到這種情況時，我會說：「我願意與你共同努力，只要這對你有幫助。」這在強調積極協助，而不是被動（這一直是個誘惑）或停滯不前。《地獄篇》中維吉爾的態度令人印象深刻，但丁形容他「慈祥又充滿鼓勵的微笑」。

地獄之旅

他們隨即展開旅程，並在地獄的玄關聽到「機會主義者」的痛苦哭喊聲。這些靈魂生前不好也不壞，只會為自己打算。他們是天使大戰中，不屬於任何一邊的邊緣人。由當代心理學的觀點來看，機會主義者眼明手快，他們知道怎樣不吃虧！但是但丁認為他們犯了騎牆之罪。所以他們既不在地獄裏頭，也不在外頭。查爾迪（John Ciardi）形容：「他們永遠不被歸類，他們穿過髒空氣，一圈又一圈地追著永遠追不上的旗子；他們邊跑邊被成群胡蜂和黃蜂追著，蜂群叮得他們全身血流成河。」但丁的地獄制定了象徵性報應的律法：機會主義者既然不持特定立場，他們就沒有立身之地。查爾迪評論說：「因為犯了盲目之罪，他們只能在黑暗中移動。因為受到自己疚責意識的追趕，他們也被蜂群追著跑。」⑬

不論是但丁、索弗克列斯或莎士比亞，古典文學極有趣的現象是，這些作者完全不認同完美的人這個膚淺濫情概念。這些創造神話的作家看到人與人之間不人道的真實面，並視人的處境在本質上是悲劇性的。易卜生劇作中皮爾金這種不好不壞的人，並沒有過著真實的生活。偉大劇作家的作品中會有善惡報應，但是他們對把人類帶離道德生活的情慾，也有深刻了解。他們認同易卜生並相信，「做個真正的罪人需要勇氣。」（易卜生，《皮爾金》〔*Peer Gynt*〕，New York: Doubleday Anchor Book, 1963, p.139）保羅（Paolo）與法蘭綺思卡（Francesca）這對沉於色慾的戀人，為人性的缺失提供最複雜的個案，那也是但丁在一開頭便得到警惕的色慾，人性更因為有缺失而值得同情。但丁在地獄之旅中，必須學習如何評估自己所看到的多種罪惡例證。下面的類比在這裏仍然適用，心理治療案主學習與自己問題共處之道（而不是「治好」它們），部分靠的是治療師對失調人格非比尋常的熟悉度；這種人格的失調也就是聖奧古斯丁所稱的「多變之域」（the land of unlikeness）。

我將不深入描述但丁的地獄見聞，諸如饕餮、囤積與浪費、憤怒與生氣等。犯罪者下地獄的罪惡**內容**，隨時代而變；當代罪惡內容與中世紀並不一樣。重點不在人苦鬥的惡事為何，而在旅程本身。在任何浪漫的追尋中，對負面狀態的體認會引領出自性的淨化，也可以卸下死去或染病的自我，從而獲得新生。同樣地，就某種觀點而言，心理分析的功能就是，跋涉通過個人病態的過去，朝向健康的運動。弗洛依德說「歇斯底里患者多為回憶所苦」，這可擴及那些被迫在內心進行自傳式敘事的人。兩者間的重大差別在於，當代患者與當代作家偏好個人的回憶，而不是但丁詩中的歷史人物和事件。

地獄由受難和無盡的痛苦組成，對靈魂不會帶來任何變化，而且是由外強加上去的。但是在「煉獄」（Purgatorio），受難是暫時的，是一種淨化的方法，也是得到靈魂自己意志的熱切擁抱，以及到達神聖「天堂」（Paradiso）所必經。我認為這三個階段是同時並存的——人類所有經驗同時存在的三個面向。繼承但丁史詩傳統精神的當代文學，都沒有脫離其道德觀點，喬哀思的《尤里西斯》（*Ulysses*）、龐德的《詩章》（*Cantos*）以及艾略特的《四首四重奏》（*Four Quartets*）等都是。

現在問題轉到心理治療的侷限上。《神曲》對心理治療師工作上的侷限提供了線索嗎？我想肯定是的。

維吉爾象徵人類的理性，他與但丁的關係相當於治療師與案主的關係。但丁一再指出這一點。但是但丁的「理性」和當代的知性主義（intellectualism）、科技理性、唯理論（rationalism），完全不一樣。但丁的理性代表了更廣闊的生命光譜，那是人們反思或質疑自己生命意義的空間，特別是受難經驗。當代認為理性是以左腦傳輸為主的邏輯。這無法描述維吉爾：他是具偉大想像力的詩人，而不是邏輯家。如果我們像但丁一樣廣義看待理性，它便可以帶領我們穿越個人的地獄。

就算放在但丁的寬廣定義下，理性仍然無法帶領我們到神聖的天堂。但丁因此需要不同的導引：**啟示**和**直覺**。我不會在這裏摘述這二項人類經驗的功能，但會分享自己指導資淺治療師的經驗。治療師如果不能開放接納人類理性外的溝通方式，將把自己隔離在許多生命真實之外。（我想起弗洛依德說過，患者看穿他的「善意謊言」的次數，多得讓他不再說任何謊言：他稱此為心靈感應的「道德」信條。）讓我感興趣的是，但丁認為直覺是最高形式的指引。如果犯了武斷理性論之罪會被打入地獄，那麼屈服於此的治療師，不妨考慮心靈力量的正當性。

在他們穿過地獄並快通過煉獄時，維吉爾離開但丁，這清楚說明治療師的侷限。正如查爾迪點出的，當二位詩人看到塵世天堂時，維吉爾「向但丁道別，因為詩人已經到達『理性』的極限，但丁可以自由追隨自己的脈動，因為所有的原罪概念都已被淨化了。」（但丁，《神曲》，查爾迪對詩章 xxvii 的介紹）他們互道珍重，滿懷著別離、同志情誼與孤寂的傷感情緒，但是對未來充滿了強烈興味。但丁在三個詩章之後對維吉爾大聲說：

我帶著同樣堅定的信念在此左轉
讓孩子奔向母親的懷抱
在恐懼或悲傷來臨時……。

〔但是〕他已經帶走明光。他已經走了。
維吉爾已經走了，維吉爾，慈祥的父親
我為救贖靈魂而將靈魂獻給他！（但丁，《神曲》，XXX，43-51）

碧雅翠絲取代維吉爾，以救贖、聖潔之形現身。這就好像**心理治療只是生命序曲，而不是生命自身一樣**。心理治療師像維吉爾一樣，協助患者到他可以「採收自由果實」的地方，這期間小錯誤仍屬難免，並不是就完全不需要治療師的現身協助，然後患者便可以繼續前進，即時趕到「意志自由、安全又沒有扭曲」的地方。

愛的自由

但丁與心理治療患者所朝向的這種自行引導生活，是一種**社群生活**，更精確地說，是一種愛的自由。這就是為什麼在「煉獄」和「天堂」的嚮導都是女性，而一開始也是碧雅翠絲遣來維吉爾解救但丁。碧雅翠絲的鼓舞，也最能讓我們從但丁身上聯想到接受精神分析的當代患者。

碧雅翠絲是一部十足的個人神話。她是但丁小時候認識的佛羅倫斯少女，她的早逝也啟發了但丁的第一部偉大詩作《新生》（*La Vita Nuova*）。她重新出現在「煉獄」，顯示但丁想藉由與童年稚友的神秘相逢（他們初遇時但丁才九歲），成功克服病態的失落感——或許也是這種創傷將他引到黑森林？她在但丁心中是一種真實。有人會好奇她在裏頭代表什麼——我們認為是但丁靈思泉源的核心與精神渴求，是他受到非人間媒介引導的感覺。這種想像接觸可比擬詹森（Wilhelm Jensen）以龐貝城為背景的小說《葛迪娃》（*Gradiva*）中的塵世復活景象。弗洛依德還特別針對這本書寫了長篇論述。在這二本作品中，男主角童年的女性人物，為了重建仰慕者靈魂渴求的愛與歡樂，在一個完全不同的場景重生。許多經典作品也將女性放在關鍵位置：歌德《浮士德》裏頭佔重要份量的靈思泉源力量海倫和「母親們」（the Mothers），易卜生《皮爾金》的主人翁皮爾金為了自己的救贖回去找索薇格。榮格在論述阿尼瑪（*anima*）的概念時，特別點出了三本小說：《她》（*She*）、《她的回歸》（*The Return of She*）以及《智慧的女兒》（Wisdom's *Daughter*），認為對力比多（libido）客體的修復有超凡的描述。榮格宣稱這個神話對中年危機的患者特別重要。

我認為女性是社群的象徵。我們都在母親子宮內首次體驗到生命，然後由子宮出來到外面世界的歷程中，又經驗了一次。我們的出生不是獨自完成，而是藉由與母親的夥伴關係。我們或確實或隱喻地由母親餵哺。我們與所愛的人在性功能上結合，而延續了種族。由這一點看來，我們因為愛的經驗而體驗了世界。因此在地獄與煉獄之旅後，**生命自身便成為治療師。心理治療患者離開治療師加入屬於生命自身的人類社群**。所以，阿德勒認為社會關懷就是對社群中的生命有所承諾，也是心靈健康與否的測試。

心理治療有所侷限的觀點再度暗示我們，治療師的任務不在「療癒」人們。知識分子不知浪費了多少時間在討論心理治療的療效，以及試圖將心理治療整合融入十九世紀的西方醫療形式。**心理治療師的任務在擔任人們由地獄到煉獄旅程的朋友、帶路人和詮釋者**。具體來說，我們的任務在協助患者自己決定；要繼續當受害者，因為能繼續掌控家人朋友，並且有一些次要收穫，或脫離受害者狀態，帶著抵達天堂的希望，冒險穿越煉獄。患者在治療尾聲，常會因為可以自由決定是否該把握機會，完成已經勇敢展開的旅程，而非常害怕，這是可以理解的。

歷史證明，一個人只有通過地獄，才有機會到達天堂。地獄之旅是人生必經旅程的一部分——一個人在地獄中學習到的，是獲致任何美好價值的先決條件。荷馬筆下的奧德修斯拜訪過冥府，才知道安全回到伊色佳的路線。維吉爾作品中的希臘王子伊尼亞斯到冥府找已逝的父親，才得知創建偉大羅馬城的要訣。**他們都是在潛入地獄後，才學習到攸關生死智慧**的說法，這多麼貼切啊！沒有這些知識，便無法成功找到指示，以到達天堂或獲得天堂的事物——淨化的心與經驗。但丁親身完成旅程；他親自走過地獄，因此可以在旅程終點發現天堂。他寫下這部偉大詩作，讓我們都能夠同樣以天堂為人生究竟之旅的目標。

人只有通過地獄才能到達天堂。沒有類似杜甫的捻鬚之苦，或對自己根本目標的探索，一個人便無法到達天堂。就算只是個俗世天堂，也有類似的要求。彭加勒（Poincaré）在抑鬱與失望中掙扎了好幾個月，後來繼續努力才終於通過地獄，獲致數學上的新發現，也就是解答了自己所提問題的「天堂」。

我在本章開頭就提到但丁的旅程始於耶穌受難日。其重要性在於這個日子的辛酸絕望，是揭開基督再生的復活節勝利經驗的必要序曲。其中的巨大痛苦、恐怖與哀傷，都是自我覺醒與實現的前奏曲。在歐洲，難以計數的人在受難日這天到教堂聆聽耶穌被釘上十字架的見證，因為他們知道升天之前必先死於人世。美國人似乎認為可以用自己的方式，跳過苦修的絕望期，只保留升天的快感並達成願望。我們似乎相信自己不必先死去，便可以再生。這就是靈性版的美國夢。

就像許多偉大的文學經典一樣，《神曲》證明簡化的幻象是虛偽的。但丁極度痛苦又具示範性的旅程，一直是專業心理治療領域的最偉大個案之一，也是呈現當代心理治療最佳方法與目標的輝煌神話。

註釋

①莎士比亞，《馬克白》，第五幕，第三景。

②馬修・阿諾，〈多佛海灘〉（Dover Beach），收錄在《偉大詩篇》（*A Treasury of Great Poems*），New York: Norton, 1955, p.922。

③有關但丁的引述出自《神曲》（*The Divine Comedy: Dante Alighieri*），查爾迪（John Ciardi）譯，New York：Norton, 1970。

④雷諾（Mary T. Reynolds），《喬哀思與但丁》（*Joyce and Dante: The Shaping of the Imagination*），Princeton：Princeton University Press, 1987。

⑤但丁，《神曲》，查爾迪譯，I，1-3。

⑥同上，I，47-51。

⑦同上，I，105-109, 123-126。

⑧同上，II，10-12。

⑨同上，II，31-35。

⑩同上，II，51-52。

⑪同上，II，4-35。

⑫同上，VIII，94-105。

⑬但丁，《神曲》，查爾迪對詩章Ⅲ的介紹。

10 皮爾金：男性愛的困惑
Peer Gynt: A Man's Problem in Loving

……皮爾金的心象，似乎所有這些心象，都適用於我。①

——葉夫基尼・葉夫圖申科（Yevgeny Yevtushenko）

皮爾金可說是二十世紀的男性神話，因為它是一幅很棒的當代男性心理模式與衝突的圖畫。許多二十世紀的心理治療師，可以在臨床時發現其中透露的心理模式。易卜生這部戲劇雖然是以藝術作品形態呈現在我們面前，卻是我們時代特有壓力下的產物。②

皮爾金是個擁有二種欲望的男性神話，他過著相互矛盾的生活模式，自己的自性也迷失其中。他的第一個欲望是受到女人**愛慕**，另一個是受到愛慕他的女人**照顧**。第一個欲望造成男性沙文主義行為：吹牛、自鳴得意、自誇自大。這些外顯的炫耀只能用來討好「女王」（Queen）這位比喻性的女性，其目的在讓第二個欲望得到滿足。基於這種權力而導向對女人的被動依賴，結果反而逐漸侵蝕了他的權力。這二種欲望是相互矛盾的。女人是擁有最後裁量權的人，是控制他的權力。雖然表面上他對不同女人都是趾高氣揚的主子，事實上他只是服侍「女王」的奴僕。他的自信和自我形象都仰賴她的微笑與認可。他的存在要靠她，就像是一位朝臣要靠女王對他頒動授爵一樣。

自性的迷失

皮爾金是由一則古老的斯堪地那維亞傳說發展出來的神話。雖然易卜生是挪威人，神話與戲劇本身卻為當代帶來普世的質素。這一點易卜生讓皮爾金自己在劇中說了出來：「每個人都覺得自己是皮爾金的同路人。」（《皮爾金》，梅耶〔Michael Meyer〕譯，New York: Doubleday Anchor Book, 1963, p.29）易卜生在創作本劇時，並不認為斯堪地那維亞以外的人可以接受。他很快發現在斯堪地那維亞的接受度不高，反而風靡了全球。皮爾金在全球各處都被奉為不同國家的雛型。蕭伯納寫道：「易卜生的普世性，以及對人性的掌握，使得他的劇作在各國都令人大受感動，皮爾金是典型的挪威人，也是典型的法國人。」甚至日本人也說皮爾金是「典型的日本人」。當代俄羅斯詩人葉夫基尼•葉夫圖申科在內省式詩作〈我不明白〉（I Don't Understand）中，也覺得**自己**是皮爾金。

皮爾金能夠成為國際人的原因，在於這個人物與神話都出自易卜生自己的深奧知識。作家深入鑽研自己個人經驗的層次越深，這些經驗便越能夠被原型化，越能夠與其他民族產生共同的重要性——日本人、法國人、年輕的蘇維埃俄羅斯人。易卜生自己在引言中寫道：「許多詩的內容根源於我自己的童年。」（《皮爾金》，p.xxiii）故事中皮爾金的母親歐莎（Aase），更是以易卜生自己的媽媽為範本。

這個劇本能夠深透吾心的另一個原因，是它出自我們上一代祖先身處的時代。它寫於緊接在齊克果時代之後的一八六七年，也就是尼采與弗洛依德誕生的時代。就像這二位時代先驅由十九世紀對著二十世紀發聲一樣，這部戲劇說的是二十世紀當代人所面臨的本質問題。

貫穿《皮爾金》一劇和神話的主題是，迷失自性以及修復它的刻苦過程。易卜生說得好：「重要的是如何做自己。」這句話的論調很像易卜生的斯堪地那維亞同胞齊克果，我們不免好奇易卜生受到齊克果的影響有多少。該劇譯者梅耶說，易卜生讀的齊克果作品不多，受的影響更少。但是梅耶機敏地強調，許多作者都無意識地受到自己所知不多的作家影響。我進一步深究後認為，作家受到所知有限之作家影響的程度，遠大於他們完全了解的作家作品，因為前者留下可讓人咀嚼的未盡問題。最強而有力的影響，是從整體層面擄獲住我們的，也就是榮格稱之為集體無意識的層次。齊克果太貼近二十世紀的我們每個人，以致經常被忽略。齊克果正好在此劇本誕生的二十年前，以丹麥為生活與寫作之地，他能引起人們的共鳴，而且是以一種親密的、個人的、主觀的方式達成。迷失的自性是齊克果的中心主題：他最大的譴責指向那些「循規蹈矩的公民」。

這齣戲開場時，年輕的皮爾金向母親吹噓，自己騎著公鹿闖入傑汀邊界（Gjendin

Edge）、滑下冰河、越過峭崖、順著絕壁滑下去。一開始他的母親信以為真，因此焦慮而緊張起來，後來才明白皮爾金只是像往常一樣在吹牛罷了。

接著皮爾金在未受邀的情況下，前去參加昔日女友婚宴。易卜生很快便會呈現這類型男子的破碎自尊，除此之外，他們更對屈辱毫無招架之力。在前去婚宴所在村子的路上，皮爾金對自己說：

人們老是在你背後竊竊私語，
交頭接耳讓你渾身像著火般。……

如果我喝了一小杯烈酒。
或能不被注意。如果沒有人認得我。
來一杯最好不過。嘲笑便不再傷人。

這時他聽到人聲漸近，於是躲入路邊樹叢中。一些帶著禮物的客人，邊走邊談論他。某人說道：「他爹是酒鬼，老娘是笨蛋。」另一位女士回應說：「難怪那小子幹啥啥不行。」

他的臉臊得通紅，皮爾金使勁搖了搖頭，「沒關係，他們儘管說好了。又不會要我的命。」他於是躺在草地上撫慰受傷的自尊，看著白雲遐想：

> 多奇怪的雲！像一匹馬……。
> 都是媽媽不好。
> 她老是又叫又罵：「給我站住。皮爾！你這野小子！」
> （他慢慢地睡著了。）
> 沒錯，她現在害怕了。皮爾金騎馬帶領
> 一支強大軍隊。他騎的馬頭戴閃亮
> 銀盔，四蹄鑲金。
> 他手戴皮套，佩帶鞘長劍，
> 身披紅絲綢襯底的拖曳斗篷
> 他帶領一隊勇猛精兵，
> 馬上英姿和他沒得比。③

在這裏絕對不要混淆皮爾金與華特・米堤（Walter Mitty，譯註：華特・米堤是一九八一年一部電影《華特・米堤的秘密生活》〔*Secret Life of Walter Mitty*〕的主角名字，是一位有幻想症的男人）模式。皮爾金這類男子和任何華特・米堤風格無關；華特・米堤類型的男人具有真正天賦。沒錯，他們會擺空架子，但是他們彈性運用自己的力氣，並且用得幾可亂真，這點皮爾金體現得最真切。他勇於承認自己破碎的自尊，並試著找到自己，皮爾金很快便會在許多方面顯現出這個能耐，儘管他的自我形象有「瑕疵」（我指的是在根基深層的裂縫）。這些男子從未有什麼成就，並不是因為他們沒有能力，而是因為他們**總是在應付別人而已**。他們建構神話只為了有個安慰。別人才有肯定他們的權力，他們自己沒有權力。他們就像一部引擎運轉著，卻不開動的車子。

皮爾金一到婚禮便碰到索薇格，她雖然只是個小女孩，卻命定要以女主角的身分重返舞台。皮爾金在他們的初次邂逅，便經驗到一陣奇特狂喜、一股暗流。

多美麗的少女啊！
我從未見過這樣的女孩！她垂眼
望著自己的鞋子
　與白圍裙，
並緊抓著媽媽的
　裙子，
帶著細麻布包著
　的讚美詩，

他請求索薇格和他跳舞，口氣之誠懇幾乎是前半段故事中唯一的一次。她拒絕了，但顯然因為同情皮爾金而被深深觸動。皮爾金繼續去向其他年輕人吹牛（「**我會像一陣狂風暴雨橫掃過你們，整區都會敗陣在我腳下！**」），但是他在接下來的劇情中都無法忘懷她。我們從心理治療過程中可以得知，不論一個人的神經官能症或精神病扭曲得多嚴重，這個使人具有愛之能力的生命中心，都是真實、誠懇而具人情味的。皮爾的靈魂就在此被觸動了。

婚禮現場起了爭執；年輕人慫恿皮爾金與鐵匠幹一場，但是皮爾金退縮下來，因為他幾天前才被鐵匠修理了一頓。

接著皮爾金以自己擅長的性為工具，演出這類型男子的戲劇性色誘，與新娘英格麗（Ingrid）私奔。他將新娘帶到山上，誘姦成功，隨後又不顧她可憐哀求，將她棄置一旁說：「哦！閉嘴，從哪裏來便回到那裏去！」

他不得不流浪到其他國家。他遇到三位妖精，她們挑釁他，並要他同時和三人做愛。皮爾金回答說：「那我們就來試試看！」並真的完成她們的挑戰。

我們經常在心理治療患者中，看到這類男性總是重複著這種行為模式，**色誘**然後**遺**

棄。他非常需要母親守候在家，這樣他才不用切斷和母親的臍帶，在世界各處漫遊。皮爾金型的男人是性動物。但是他們的性天賦是為服侍「女王」而演出：妖精命令下來，他便要照做。這其中並沒有親密關係；那是種色誘成功與遺棄。葉夫圖申科看出這種關係的欠缺是個根本問題，因為——

……人們堅持，而我不能配合，
我便沒有用，
和生命的連結這麼少。⑤

這種男性不需要親密關係；他們表面上要的是情場的勝利。但是在更深刻意義上，他們所需要的能力得費盡辛苦才能達成，卻只為贏得女王一個關切的眼神，強迫她認可他們的重要性。他們展示著肌肉，以證明自己的壯碩。結局是，他們不論離家多遠，仍舊依戀著母親。

劇情發展到了這裏，皮爾金回顧了一下自己的所做所為，感到自己惺惺作態，以及自尊中的矛盾。

沿著傑汀邊界的活動——

全都是假的，都是謊言！……
和這些瘋狂蕩婦鬼混——
更是該死的假話與謊言。

但是他還是無法直接、誠實地面對自己。他將這些念頭拋到腦後，再度放任於自誇自大的遐想。

皮爾金生來就是偉人
未來也將成為偉人！⑥

他繼續流浪，碰到了精靈王國的公主，甜言蜜語迷惑了對方。他們騎著一頭自封為「新娘駿馬」的豬，前往精靈王國。國王叫他留下來跟公主成親，將來公主成為王后時，他便是「精靈國王」，並繼承當作公主嫁妝的整個王國。這就是前面所說的重點：男性不是因為自己的力量被加持，而是靠著與「女王」的關係得來。

精靈王國的意義

皮爾金神話的內容包含人類與精靈的對立。精靈是住在地底黑暗中的次人類，全然是人類動物性層面的表徵。精靈是神話的受造物，往往被稱為矮人，傳說住在洞穴內。「精靈國王」問皮爾金：「人與精靈不同在哪裏？」

皮爾金：就我所知，其中沒有什麼不同。
比你強的想揶揄你，比你弱的搜括你。
如果我們大膽說的話，這和人類一樣。

「精靈國王」：沒錯。在這點和其他方面，我們是很像。
白天和夜晚終究有差別，
無論如何還是有所不同。
我來告訴你哪裏不同。
在外頭，天堂的光輝穹蒼之下，
人類互相告訴對方：「人啊，要做你自己！」
但在這裏頭，我們精靈之間，我們說：

「精靈，做你自己——獨個兒做自己！」⑦

所有的差別便懸繫在「獨個兒」（alone）這個不起眼的字上。根據「精靈國王」所言，它的意思是：

從不理會
我們疆界以外的世界。
並放棄白天以及陽光底下的事物。

根據這齣劇的譯者，這句話真正的意思是：「去他的其餘世界。」

精靈的雙眼斜視；皮爾金也就不能直視事物，因為精靈的心象是扭曲的。精靈生活在黑暗中，他們把皮爾金來到精靈王國所騎的豬看成駿馬，把與他共騎的鄉下姑娘看成皇后。皮爾金接受他們安在他身上的尾巴，「精靈國王」繼續說，精靈純粹憑感官知覺而活，「老亞當已完全被逐出門外。」皮爾金對這些都沒有意見。但是，當他知道自己永遠無法離開紮營區時，他便抗議了。

我被安了尾巴，這我接受；

我欣然宣示母牛是女人：
但是：無法回家這個事實
書上所說的……
我永遠無法同意。⑧

國王要求皮爾金娶他的女兒，因為皮爾對她色誘過，並且讓她懷孕了。

你們人類都是一丘之貉
你們認為欲望無啥要緊。

皮爾金拒絕了，他們便攻擊皮爾金，鞭打他，欲置他於死地。皮爾金在亂鞭之下，倒在地上哭喊著：「救命啊！媽媽，我要死了！」教堂鐘聲響起，精靈尖聲嚎叫亂成一團跑掉。皮爾再一次被母親拯救。

讓我們再次斟酌這個關鍵字，也就是「精靈國王」原始箴言中的重要字彙——「獨個兒」。這句精靈箴言是個人主義的究竟宣言；那是易卜生對當代神話主軸的看法。先別管個人主義在早期西方所指為何，尤其是十七到十九世紀的美國，今天個人主義是個人生活的失敗宣言。易卜生身為富創意劇作家所具備的天賦，讓他預見極端的個人主義，並為它敲響喪鐘。

個人主義是西方早期的高尚價值，並且誘發出人們自立的勇氣，和「健康的」獨立性。但是在人們對當代文明不斷瓦解的焦慮下，早期的個人主義在二十世紀後半，逐漸退化成培爾斯（Fritz Perls）的格言：「我做我的，你做你的……如果不行，那也沒辦法。」⑨易卜生的說法帶有詩人的洞見，「唯我」是色誘英格麗，又在強暴後不顧其哀求而嘲笑她的那個人。「唯我」也是第七章中自戀人格的精髓。精靈強調的「不理會……我們疆界以外的世界」，在核子時代便可以轉譯成世界與文明的毀滅。不論我們如何看待基督教傳統，「精靈國王」在此合理地將它拋棄，因為儘管它失敗了，但它確曾代表我們對自己疆界外他人的兄弟之情和關心。

「獨個兒做自己」這句箴言，在形容個人中心的自我，一個沒有整個世界、沒有愛的自我。其理想是和任何人都沒有關係，非常有敵意的獨立性。不相互依存的自我，自戀到底的自我，只想停留在不希望有意志、決定或責任層次的自我。

精靈是次人的神話受造物，它在心理上屬於古老神話的質素。易卜生在引言中便說：「精靈在人類自己裏頭。」

我的所有創作都和我的生活經驗**有細密關係，雖然不一定是**我的親身經歷；每部新作品**都可做為我心靈解放與淨化的客體；因為每個人都分擔了所屬社**

會的責任與內疚。我曾在一本書中題寫以下的獻詞：活著是和心靈的精靈爭戰，創作就是坐下來審判自己。（易卜生，《皮爾金》，p.xxviii）

精靈總是「繞著走」，從不直接穿過任何東西。皮爾金也是一樣：他在戲的前半部一直重複，「我是情境的主人」，聽起來像在宣示個人力量，也在附和維多利亞時代的「我是自己命運的主人」。但實際上，倒比較接近擺弄自己煤車或工廠的維多利亞人。

易卜生隨後在劇中提出那必然會問的問題：一個人如何成為真正的人？為了解神話，我們要經歷精靈和古老生物所代表的退化面，以到達其**整合面**。正如稍後劇情中會指出的，這個目的只有透過**回應**才能達成。皮爾金不論是色誘、全世界跑透透或吹牛，唯獨做不到的就是**對別人回應**。培養人際關係、同理、建構，這些都在與他人真正發生關聯，也是皮爾做不到的。

在我們進一步探究劇本前，特別先深入探討皮爾金的女人關係。皮爾金無法留下來陪索薇格，雖然他知道她的愛慕之情，後來才知道自己也愛她。他要的不是愛情。他寧可要「自由」的感受，就像一個男人可以繫著無限長的鬆緊帶和可展延的臍帶四處流浪，但總是有個女人守在家裏。在音樂家葛雷格（Grieg）的《皮爾金》組曲中，索薇格邊紡織，邊在自己的小茅屋等待皮爾金。如果她沒有等在家裏，如果她沒有「留在那裏不動」，臍帶自然會斷掉，所謂的「自由」便會消失。

因此現實生活中的皮爾金們，一直深陷**貢獻自己以獲取自由**的弔詭中。他們甚至不是**由**某些東西得到自由，那是母親支撐在後的虛擬自由。這些人身上會出現這樣的強迫動作：他們一直試圖向女人證明，又總是逃離女人，不論是真實的女人或遐想人物。用齊克果的話來說，「皮爾金」男人想做自己，卻從不選擇自己。

劇中多個有趣對話說明了這種兩難。劇情開始沒多久，皮爾金在對索薇格的遐想中說：「我的公主！我終於找到並贏得她！嘿！我將踏踏實實來蓋自己的宮殿！」於是他抓起斧頭便動手起來。這時一位老婦來到空地上說：「晚安，快腳皮爾。」快腳指的是皮爾金喜歡在一艘艘船與一處處碼頭間換來換去，如果用雙關語來表達的話，就是從未能出發、停留或到達任何地方。

皮爾金：什麼？你是誰？
老婦：我是你的老朋友，皮爾金。我的茅屋就在附近。我們是鄰居。
皮爾金：喔？這倒新鮮。
老婦：你蓋房子時，我就蓋在旁邊。
皮爾金（轉身）：我很忙——
老婦：你總是這樣，小夥子。⑩

這種匆忙來去正表現出他的兩難，他在被女人綁住的同時，又要表現得好像不需要女人。波伊格（Boyg）說皮爾金：「**太強了。他有女人做靠山**。」皮爾金請海爾嘉（Helga）告訴索薇格：「我的意思是——希望她不要忘了我。」然而，「皮爾金」男人要的不是女人或愛情，而是有女人在家裏做靠山，做臍帶的基底。

這類神話人物**表面上看似**感情豐富；他的動作誇張、持續又精力旺盛。但是不難看出其中完全沒有真正的情感。英格麗、安妮特拉（Anitra）等皮爾金立誓要愛的女人，後來都毫不在乎地放棄了。他的生命中沒有真正的人際關係。他的情感像爆竹，一下就沒了：美麗的煙火嘶一聲就消失了。他的行動是空的：他的許多衝動沒一項能轉化為**情緒**（emotions）。皮爾金**跑遍全世界，但總像是待在原地**。

皮爾金在性欲上似乎要誰有誰，從新娘英格麗到精靈女孩等等。一個人如果出現這種強迫性行為的特徵，他便永遠無法慢下來。這裏有二個因由：首先，強迫性行為可以緩和、麻醉他的焦慮。其次，當事人如果想緩和下來，便要面對自己，這最讓他焦慮。重點是，皮爾金型男人的強迫性行為都不是為行動而行動，或是為**歡愉**、**力量**、**喜樂而行動**。那是為逃避而行動；他沒命地奔跑只為了避免面對自己。

在心理治療初期，皮爾金模式患者的性能力充沛。但是，充沛的性欲後來證明是建立在一個無法持續的不健全基底：取悅「女王」的妓男。這類患者稍後心理較健全時，便可能有一段時間性無能。當事人往往不了解，為什麼治療師反而認為這種性無能是正向的信號。性無能在暴露底下毀損的結構，就像我們之前說神話是結構，它現在便是提供個人改善不完美神話的機會。

這種心理模式的遺傳學根源，來自嬰兒期與母親特殊而強烈的互動關係。皮爾金的爸爸就像鄉間小路上那群長舌路人所說的，是個酒鬼，那時也已經死了。他媽媽把皮爾金提升到父親的地位，父親健在時她暗中進行，父親死後便公開化了。這不是小男孩選擇或欲求媽媽的伊底帕斯模式，而是以駙馬的角色被拱上王位。母親正是為他加冕者。但這麼做卻讓他成為了國王奴隸。這就像阿德勒自己都無法清楚形容的模式——「嬌寵小孩症候群」（spoiled child syndrome）。他指的是同時集嬌縱和破碎心靈於一身的小孩。我們後面會提到，這種症候群特別出現在維多利亞時代。

接下來，皮爾金跑到北非摩洛哥，搖身一變成為一位有影響力的富商。他從事奴隸交易，建立一套完善制度，先將異教偶像傳入落後國家，接著派遣傳教士去修正這些偶像。他同時送聖經和甜酒給那裏的異教徒，並且巧妙地讓這一切保持平衡，因此沒有什麼會阻礙他的致富之道了。他接著宣稱，「我必須完全做我自己」，並且為此說了一大套道理：

> 我——自己——那是希望、胃口、欲望的聯合軍，
> 任性、虛飾與需求之海……。

都在我胸腔內膨脹起來
因為這樣，我，我自己，才存在。⑪

對他而言，自我存在於古老的嬰兒期自性中。人際關係的世界，既複雜、迷人又困難，卻是個有無盡新鮮感的世界，這個世界富含需求又不缺報酬。簡言之，這個人的世界，在皮爾金的生活中完全消弭了。他說秘訣在避免做出承諾：

皮爾金：……生命之鑰
不過如此。充耳不聞
滲透進來的危險毒蛇。
科頓：什麼毒蛇？我的摯友。
皮爾金：最會誘惑人的小蛇。
引誘你貢獻自己的那種。
成功的藝術在保持自由身
身處俗世羅網卻不做任何承諾。
給自己留條後路。⑫

下一幕中，皮爾金站在海岸邊，看到朋友正在偷他的遊艇。一時之間，他簡直氣壞了。他哭求神的幫忙——他忘了神的名字，想了一下才記起來。神指示他：「仔細聽著。」當然什麼都沒有發生：朋友帶著他的遊艇潛逃了，皮爾金則被困在海灘上。

他重新出發邊穿越沙漠，邊盤算著自己的宏偉計畫，他來到皇帝行營，到處是垂手可得的馬匹、珠寶、衣飾。皮爾金聲稱自己是先知，以設法侵吞馬匹、珠寶等。安妮特拉在這裏登場跳舞（葛雷格的音樂裏也有她）。皮爾金為了誘姦她，便說自己是阿拉派來的先知，但是這次沒有得手。安妮特拉反而騎著他的馬跑掉，像皮爾金的朋友一樣拋棄了他。

正如維多利亞時代的人的典型反應，皮爾金再次高唱他的陳腔濫調：

> 簡言之，我是情境之主。……
>
> 給自己設了目標真好
>
> 無怨無悔奔向前去！
>
> 拋掉家人朋友的牽掛！⑬

皮爾金開始欺騙自己，這是典型的神經官能症患者，在崩潰前普遍出現的穩定期。

易卜生確實是十九世紀末包括尼采、弗洛依德在內的大家之一，他們促成偉大的精神分析革命。

接著，皮爾金跑到埃及晨曦之神曼儂（Mennon）的雕像前。雕像正對他說話呢：

> 智慧的貓頭鷹，鳥兒安眠何處？
> 你解不開我歌中之謎就要送命。⑭

謎語意味皮爾金封藏了自己的靈魂，他必須開封，否則只有死路一條。當時卻沒有引起他的注意。

接下來，皮爾金來到一家瘋人院。他在這裏被稱為「自我的先知」——一個萬事只見自己的人。那裏的主任帶他參觀整座醫院，公開宣佈皮爾金將成為新主任。皮爾金否認說：「就我所見，這裏的工作是與自己無關的。」主任告訴他事實並非如此，並進一步描述醫院收容的病人如下：

> 在此我們是帶著復仇之心的自我
> 除了自己之外還是自己。
> 我們在自我的壓力下極速度日。

每個人把自己關在自我之桶中，
藉由自我的紛擾沉入底部。
用自我之塞封閉自己，
春夏秋冬都在自我之井中度過，
不會為他人的悲傷哭泣。
也不會傾聽他人的想法。⑮

皮爾金和瘋人院的病人有一個共同點：他們都無能為他人的悲傷哭泣，他們沒有回應或經驗同理心的能力，他們不會傾聽他人的想法。他們失去了人的基本連結。葉夫圖申科正確地看出皮爾金型的人，是「與生命少有連結」的人。他以自己的掙扎與經驗對照出另一面來——

如果我真和這麼多事物發生關聯，
我必定代表了什麼，顯然
　有某些價值？
如果我什麼都不代表，
那麼為什麼

醫院內有一個埃及農夫，背上綁著一個木乃伊。木乃伊代表其過去，但不是媽咪的意思，而是浮誇、死去自我的木乃伊——一直攀附在這男人身上的艾維斯王（King Avis）。農夫問皮爾金，如何讓別人明白自己就是艾維斯王（譬如說他自己就是綁在背上的老死東西）。皮爾金回答說，「你去上吊吧」，意思是說他死了看起來就像個木乃伊。農夫照辦。皮爾金對另一個人說，「割喉自殺吧」，第二個人也照辦了。這是回頭呈現皮爾金自身真相的生動寫照，**只願意做你自己，你便會成為他人怪念頭下的犧牲者**。這真是弔詭！

皮爾金要抓狂了。他看出這些人「除了自己之外還是自己」，明白這就是他一輩子想要做到的。這是皮爾金在劇中頭一次獲得真正的洞見。他終於覺察到自己就是空洞自我的極致——他意識到生命中的重要神話破產。

他哭喊道，「我是不留下任何痕跡的白紙」，「你要我做什麼都可以。」（易卜生，《皮爾金》，pp.111-112）藉著被愛慕和受照顧兩股驅力所成就的自己，有其兩難之處，因為你的自我認同必受制於別人的需要與指揮。故事到這裏繞回了一個圈：結果皮爾金成了「你要我做什麼都可以」的人。

絕望的價值

到了這個階段，我們通常會在心理治療中遇到這一類的人。易卜生在這裏安排皮爾金出現在瘋人院，並非純屬意外。我們幾乎真能聽到皮爾金的神話結構，就像樹木倒地一樣崩潰了。用皮爾金自己的話說，他的一生迄今一直是「虛假和謊言」。這種絕望的狀態，是因為他覺察到自己沒有自我與中心所導致的，它類似精神分裂中自我與世界關係的解體。這是一種可怕的經驗，而且每個人多少有過這種經驗的事實，並不會讓這種絕望變得比較不可怕。

皮爾金終究認清自己完全不是自己主宰的事實。他知道任誰對他說「跳下尼羅河淹死去」，他也會照辦。這種絕望空虛的狀態，田立克稱之為非存有（non-being）的恐懼。如果我們記得劇情一開始時，皮爾金那種意氣風發的樣子，現在的景象便很悲哀。當初皮爾金「生來就是偉人，騎的馬頭戴閃亮銀盔，四蹄鑲金。他身披紅絲綢襯底的拖曳斗篷。」現在只見從不曾發揮作用的可憐神話殘骸。

在絕望的覺醒這一幕之後，皮爾金搭上一艘回挪威去的船。他注意到船上還有水手後，皮爾金突然想拿錢給那些可憐的水手——這是他有生以來第一次因為回應他人需要，而出現真誠的慷慨衝動。這時他剛好知道這些水手家裏有妻兒等著，但是「沒有人在等可憐的老皮爾金」。怨懟妒嫉立時湧上心頭，皮爾金不覺為逝去的日子而哭泣。

> 桌上點著的蠟燭！我要滅掉它們！
> 〔因為〕沒有人關心過我。⑰

怨懟這個問題特別有趣，因為它在皮爾金心中釋放出痛苦的仇恨與敵意，以及一種抹掉水手們人性連結的欲望；他希望「他們的愛通通毀掉！」這種針對無害第三者的仇恨與敵意，可能看似突兀，但至少是種真正的感覺，是整齣戲到目前為止，皮爾金的首次真誠情緒。他的憤怒至少告訴我們，皮爾金直接感受到了什麼。

這也是在絕望與空虛階段尋求心理治療的患者身上，會出現的反應。首先，他們對其他人的愛和快樂，會出現驚人的怨懟妒嫉（通常會披上憤世嫉俗的精緻外衣）。顯然這時對患者進行道德說教是沒有用的。他們**正**充滿妒嫉與怨懟；不論對錯在誰，他們**一直**是受騙者。我們的道德教條不僅不具建設性，也沒有效用，在更重要的意義上，更是錯得離譜。因為患者的妒嫉與怨懟，都是某種正向與建設性事物的開端。首先那是種**誠摯的**情緒，其次那也是種**強烈的**情緒。這種情緒隨著劇情的發展而出現，也同樣在心理治療患者身上作用，換言之，怨懟妒嫉都是更具建設性情緒的前奏曲，也讓這些皮爾金們能夠擁有前所未有的力量。到了適當時機，我們便會問患者這個最重要的問題：

「你自己和沒人在家等你，這兩件事有何關聯？」

皮爾金與沒人在蠟燭餐桌等他這個絕望的信念，當然絕對有關。這絕望是他主觀態度中的矛盾在作用，然後投射到外在世界。客觀而言，這是不正確的：**確實**有人在家等他，就是索薇格，皮爾金直覺上是知道的。⑱但是皮爾金不允許這個事實進入他自己的意識中，以田立克簡潔有力的話來說便是無法「肯定接受」（**accept acceptance**）。

他們的船經過一艘因海上暴風雨而撞上石頭的沉船，皮爾金有股強烈欲望要救沉船上的人。因此當船長拒絕回頭救人時，皮爾金便想賄賂船員來達成救人目的。這裏不僅表現真誠的關切，還有積極投入。皮爾聽到附近沉船上的呼叫聲——

> 他們又在叫了。聽啊，又停下來了！
> 你，廚子！願意試試看嗎？我會付你錢！⑲

皮爾終於聽得到別人的痛苦了，能夠「為他人的悲傷哭泣」。當另一艘船沉下去時，皮爾金自言自語地說：「人再也沒有信仰了。」這個故事從他身上扭擠出痛苦極深的哭喊：「在這樣的黑夜，我們的主是危險的。」

這裏出現的惡魔力量，所訴求的不是敵意或毀滅，而是崇敬與驚異。這和他在摩洛哥命令神要注意，是全然不同的心情。這是一位對生死意義和其可怕力量產生敬畏之心的人，是隨著死亡的迫近所出現的一種誠懇；人不能總是在陳腔濫調中尋求庇護。皮爾金能體驗到崇敬與驚異，以及對「存有」的尊敬，也讓他肯定自己的人性連結，這在他以下的文字中進一步表現出來：

……人永遠無法
獨身在海上。他必須滅頂或與他人同舟共濟。[20]

陌生客

有個怪名字叫「陌生客」（Strange Passenger）的角色，走向站在船上欄杆旁的皮爾金，並且提問說：「假如我們撞上石塊，墮入了黑沉沉的海底，會如何？」皮爾金害怕地回應：「你認為有這樣的危險？」「陌生客」回答：「我真的不知道該說什麼，」但是他仍舊提醒皮爾金死亡將至的迫切性。當皮爾金抗議時，「陌生客」再次提示他：

但是，我親愛的先生，想一想。這對
你有好處。
我將把你敞開並啟發你。

我要發掘你的夢境來源。

我要看看你如何整合——㉑

「陌生客」真是個奇怪的人物。皮爾金在憤怒的「反抗」情緒中，稱「陌生客」為可惡的「科學家……你這位該死的自由思想家！」「陌生客」難道不是扮演著心理分析師的角色？甚至他用的語言，雖然有一部分可能是易卜生嘲笑的口氣，但聽起來都像是心理分析的預言。

最重要的，「陌生客」就是皮爾金與自己對話的對象。由更深刻的意義來看，這一幕企圖凸顯皮爾金察覺到自己的意識活動，並希望能成為某種整合的開始。

現在我們來看渴求整合的幾個象徵描繪。其中一幕是皮爾金爬入自己留在樹林中的一座小木屋。他自言自語：「昔日的男孩必須爬回母親那裏。」接下來是他剝洋蔥的生動景象，這顆洋蔥就是他自己：

……你這可憐的假貨！

你不是什麼皇帝。你只是顆洋蔥。

那麼，小皮爾，我要剝你的皮，……

這是翻覆龍骨上遭遇船難的人……

在那裏頭是淘金者：……

這是「先知」，新鮮多汁：

……他渾身發出謊言的惡臭……

……活著只求輕鬆和享樂……。

當然，我很快會剝到洋蔥的心吧？

不——連顆心都沒有！只有一層層的硬皮。㉒

結果在小茅屋內，他找到了索薇格。她正唱著：「我會等著你，我的愛。」但是皮爾金尚未準備好要接受真摯的人際關係；他站起來對自己說：「記得的我和遺忘的我。」

不能再玩這樣的遊戲！

哦，這是我的帝國與皇冠！㉓

他帶著覺醒離開，知道自己回來前，必須整合得更好才行。

接下來幕幕都積累著迷失自我的象徵。譬如，一位「鈕釦製模匠」（Button Moulder）要將皮爾金熔在他的鑄杓內。「鈕釦製模匠」指控說，皮爾金什麼都不是，還不如熔掉他？皮爾金抗議著哭喊：「我從來不是真正的罪人。」「鈕釦製模匠」回說：「這才麻煩。」

你不是所謂徹底的
罪人。你連小罪人也算不上……
……你也不是有德行的人……
人要有力量和決心才能成為罪人。㉔

最後這一句強有力的句子，是惡魔力量的展現，連尼采也會激賞。皮爾金如果曾是真正的罪人，他能積累的一定更多。他必須承認以下的評斷沒錯：「我只是在表面激起一些浪花。……我從不曾是——？我只能大笑！」「鈕釦製模匠」稍後以下面這句話總結：「要成為自己，必須殺死自己。」㉕

在這絕望的谷底，皮爾金被告知說他其實什麼都不是。信奉「獨個兒做自己」主義的結果，便是什麼都不是。這個神話的究竟意義，在今日比易卜生時代更真切，換言之，所有這種自戀式的自我中心，都將導致自我毀滅。

但是，正如匿名戒酒者協會所教導的，這種深刻的生命絕望谷底，告訴了我們一條通往自我重生之路。

……人做自己的方式有二：
正確之路與錯誤之路。
你們可能知道巴黎有這麼個人
因為陽光的幫助
發現照相的方法。一個人或是
直接畫一張畫，或是透過底片。
後者明暗倒置；
其結果對平凡之眼是醜陋的。
但是原始影像就在那裏。
所需的只是沖洗底片。㉖

畢竟底片對正片是不可少的——原始影像就在那裏，只要沖洗底片，儘管這一步可能很艱難。

皮爾金腳步蹣跚地走進「精靈王國」，以擺平一筆很久以前的舊帳，精靈們向皮爾金保證說，他真的活出了「精靈，做你自己——獨個兒做自己！」這句格言。精靈們又說，他們若要寫一篇讚美精靈王國的文章刊在報紙上，就會引用皮爾金來做最佳示範；他是一個真正相信「去他的世界！」的人。這一次，皮爾金只在精靈王國短暫停留懺悔後，便匆忙趕路去找索薇格。

當他經驗到天堂的深淵時，他看到一顆流星，敬畏之情油然生起——

我們發了一陣子光，然後
　我們的光亮漸淡，

我們便消失在
　……永恆的空無。

如果深淵中沒有人——
　——天堂中也不會有人——！

他慢慢冷靜下來，道出整齣劇最美麗的一段台詞：

當靈魂進入迷霧又歸於空無時，
　它是說不出的貧乏！

哦，美麗的大地，不要生我的氣
因為我無目的地踐踏你甜美青草。
哦，美麗的太陽，你慷慨散放，
你的金黃陽光，照亮空盪茅屋。

裏頭沒有人可享受它的溫暖舒適。
我現在知道它的主人從不在家……
讓雪覆蓋在我身上，
上面寫著：「下面沒有任何人。」
隨後世界繼續運行。㉗

愛與回歸

拋棄自戀式自我，是真正自我的開始。波伊格在這最後一幕進場，對皮爾金重複：「一直要繞著走」。皮爾金終於能夠自我承擔。「哦！不！這次要穿過直行。」

他終於回到索薇格身邊。他們在結局的這段動人對話，對我們每個人都有重要的意義：

皮爾金：那麼，告訴我吧！

我的自我、整個自我、真正自我在哪兒？

額上烙印著神的自我在哪裏？

索薇格：在我的信仰、希望與愛之中。

……。

皮爾金：我的母親！我的愛妻！哦，純潔女人！

哦，讓我躲在妳的愛之中！遮蔽我！遮蔽我！

索薇格：睡吧，睡，我最親愛的孩子。

我會照顧你。會保護你。

睡吧，睡，我的愛，我的喜悅。

現在睡吧，休息吧。㉘

對部分讀者而言，這個結局呈現出一個問題。我們可以假設易卜生單純地在說皮爾金回到了母親的懷抱嗎？這麼說也不失為一個結論，但會流於膚淺。索薇格和他之間的互動，與他之前和母親的互動有極大的差異。索薇格等他是出於**自願與情操，而他的母親卻是因為自己的佔有慾而攀附著他**。索薇格在他完成自己的必經過程，而且準備好回去時，便讓他來。這些經驗讓他終於有愛她的能力。

索薇格是某些重要人物現身的象徵，因為和這些人的關係，皮爾金才能體驗到人性的連結，以及愛的能力。他最後才能夠成為自我。就像是「陌生客」一樣，索薇格填補人類療癒者的角色。人際關係的世界因此形成，皮爾金也終於能夠在那裏體驗自己，找到自己。這個世界不再破碎，有人可以接受皮爾金的拒斥而不會退縮，可以接受他的憤怒而不會反擊，可以平衡地以他自身的價值來看待他。

這些特質綜合起來便是我們所稱的**現身**（presence）。船上的「陌生客」象徵皮爾金自我發展低點的現身；他願意面對皮爾金失去存有的極限階段，換言之就是死亡。將這個神話運用在心理治療上，則治療師的功能在提供一種現身，以建構出一個人類的世界，患者不只**能夠**從中找到我—你（I-thou）關係的兩極，也必然能夠在裏面找到才對。

這種現身和使這樣的世界成為可能，便是索薇格在劇裏的功能。正如但丁能夠在煉獄的長期守望中存活下來，並且繼續他遇見碧雅翠絲的天堂之旅一樣，皮爾金也可以繼續他追求人性完整的旅程，並且享受他對索薇格之愛的喜悅。

註釋

①〈我不明白〉（I Don't Understand），收錄在《葉夫圖申科詩集》（*The Poetry of Yevgeny Yevtushenko*, 1953-1965），

喬治・李維（George Reavey）譯，New York: October House, 1965。

②這是另一個明證，顯示呈現在藝術作品中的生活意象與心象，不只提供了心理問題的精髓，更預見了問題。易卜生的劇作寫於一八六七年，比弗洛依德的夢書早了三十三年，更比《大亨小傳》早了半世紀，但是其中提到的自我崩解模式，卻直到當代二十世紀才進入我們的意識中。

③易卜生，《皮爾金》，pp.16-17。

④同上，p.26。

⑤〈我不明白〉。

⑥易卜生，《皮爾金》，pp.36,37。

⑦同上，pp.40-41。

⑧同上，p.37。

⑨培爾斯全詩如下：

我做我的，你做你的。
我存在不是為了你的期望，
你活著也不是為了我。
你是你，我是我；
如果我們有機會遇見對方，那太美了。
如果不行，那也沒辦法。

⑩易卜生，《皮爾金》，p.57。

⑪同上，p.74。

⑫同上，pp.72-73。

⑬同上，p.99。

⑭同上，p.101。

⑮同上，pp.106-107。

⑯〈我不明白〉。

⑰易卜生，《皮爾金》，p.116。

⑱原書譯者認為本劇由沉船開始的最後這部分，可視為是在皮爾金死後發生的；也就是皮爾金用快速倒轉的方式，回顧自己的一生。不論這是否是真正的戲劇意義，我們都可以認定，這個神話是易卜生對這類型生命發展與意義的描繪。

⑲易卜生，《皮爾金》，p.117。

⑳同上，p.117。

㉑同上，p.119。這齣戲完成於一八六七年，比弗洛依德的夢書早了三十年。

㉒易卜生，《皮爾金》，p.133。

㉓同上，p.134。

㉔同上，p.139。

㉕同上，pp.139,141,148。

㉖同上，p.153。

㉗同上，pp.154,155。

㉘同上，pp.157-158。

11 重返野薔薇
Briar Rose Revisited

就某個角度來看，這個故事告訴我們，愛的能力是跟著情感的能力而來；就算是負面情感也比都沒有的好。故事開頭，公主全然以自我為中心，只對舞會感興趣。當她遵守承諾回去找青蛙時，她是不帶情感的，沒想過這麼做對青蛙的意義是什麼。隨著青蛙在形體上親身接近她的次數越頻繁，她的情感便越強烈，也變得越有人性。在成長過程中，她一直服從父親，但感覺卻越來越強烈；結果她反抗父親的命令，並確立自己的獨立性。她找回自己，青蛙也變回王子。

——貝多漢（**Bruno Bettelheim**），《法術的使用》（*The Uses of Enchantment*）

我們立即想問的是，這個故事的名字在我們社會怎麼被改成了〈睡美人〉（**Sleeping Beauty**）？如果你去翻格林童話故事全集，是找不到這個名字的。格林兄弟稱這個故事為〈野薔薇〉（*Briar Rose*），這也是名實相符的標題。這二個名字的言外之意有巨大差別。〈睡美人〉指的是數十年來好萊塢和美國文化，將成長中少女浪漫化的傾向，而〈野薔薇〉指出女孩子就像這則童話故事所說的，對冒險絕對開放。

「刺」（briar）是女性保護自己和自我確立的一種形式。它是一種聲明，小女孩的「刺」甚至是對任何在她準備就緒之前，便意圖闖入者的警告。「薔薇」可視為私處的象徵——一朵有精緻花瓣的可愛薔薇，包含了秘密承諾和不可測的深度，可為所選定的追求者帶來歡愉。這個薔薇花的象徵帶出許多類似的創造，譬如說大教堂的玫瑰窗，便是帶領人類經歷大冒險的象徵。這則故事絕對不是一幅被動的圖像，它是一種堅定的聲明，它必須有本章稍後會提到的「創造性等待」（creative waiting）才行。

數百年來，美國與西歐女性被迫被動回應男性的欲求，是自己軀體的長期囚犯，她們現在終於可以活在女性自主的年代了。今日女性因為避孕，可以享受身體的歡愉，而不會有世世代代懷孕的懲罰。避開其中所牽涉的複雜道德問題，墮胎讓女性擁有了懷孕選擇權。今日女性可以自主選擇維持單親家庭，受孕對象可以是自己選擇的男人，或是精子銀行的精子，也可以領養孤兒成立家庭。野薔薇的刺是她的天然屏障，是小女孩長成女人過程中的天然保護。

女性對男女情愛關係的反應也有變化。過去男性擁有多重情愛關係，就像《國王與我》（*The King and I*）這部歌舞片中的蜜蜂，要盡可能採越多花蜜越好，花卻要直挺挺地站立在地上，但今日的女性也可以選擇自己的性伴侶。就這一層意義而言，「野薔薇」

是最適合這則神話的標題，卻在數百年後，被配合改成宣揚女性順從的陳腔濫調。

童話與神話

我們現在來看看這則還沒有被注入意識的「野薔薇」故事。若就字面意義來看，這則格林童話故事有個快樂結局，沒有人需要努力達成什麼——這就是童話故事與神話的區別。**童話故事是我們意識到自己之前的私人神話**。在亞當夏娃墮落之前，伊甸園中只有童話故事。神話在童話故事中加入實存面向。神話挑戰我們，讓我們去面對自己的命運、死亡、愛和歡樂。神話為童話故事添加上普世的面向，因為所有成年人都必須在愛和死亡中，衝撞自己的命運。童話故事可能變成神話，就像這則可運用在許多男男女女身上，關於愛之順服與自由的故事。儘管「野薔薇」只是則童話故事，裏面也有人性意識與掙扎的某些面向。

我課堂上的學生總會指出（我也同意），在美國文化中，有許多男人是典型的野薔薇，相反地，極少有皮爾金（譯註：參見第十章）女人。我們都要面對自己的自由與責任問題，不論我們用類似皮爾金的方式積極逃避，或是像野薔薇一樣守節抗拒異性。

野薔薇是個關於覺醒的故事，以描繪新興女性特質的榮枯盛衰開端。它呈現伴隨此一發展，無可避免會出現的問題與動能。故事的矛盾衝突在於，野薔薇這位成長中的少女希望能獨立發展，但她成長的啟動力量卻交付在別人手中，也就是親吻她使她成為女人的王子。

以心理學觀點來看這故事的話，它和皮爾金沒有什麼不同。野薔薇朝向自身已逐漸浮現的力量移動，特別是性能力，但是這動作要靠某個受造物、某種當事人以外的力量來完成，也就是想像中的王子。我相信這個現象反映在現代女性，以及她們女性氣質發展過程中的矛盾上（現在這個故事要被看成是神話，而不是童話故事）。過去數十年以來，女性的文化背景期待她們，以早已不存在的過程成長，也就是把自我託附在某位突然出現、用劍劈砍下荊棘的白馬王子身上。

在深入野薔薇故事內容之前，我將插播一位精神分析案主的故事；她代表了這個兩難現象。案主是一位三十歲女性，我姑且稱作西薇雅（Sylvia），她已經結婚，來做治療時有一位三歲女兒，和剛出生的兒子。困擾她一輩子的最大問題，是欠缺自發性、欠缺社會關係的情感，以及不夠女性化的困擾。伴隨這些問題而來的，是一個很特別的性問題；她性冷感，也深受情緒方面的困擾。她的丈夫有外遇，並且因為她的冷漠和性冷感而想離婚。事實上，她是在丈夫和家人的堅持下，才來進行心理分析的。

就像故事中的野薔薇，西薇雅發育得很晚，直到十七歲才月經初潮，胸部和其他女性身體特徵都相對發展得較慢。她有三位哥哥，家中地位讓她成為十足的小公主。正如這類型的其他個案一樣，她的母親是一位看上去完全無用的女人，受虐行為是她控制丈夫的唯一方法。

西薇雅模式以非常嚴重的被動性、惰性，以及嗜睡表現出來。特別是在火車上，她只要面臨問題，便會採取胎兒的姿態睡著。這種傾向甚至讓她在治療過程中，身體也會戲劇性地無力搖晃。在某次頗具啟發的治療中，她說出一個夢，內容其實是個夢中夢：夢中她向我解釋「我尚未和奧維爾・強森（Orville Johnson）和解」這句話。奧維爾・強森是她七、八歲時的小男朋友。

在那一個小時中，她用「蜷起來像個胎兒」形容入睡，而「睡覺是回到開頭，是重生的方式——是重生，不是被包裹著」。稍後，她夢到自己和女兒都在廚房內，她害怕自己「長大前就變老」。這正是會出現在這類女性身上的反應。做了這個夢後的第二個晚上，我出現在她夢中：「你和我睡在同一個房間。我們被雪困住了。你睡沙發上，而我睡行軍床。醒過來時，你稱讚我睡得如此平靜。」她聲稱這個夢把心理治療當成等待出生的子宮，她得到心理治療師稱讚，只因為她順服得「像個嬰兒」。

這些話中可以看出野薔薇故事的人物：她甜蜜地睡著，男人（也就是我）出現在那裏，雖然她表面上讓我也睡著，不叫醒她。我對她的稱讚，在生理上對她具有建設性的效果。特別重要的是，被動其實也有正面功能；它可能是轉化的方法。

西薇雅會因男人而「心蕩神怡」、情感細膩，同時也有被舉升之感，以及性快感的體驗。她使用「輸送」（transport）這個字眼來表示攜帶，帶她離開之意；一個人會因為愛、性和狂喜而覺得「心蕩神怡」（被帶走）。火車也會帶走我們。西薇雅坐火車時會感到歡樂和性興奮，就像她在童年坐火車時被父親高舉抱著一樣。當我問她伴隨這類經驗的感覺時，她卻回嘴說：「我不要討論或分析，我害怕會失去它。」她對這部分的治療經過很敏感；我通常覺得有「刺」而不見薔薇。

讓我們在此暫停一下，先看看野薔薇的故事，稍後再回到西薇雅來發掘潛藏在此故事底下的動能。

童話故事內容如下：

很久以前，有個國家的國王與王后每天都說：「哦，如果我們有個小孩就好了！」但是他們一直沒有小孩。有一天王后沐浴時，一隻青蛙爬出水面跳到地上，對王后說：「妳的願望會達成；一年之後，妳就會有個女兒。」①青蛙的預言實現了，王后生下一個女兒。小公主漂亮得讓國王喜不自禁，並下令舉辦盛大宴會慶祝。他不只邀請了親戚、朋友和熟識的人，更邀請了「智慧婆婆」（Wise Women），以使她們善待和祝福小公主。王國中共有十三位「智慧婆婆」，但是國王只有十二套金盤子可以款待她們，因此她們中有一位只得留在家裏。

「智慧婆婆」帶來魔法禮物，一樣樣祝福了小公主：第一位帶來美德，第二位是美貌，第三位帶來財富，就這樣下去，每一位都帶來凡人所能想到的世間珍寶。

就在第十一位完成祝福時，第十三位突然出現了。她想報復自己沒有受到邀請，所以沒有帶來任何祝福，甚至沒有看在場的人一眼，便大聲喊道：「小公主在十五歲時，會被紡車的紡錘刺到，倒地死去。」然後她一句話都沒有多說，便轉身離去。

在場的人都嚇到了；還沒有完成祝福的第十二位「智慧婆婆」這時走上前來，因為她也無法化解毒咒，只能減緩它，便說：「公主不會死去，但是會睡上一百年。」

到目前為止都是我們熟悉的故事情節。許多讀者對這個故事相關的一般生理和心理詮釋都不陌生：公主被刺破手指象徵月經初潮，在那之後是一段潛伏期，然後男人的吻才為她帶來性的覺醒和興奮。這個生理詮釋雖然過度簡化，卻有其正當性；這個生理觀點是可以被接受的。

但是我們要以神話來看待這則故事，將它放到更廣大的層次，不只在探究這個孩子如何以有機體的形式發展，更在探究她如何發展成一個人類。這是野薔薇這個**「存有」變化**過程的故事。這是一位困在順服中的女孩故事，她需要主動回應自己的生命。我們要釐清她肯定自由與責任的問題。

故事始於一個願望。從某種意義而言，每個故事、神話，以及人成長過程中新質素的浮現，都是由一個願望開始；它是始於對存有新質素的思慕，和完成願望的渴求。這個故事的願望恰好是孕育。我們會孕育許多不同事物：一個構想、一部劇本、一件藝術品和一個小孩。

故事裏的誕生藉由青蛙這個古老元素宣佈。青蛙出現在許多格林童話故事和各式各樣的神話中，這種生物一隻腳踏在人類先前的演化發展（水）中，一隻腳踏在陸地上。牠所代表的古老元素，反應在它冰冷與黏滑特質以及大眼睛上。那雙大眼雖然很原始，但可以有力地睥睨一切。青蛙代表人類祖先在演化過程中，已爬出沼澤和黏土，但仍住在水中的階段。②有些人認為青蛙是性交的象徵，推論說王后在沐浴的地方碰到另一位男人，並決定讓國王戴綠帽子。這絕對有可能，因為格林童話中的青蛙經常扮演性的角色。

接下來是那十三位智慧婆婆，她們也是極重要的人物。她們是成長中小女孩的認同對象。成長中女孩可認同自己的母親、姑母姨媽、學校老師，或祖母（也就是這個神話的情形），而得到德性與能力的輔助。故事中的老婦，和其他實際生活中的智慧女性，將活出特定德性與能力，並對小女孩產生教育（也就是 *e-ducere*——引出）的功效。這種持續認同是所有成長過程中，正常而健康的一部分。

在這裏要特別提醒二個必須注意的地方。首先，認同應該越有自覺越好。也就是說，一個人應該清楚自己要認同的對象與內容。認同會一直持續下去；但是我們的自主性與未來成長，卻受到下面事實的保護：認同並不是盲目或強迫性的，而是發生在主體人物的清醒意識與無意識中。

故事中另一個關鍵點是，小公主不只要認同這些女性，更要脫離她們。與某物認同並從某物脫離，就像許多故事與神話中的臍帶一樣，是會一直出現的弔詭。這是人類個體發展上的根本問題：每個人都要與自己的生理連結打交道，**以獲致自己的存在，隨後更要超越它**到另一個完全不同的意識層次。

當此戲劇性時刻，邪惡的質素出現了，因為我們採取新動作時，對邪惡最不具防禦能力。從撒旦這一則古老宗教神話，就比較容易說明這點；在我們達到某種靈性良善之際，撒旦便會強力引誘我們。第十三位老婆婆是**惡意**與**妒嫉**這種特定之惡的化身，它們經常聯手出現。在毒咒中，野薔薇會死於十五歲，這也很重要，因為她會在女性特徵完全成熟前便死了。

這時，第十二位善良婆婆出現了，只有她能將死亡這個終極命運折換成百年沉睡。十二與十三這二個數字，也有明顯的重要象徵意義。一百年恰好相當於一個世紀：其意義在小公主將自一個世代睡到另一個世代，從生命的某個階段睡到另一個階段。換句話說，西薇雅必須「和奧維爾・強森和解」。

國王下令燒毀掉全國的紡車，極力讓他親愛的孩子免於惡運。同時，「智慧婆婆」的禮物也充分實現在小公主身上。她是這麼漂亮、謙和、善良和聰明，遇上她的人沒有不喜愛她。

國王過度保護自己女兒的行為，是父親的人之常情。為防止女兒夭折，國王試圖把她圈禁起來：借用田立克對神經官能症的定義，國王企圖阻止存有，以避免非存有。我們因為害怕非存有，才任由我們的存有枯萎而死。國王以為自己可以藉阻斷小公主的成長而保護她：燒燬所有紡錘，停止所有活動，把她關在古堡中。當然，這種退縮從來不曾成功過；野薔薇會向外探索世界，看看古堡的其他房間，這雖不明智，但卻很人性。

門鎖上有一把生了銹的鑰匙，當她伸手轉動時，門應聲而開，在那小房間內坐著一位老婆婆，手中拿著紡錘忙著織她的麻布。「您好，老媽媽，」國王的女兒請安說：「您在忙著什麼呢？」「我在織布呢。」老婦邊說著邊點點頭。「那是什麼？那個快樂地嘎嘎作響的小東西？」野薔薇邊問邊拿起紡錘也想試著織布。但是她才碰到紡錘，魔咒便實踐，她的手指立刻被紡錘刺了一下。

這個成長中女孩走出去，到了外面的世界。她在自己獨處時才這麼做，就像不論父親怎麼保護，她就是註定會這麼做。「單獨」這個字眼特別重要，因為自由大幅度的發展必定包含某種單獨完成的質素，也就是自己為自己的行為負責。小公主走到外面世界，是要學習女性的職責，例如紡織這類女紅。接下來便是出血，在生理上這是月經發生的時候，也是能夠孕育新生命的前兆。「成長」成了懷胎的能力。

時間在故事情節中停頓下來。月經（**menstruation**）確實以時間命名，*menses* 是「月」（**months**）的拉丁字。③在美國方言中，我們提到月經時，也會用時間這個詞來代替，譬如說某人的「那段時間」（**period**）。

> 小公主剛感覺到刺痛，立刻就躺在床上，深深睡著了。這個沉睡感染了整個皇宮。才剛回到家的國王與王后，一進入大廳便開始入睡，整個宮廷也跟著睡著了。
>
> 一大片荊棘開始繞著古堡長出來，一年一年地長高，最後整個蓋住了古堡，古堡整個看不見了，連屋頂的旗幟也不見了。

在這段停滯期間，甚至大自然也靜止下來。這就是人的發展被阻塞時的情況：成長凍結了，成長的階段停擺了。但是，成長不可能完全停止：神經的防禦機制需要被啟動以完成這種停擺，因此產生了一種惡性循環。比喻性的說法是大自然參與保護小公主，一大片荊棘繞著古堡長起來，而且逐年長高，就好像神經分裂模式越來越明顯一樣。

神經官能症的退入自我特質，在這則童話故事中，由這片圍繞著古堡的荊棘來象徵。這片帶刺籬笆不只藏匿了野薔薇，更藏了其他人，把古堡覆蓋得連屋頂上的旗幟也不見了。皇宮的形貌都認不出來了。那個地方變成了一個記憶。

> 有關沉睡的美麗「野薔薇」（公主被這麼稱呼）故事，傳遍全國各處。不時便有某位國王的兒子前來，試圖穿過帶刺的籬笆進入古堡。但是他們會發現這是不可能的任務，因為那些刺好像長了手般緊緊握住，年輕的王子會被荊棘抓住無法脫身，終致慘死。

許多年輕人想在一百年結束、公主準備醒過來之前，攻堅樹牆，突圍進到野薔薇睡的地方。

從精神分析的觀點而言，我們認為，野薔薇一定會因為自己完全被阻隔在生命之外，而感到非常憤怒。我認為她的憤怒顯現在環繞古堡，並**殺死追求者**的刺上面。在每一種神經症模式中，其他人都因為這種憤怒而被拖累和受罪——在這個案例中，就是野薔薇的憤怒。說「甜美的」野薔薇會憤怒，好像很奇怪，但是神經症模式對個人會產生怎樣的影響，是無法預見的。

那些王子代表的是**少了互惠的願望**。沒有納入對方需要和心理準備的願望，就是蓄意的挑撥，也不是真誠的人際互動。王子攻堅樹牆，表示他們受到本身需要和自己欲望的驅動，這和公主沒有關聯。他們的行為帶有強迫野薔薇的特性，是一種強暴勝於相愛的態度。他們的行為將野薔薇預設成等待被獲取的愛的對象，而不是一位等著被愛的女人。他們代表所謂的**原魔**：他們受到出錯的精靈影響。要不是這些王子被困在野薔薇的防禦工事中，她便成為他們欲望的犧牲品了。如果身體在準備好之前被迫開放，便會有類似的創傷現象，身體也可能永遠無法依照自己的節奏開放。

接下來，故事出現了新的發展：

許多年輕王子試圖闖進來，試著通過長滿刺的樹牆，卻被困在裏頭而慘死。然後來了一位年輕王子，他說道：「我不害怕，我要進去看那美麗的野薔薇公主。」一位好心的老人想勸阻他，但是王子不肯聽從。

這是**人際關係的勇氣**，也是田立克「存在的勇氣」的一個面向。老人嘗試勸阻王子讓我們想起名劇《伊底帕斯王》中的攸卡斯塔皇后。攸卡斯塔懇求伊底帕斯休息去，放輕鬆點，不要自尋煩惱，不要堅持「揭露給自己」，老人也以常識和調解的手段試著勸阻王子。但是王子聽不進這類忠告：「我不害怕。我要進去看看美麗的野薔薇公主。」

這時，一百年的時間剛巧結束，野薔薇公主醒過來的日子也已降臨。當王子走近那片荊棘圍牆時，上面開滿了一大朵一大朵美麗的花，並且依照自己的節奏開啟，讓王子通過而沒有傷害他。

這真是個美麗的大結局：荊棘變成了薔薇花，樹牆因為「創造性等待」而變成花朵。童話故事的結局一定是像這樣：只憑等待便會發生。但是我不這麼認為：那是一種內在成長，這是**命定時刻**（*kairos*）的外在體現。

以時間為主題的神話研究進路，和無聊的例行時間概念恰好相反：時間「以小碎步一天爬過一天」，是「明日復明日」的自動通道。這則故事示範了這項偉大改變，不是因為王子的人格特質才發生的（其他的王子也很勇敢地死在荊棘裏）。我們假設，最後這位王子是在「所有創造悸動與呻吟」的那一刻感受到了**命定時刻**。

野薔薇和周遭所有事物都睡著了，直到以英俊王子形貌出現的男人前來叫醒她。野薔薇的刺變成美麗的大花朵，並依照自己的節奏綻放開來。這是處女膜和其他女孩子性防禦機制的有意義圖像象徵。先前的保護現在依照它們自己的節奏，變成恰好相反的事物。時機成熟時，刺便長成一朵薔薇花，是想像中最精緻、最契合的美麗陰道象徵。在神話與文化歷史中，「摘花」（deflowered）是指女性在初次性交中喪失童貞。〈愛爾蘭野玫瑰〉（My Wild Irish Rose）這首民謠中，再現了同一象徵：

那一天因為我的緣故
她可能會讓我採栽
盛開的愛爾蘭野玫瑰。

這個故事用象徵的形式，掌握住這個重要經驗的生理意義及心理意義。她的時間圓滿時，王子**現身**了。故事說，「他無法移開眼光」，這是和先前那些攻堅古堡的年輕人非常不同的人際關係。他吻了她，然後她醒過來了——這裏特別指性方面的甦醒，但是我們不妨認為指各層面的覺醒。

這是種真正的人際關係。我們知道，這是愛；其中還有創生新事物的過程，最後，和所有童話故事一樣，也都有個快樂結局。他們的婚禮盛大堂皇，二人毫無缺憾地過了一輩子。

但是，我們也不由得想到《三便士歌劇》（*Three Penny Opera*）這部劇，和其中頗富趣味的挖苦歌〈快樂結局〉（Happy Ending）及〈很抱歉從未有過這種事〉（Sad To Say It

Never Has Been So）。遺憾的是，真實生活的女性成長從未像野薔薇這麼簡單：青少年時期沉沉入睡，一旦被王子吻醒後，便從此過著快樂美滿的日子。成長與個體發展過程的個中情形，即使在太平日子都不容易，於今日這個心理疏離、情緒錯置的時代，就更艱難了。

然而，這則故事仍有比童話故事更深刻的面向。我們首先注意到現身這個現象。

未能現身（loss of presence）的意思，是我們對自己和別人都沒有充分活出意義來。這個神話的中心議題，便是野薔薇對自己現身。當代西方文明中，針對自己未能現身這個議題發言的，便是齊克果和尼采。他們預見人類對自己、文化、朋友和生命意義疏離的後果。尼采熱切關心的課題，包括自我的缺乏生氣、空虛和無力感等。他代表的神話階段是，想攻堅古堡和荊棘圍牆的年輕人，想以武力拿下古堡卻因時機未成熟而失敗的年輕王子。

下一階段是等待以讓沉睡的公主現身。海德格是這個階段的代表。若以神學脈絡來看，他覺察到神已死去，神之現身已經消逝。我們借用貝克特的劇本標題來說，也就是海德格知道如何「等待果陀」。

不論我們能否接受這種特殊的術語與說明，都必定同意現身是了解此一故事與神話效果的極佳概念。海德格寫過：「當『大有』（Being）對人說話時，人就只是人。」這個形式就是這則故事具體內容的放大版與普及版。當女人的真正存有在對她說話時，女人就只是女人。當女性不只有自己的情感、熱情和能力，也擁有其他人和社群所喚醒的那部分時，她便能獲得自己的現身。同樣情況出現在奧登（**W. H. Auden**）的詩〈焦慮的年代〉（**The Age of Anxiety**）中：

……自我是個夢
鄰人的指名需求
才創造了它。④

這些都是為了強調人際關係的基本面所做的努力，也就是說，出生以及自性的發展，都發生在人際互動的領域裏。我們打電話給對方，我們喚醒對方。但願我們也能夠透過書、藝術、人際關係等，現身在對方面前。

創造性現身

我們現在回到前面的主題上——創造性現身的能力。不成熟的年輕人想攻堅那片荊棘圍牆卻「慘死」，他們缺少等待野薔薇沉睡初醒這個**命定時刻**的能力。我主張這個「命定時刻」就是等待事物準備要誕生的時刻，不論是嬰兒、想法、發明或藝術心象。

這種等待既非消極也不空洞；等待者是妊娠期的積極參與者。太過強調有意識的**意圖**，會隔絕等待的能力，就像野薔薇故事中那些積極施壓的不成熟追求者。**意圖**是指所有事物都由人的意識賦予意義的狀態，也只有當我們擁有創造性等待的能力時才可能發生。

比較野薔薇的等待，和艾略特在《荒原》中喚來的女士，會很有意思。後者漂亮有錢，但是對一切事物都無聊厭倦，就算和愛人在一起也沒有性趣。他們兩個人都在等待。這位疲倦的女士說：「我們明天要做什麼。我們該做什麼？」⑤這二句話表達出希望有「叩門聲」，期待著什麼？⑥野薔薇在故事中等待純真，等待夢想；她睡著了，眼睛是閉著的。相反地，艾略特特地告訴我們，他的女士揉了揉「死人般的眼睛」；她的眼睛張得大大的，無法闔眼。大家都知道在心理學臨床上，一個人焦慮時眼瞼會擴張，面對危險時會僵硬而張得大大的。藝術家也觀察到這一點。米開朗基羅的雕像和焦慮者畫像的眼睛，都是擴展、張開不動的。

野薔薇處於前覺醒狀態。艾略特的女士則屬於後覺醒狀態。後者的悲劇不在還沒覺醒，而在已**失去**覺醒。野薔薇覺醒的機會還沒有來，隨著王子的到來才會發生。艾略特的女士眼睛被掰開了，她卻被隔絕看不到這些機會。她不是處在純真的狀態，而在絕望、荒原中。野薔薇沉睡而沒有意識。艾略特的女士在性方面解放、「自由了」，豐沛的科技與文化隨手可得。但是她沒有滿足感，只有過飽的性欲與胃口。艾略特要傳遞的訊息是，我們必須等待絕望年代的結束、妊娠期的發生，以便將自己帶領到**命定時刻**

這個更高層次的意識。

前面說過神話裏頭有**創造性等待**。這點和心理治療中，非常不具建設性的消極等待之間的區別，就隱含在下面這個問題中：一個人**在等**什麼？當一個人對自己所等待的不負任何責任時，這種等待便是自我毀滅和空洞的，不論當事人是心理治療案主或艾略特筆下的女士。

從臨床上來說，案主刻意忽略等待的時機，正好出現在當事人確實等著某種嬰兒期願望得以滿足之際：「媽媽終於來叩門。」這裏頭有相當嚴重的焦慮，必須在當事人勇於詢問或正視所等待事物之前，便與之面對。艾略特詩裏的等待女士主題對我們的衝擊，就與當代藝術戲劇所呈現的問題一樣；耐心度過虛無主義和物質過剩，某種新意義才會誕生。

本章開頭引述的西薇雅夢境是野薔薇的當代版。西薇雅的精神分析持續進行下去，一些完全不同於甜美小公主等著被喚醒的心理模式也逐漸浮現。她以不同形式發出小飛俠式的固執哭鬧：「我不要長大！」先撇開童話故事背景不談，這種挑釁根本是反抗宣言，卻可能是某種珍貴洞見即將誕生的預兆。

西薇雅說了下列的夢：

你〔治療師〕對我治療。那是在某個療養院內。你稱讚我非常聰明又可愛。我在夢中的可愛聰明部分是天生的，部分是後天學來的。我自然地吻了你的面頰。我穿著睡袍。你接著離開了。我照鏡子看到自己長了痄腮，整個臉都腫起來。我想你一定覺得我很可憐。

她對夢的聯想是胡桃鉗傳說。故事裏的公主和夢中的西薇雅一樣，下顎腫脹，人也走了樣，只有一位從不刮鬍子的長靴男子可以解救公主。那位男子很快出現，並且讓公主吻了一下，公主走了樣的外形不見了，重獲美麗臉龐。但男子卻像公主先前一樣變成畸形，下顎腫大，公主也不要他了。

顯然這是個性與憤怒的夢。西薇雅穿著睡衣，吻了我。但在夢的聯想中，她卻將自己的畸形轉嫁到我身上。沒有人被奪走才華而不生氣，就像西薇雅被迫入睡，並奪走自由和其他能力一樣。她的憤怒應該宣洩到誰身上？其中一大部分自然針對那些命定親吻她，以破除魔咒的人（「為什麼我的王子來得這麼慢？」）。心理治療時，這股氣便宣洩到治療師身上，這是可以理解的。姑且不論其動機，這類案主有被欺騙的感覺。如果有其他方法，沒有人會對別人洩忿，但是如果像西薇雅一樣被強加上身，她生氣便有了正當性。

這裏引出一個嚴重的矛盾。當野薔薇無助地落在殘酷命運之手時，那些原本應該解救她，並使她成為真正覺醒女人的人，卻是在野薔薇的逼迫下才獲得力量的。她將自己的畸形轉嫁到他們身上，這是在火上添了殘酷與報復之油，讓惡性循環不斷地持續下去。

這和皮爾金的故事恰成矛盾對照——他由毀滅的自我肯定中得到自我肯定。這種模式因此越來越具有自我毀滅性，直到神經官能症使其崩潰為止。

追根溯源的話，西薇雅對男人的怨氣，是因為男人沒有把她從壞心眼的女人手中拯救出來。我向西薇雅提出這個詮釋時，她回應說：「我剛想起來，我媽媽是妒嫉我的。她非常排斥女性角色，偏偏我就是那麼聰明可愛。」

在《皮爾金》一劇中，皮爾金仇恨、妒嫉那些有家人等待的水手。最初的妒嫉恨怒情緒雖不完美，卻很真誠，顯示了一個人的自我肯定。那不是多餘無用的情感，而是即將出現更多正面情緒的前兆。

做為一種神經症的情感，這種反應顯示當事人沒能活出自己的潛能來。妒嫉是尚未真正長大者的人格特質。因此，在女性成長過程中，妒嫉必定會是個問題。妒嫉常常在那些想藉阻礙成長來成長的女性身上發現，她們將自己成長的力量讓渡給別人。如果野薔薇無法體驗到自己的情感、性欲、生產能力、自發性覺醒，卻一直受困於妒嫉母親的形象，那麼不管有多少位王子吻了她，她都會一直有無力感。

在最後一次治療中，我提出妒嫉就在小女孩西薇雅裏頭的說法。童話故事將問題具象化，讓它獨立於個人之外，以純真無邪的方式呈現出來。神話又將問題擺回個人之內，加入極為重要的主觀層次。如果將神話想像成一齣戲，就要假設妒嫉周圍的掙扎與衝突，其實是西薇雅的內在怨恨。她沒有長大，燃燒的妒嫉之心發展成阻礙成長的神經過敏形式，我們也一樣。西薇雅具有妒嫉的特徵，那是未開發內在潛能的神經性倒錯（perversion）。潛能是內在衝突的表現，也會有負面與毀滅的形式，那是一種真正的力量；證據便是她對周遭人物的全然掌控。這股力量首先衝著男人而來（在胡桃鉗的夢中衝著我來），稍後衝著女人而來。野薔薇型女性心理治療的核心問題，在於協助她們找出掌控別人的正面力量，並體驗它。西薇雅從小便能掌控二位哥哥甚至父親，並從中得到極大滿足和成就感。與妒嫉如影隨形的負面、憤怒、怨恨力量，都需要被移轉成願望與意志，建設性地協助當事人得其所需，並獲致自由與責任。

差不多在進行心理治療的同時，西薇雅在樂團的委員會議上，碰到一位傾心於她的男士。那男士和西薇雅不同膚色，社會地位頗高，外型極具風采。西薇雅與男方幽會了好幾次。她在這個關係中性欲蓬勃，這點很要緊。他們相聚的熱情夜晚，二人可以整夜做愛，完全不用睡覺。這個關係似乎沒有影響她的婚姻，西薇雅自己保密，沒有告訴丈夫，但是她在家裏卻更能放鬆。這個經驗證明，西薇雅對男人仍有熱情，表示她可以縱情於感官關係，並多方證明了她的女性特質。

在治療尾聲，西薇雅做了下面的夢：

有一位女作家，她和先生開了一間快餐店。先生負責外場，而太太負責熱炒。只要外面有人叫菜，太太在裏面聽到了，便立刻動手準備。這證明必須仔細吩咐家裏傭人的方式，是多麼不必要又做作。女作家的智慧與效率，為她贏得傭人的信譽。

夢中女人以某種心電感應的方式，「聽」到有人訂餐，便主動去完成。由野薔薇的主題來看，這個夢非常有啟發性。女人有效率地隔空處理房間另一端的菜單，而贏得該有的讚美與認同。

這個夢似乎在說，女人終於找出自己在男女關係中的獨特貢獻、特殊能力與特有的女性面向。女性或許因為懷胎及了解孩子的生理角色，通常比男性更擅長心電感應式的溝通。這個夢向西薇雅致敬，因為她正在尋找自己身為女人的獨特專長。她也特別指出夢中女郎是位作家。這個夢是人類真正進步的指標，我暗暗喝采。

在睡美人的童話故事中，青春期男女從不長大，他們等著被叫醒，自己卻不覺醒。這故事有個對等情境，那就是許多年輕人在男女社交生活中，過早就「定」下來的現象。他們為對方現身的時機過早，那是種沒有內涵的現身。在性方面領悟過早，表示性成為自我規避在其他層面覺醒的工具。現代社會不論青少年或成年人，都太急著要發生性關係，以逃避面對男女關係的真正意義。於是男女之間的結合，就只針對部分的層次，大大限制了發展的內容；也就是說，部分青少年男女仍停留在未覺醒的階段。如果一個人的覺醒只由認識單一對象所組成，這個人與其餘人類社會的對應，便可能停留在截肢而未開發的面向。當然，這裏特別指青少年。

重返野薔薇

睡美人的童話故事變成神話後，是怎麼發展的？如果由易卜生或亞瑟．米勒執筆的話，結局會怎樣？在二次世界大戰聯軍轟炸德國某城市後，確實找到一份芮克（Theodore Reik）的手稿。手稿嚴重損壞，其中有一頁只能勉強辨識，大意是野薔薇童話故事的最後一段，內容如下：

> ……他們從此過著快樂的日子。過了幾個月，國王的兒子開始覺得無聊又焦慮。他想離開古堡去找尋新的冒險。他想，別的地方必定也有睡美人，等待他去吻醒她們。他想像她們張開或藍或淡褐或深棕色的雙眼，甜蜜地看著他。有一天，當他在古堡四處走動時，他注意到原先開滿花的一大片牆，現在又長起

了荊棘，其嚴密程度讓他完全無法穿過。在那之後，他每天都從側門溜出古堡，想從外面找到入口。荊棘卻一天天越長越密，越長越高。他拔出劍想砍出一條路來，但荊棘像是長了手一樣地牢牢抓住。

最後，年輕的王子放棄了，並回到公主太太野薔薇身邊。她向他嘮叨廚師與女僕如何找麻煩，管家交代了洗衣婦哪些事，洗衣婦又如何回答，以及她自己本來要交代侍女什麼事，卻又忘了等等的瑣事。

在她喋喋不休時，年輕王子的眼皮越來越重，公主和朝臣雖然盡了全力，王子還是沉睡了一百年。

這是芮克版的結尾。我們每個人也都可以寫出自己的版本：

……他們過了幾年快樂的日子。但是皇后對於古堡內的封閉生活，越來越覺得無聊。沒有人走出古堡的庭院，每天唯一看到的人只有郵差。

有天早晨皇后在古堡四周散步，想起了那些在自己沉睡時試圖闖關的其他男人，她很好奇他們是誰？而今安在？他們部分人的犧牲是錯誤的，她知道許多人還活著，有一、二位住在下頭村子裏，其他人也分別散住全國各處。因此，她換了便服，閒逛到村裏，並且在酒吧碰到其中一位。他已是一位童話故事作者，走遍全國各處，他仍對公主極感興趣。她回到古堡內，叫來園丁，「剪掉荊棘，」她吩咐道：「改種草皮，讓它一直長到村裏。我厭倦了一直被困在這裏！」

她在村裏碰到一位畫家，奇怪的是，這也是她昔日的追求者之一。因此她隨著畫家習畫，並發現自己在這方面竟然很有才華。她在村裏的大會堂開畫展，又遇到二位昔日追求者。其中一位還是鋼琴大師，她於是籌辦黃昏音樂會，邀請村裏的朋友前來欣賞音樂。

在某一次黃昏聚會中，國王下來坐在後排。正當鋼琴家彈奏著蕭邦的夜禱時，國王竟然頻頻點頭，並很快睡得鼾聲大作！

皇后看著國王，對自己笑道：「謝謝老天，我脫離了苦海！」

註釋

①我曾和某個女性主義團體討論這個童話故事，她們認為王后到沐浴間途中，由另一個男人受孕。這當然是一種可能的詮釋：反應出我們在本章前面說過的，當代女性自己採取了行動，在必要時讓男人戴綠帽子，做為向男人報復的手段。

②用弗洛依德和榮格的理論來看，顯然這種程度的水土關係，相當於無意識的程度。

③時間對存在主義作家非常重要。海德格寫了《存在與時間》（*Being and Time*）。明克斯基（Eugene Min kowski）寫下《時間的空無》（*Le temps vécu*）。我在《存有的發現》（*The Discovery of Being*）這本書中，有一節專門討論〈時間與歷史〉（Of Time and History）。

④羅洛・梅，《追尋自我的現代人》（*Man's Search for Himself*），New York: Norton, 1953, p.88。

⑤艾略特，《荒原》（*The Waste Land*），收錄在《1909-1962 詩集》（Collected Poems, 1909-1962），New York: Harcourt, Brace, Jovanovich, 1970。

⑥貝克特，《等待果陀》，p.43。

12 浮士德：父權神話

Faust: The Myth of Patriarchal Power

今天，我們已不知道神話是什麼，因為神話實在不只是美學上娛人的想像，而是震撼生命最內層結構的活生生事實。……當時這些神話的產物，如日中天，令人不敢正視。對這些神話人物只有無條件相信，甚至連想求證明都是一種褻瀆行為。……在那些古老歲月裏，人們不是在「欣賞神話」。神話背後矗立著「死亡」。

——史賓格勒，《西方的沒落》第二部（*The Decline of the West*, vol. 2）

從中世紀到文藝復興和十六世紀宗教改革的激烈過渡時期，威力強大的浮士德神話正符合歐洲人心理與精神的深度需求。浮士德遂成為歐陸北方人的神話敘事。這則神話有不同版本：馬婁（Marlowe）的《浮士德博士悲劇史》（*The Tragical History of the Life and Death of Doctor Faustus*），出版於一五九一年；歌德的《浮士德》，前半部在歌德四十歲時出版，後半部出版於一八三二年，當時他八十歲。二次大戰時湯瑪斯曼寫下《浮士德博士》（*Dr. Faustus*），並在一九四七年出版。除此之外，這個神話廣佈於歌劇、哲學以及各種文學創作。莫札特的歌劇《唐璜》（*Don Giovanni*）便是浮士德傳奇的音樂詮釋。《大亨小傳》本身也是一種浮士德式小說。貝內特（Benet）的《魔鬼與韋伯斯特》（*The Devil and Daniel Webster*）是另一個例子，《北佬敗戰記》（*The Year the Yankees Lost the Pennant*）又是個例子，後來也被改編成音樂劇《可惡的北佬》（*Damn Yankees*）。

迪博斯（René Dubos）在《內在上帝》（*The God Within*）一書中寫著：「對當代文明唯一有貢獻的神話就是浮士德，這真令人失望。」（迪博斯，《內在上帝》，New York: Scribners, 1973, p.264）然而，當代浮士德神話之重要性的最震撼性示範，當屬出版於一九一八年第一次世界大戰結束之際的史賓格勒經典巨著《西方的沒落》。史賓格勒淵博的心識，透過**阿波羅**和**浮士德**的對照，比較當代西方文化與波斯、阿拉伯等異文化。阿波羅典出希臘神話的太陽神阿波羅，代表理性、和諧、平衡和正義的文化。阿波羅主義（Apollonianism）的象徵是圓。

相反地，浮士德主義（Faustianism）的象徵是**直線**，就像當代所信仰的一樣，總是在行進中向前移動。但是當代人的困境是，所謂的進步只應用到科技相關事物——發明更好的汽車、洗碗機、原子彈。進步的概念沒有應用在精神與美學領域，如興盛於古典阿波羅時代的宗教、哲學、藝術、文學等。史賓格勒論證說，西方（主要指歐洲與美國）屬於浮士德式文化，因為我們熱中於競爭並且過度物質化。

史賓格勒的書一出版立即引起各方的恐慌和反駁。如果史賓格勒能夠活過二次世界大戰、投擲原子彈消滅長崎等事件，他便會更加強調西方世界中的浮士德靈魂！

我們生活在核子時代，兵工廠內滿是核子彈頭，使得當代成了浮士德時代的極致。我們之前的世代，只是敲敲悲慘世界的大門，我們卻直接闖入了殿堂內。我們的結局會像馬婁在《浮士德斯博士悲劇史》所描寫的，成為自己選擇的大毀滅？或是會經驗到歌德《浮士德》中的**機械神跡**（*deus ex machina*），在最後的午夜致命鐘聲響起之前，有悔改的機會？

核子物理學家很清楚自己所發掘的危害。康乃爾大學的貝特博士（Dr. Hans Bethe）談過人類所面對的浮士德式災難性危害。當主持美國加州核子研究室的艾爾文•溫伯格博士（Dr. Alvin Weinberg），需要找一個名詞來描述核子武器對人類造成的窘境之害時，他也抓出了浮士德神話。想到人類擁有的彈頭一小時內便炸掉大半個地球，或導致永遠的核冬，再加上處理核廢料這項大問題，溫伯格博士深思浮士德經驗。溫伯格博士〈浮士德式交易〉（Our Faustian Bargain: Social Institutui and Nuclear Energy）的結論是，恐怕我們唯一的答案是「永遠警惕」。（溫伯格，〈浮士德式交易〉，發表於《科學》〔*Science*〕，一九七一年十二月二十七日，p.27）我們現在終於了解史賓格勒說的「神話背後矗立著死亡」。

十五世紀發生一些重大的心理和精神性改變，那也是中世紀結束、文藝復興開始的時候。比較但丁的《神曲》以及文藝復興時代的浮士德神話，便可以非常生動地看出這個變化。但丁《神曲》表達出自己掙扎穿越地獄和煉獄，最後抵達天堂，並在神聖之愛的高峰獲致終極祝福。但丁作品中有寧靜、誠信感、神聖祝福以及純潔的愛。這些都由碧雅翠絲媒介，她這個角色調和教會的教導，以及上述偉大能力。

中世紀的教會相當尊重女性。神之母瑪利亞與神和基督組成了神聖三位一體，並在無數「福哉瑪利亞」聲中得到人們的敬慕。大教堂如聖母院都是以女性命名。

到了德國、英國的宗教改革，三位一體變成「聖父、聖子與聖靈」。而亟具感官色彩，時而顯得俗麗的天主教堂，被換成宗教改革後陽剛、嚴肅的清教教會。這是個全新的世界，農民與公民對這個新世界感到害怕，渴求一個新的主要神話。

馬瑞德拉（Mirandella）告訴文藝復興時代的人，身為個體，人類能夠要怎麼樣便怎樣。十五世紀早期，庫桑護斯（Nicholaus Cusanos）也告訴人們，每個人都是內在宇宙的中心。許多時代代言人都讚揚文藝復興人的個體力量。喀爾文（Calvin）與路德（Luther）都告訴人們，他們有宗教自由，而克卜勒（Kepler）、哥白尼（Copernicus）與伽利略（Galileo）也向人們證明星體的運動。難怪人們會覺得被精神除根了，並且需要新的神話。

適合於這些亢奮文藝復興人的神話，便是浮士德這個出生於精神與心理大漩渦時代者的故事。他投身於由魔術取得的知識饑渴中，因為各領域的新發現對一位凡夫俗子而言，似乎都是魔術。神話性的浮士德會在世上消磨他的知識慾，以及二十四年的肉慾權力，其代價便是將自己不朽的靈魂出賣給露西弗。在此之後，他便永遠在地獄的折磨中受難度日。神話首先隨著浮士德成功參與神聖力量，讓我們認識了這個代表人們希望與恐懼的角色。接著在浮士德二十四年的魔力結束之際，神話的淨化作用又緩和人們因為浮士德的懲罰，所帶來的恐懼與疚責。

浮士德的神話由約翰・浮士德（John Faustus）的功績開始。這是十六世紀時住在德國北部的真實人物，他一生大部分時間都在接二連三對同鄉人施以魔術惡作劇。他一生中在牢房也蹲了不少時間，一般人認為他死後下了地獄，並受盡永恆不滅地獄之火的折磨。一五八七年在德國出版的一本「歌謠書」（Chapbook）型式的小冊子，便詳細記載浮士德的罪惡，包括他自己宣稱與特洛伊的海倫性交（編註：見後文），一般相信這會讓一個人永遠沉淪於地獄之中。這本小冊子名為〈約翰・浮士德博士該下地獄的生活以及適得其所的死亡〉（The Damnable Life and Deserved Death of Dr. John Faustus），在中世紀末像野火一樣流行起來，並改編成道德劇巡迴演出。它結合了對新知識（現實生活的魔術）的渴求，以及疚責、懲罰，和可怕地獄之火與永恆折磨。

荷蘭與比利時的人雖然不了解小冊子用的語言，卻看得到地獄的烈火，和肉體燃燒的味道。人們可以體驗到其中的命定感，以及自己急需的淨化作用。他們看過包士（Bosch）以地獄與詛咒為題的畫作，以及格里奈瓦德（Grunewald）有關懲罰瀕死者的畫作。人們眼看神話成真，耳聽被詛咒者因為永恆懲罰發出哀號聲，他們簡直經歷了意識與下意識的恐懼。然而，他們的恐懼因為看到浮士德受懲罰的苦惱與巨痛，得到淨化洗滌並舒緩下來。這個神氣活現的神話給人們一種替代懺悔的感覺。浮士德受難於他們之前，他們因此能自由接受新時代的魔法。

馬婁的浮士德：輝煌與悲劇

馬婁（Christopher Marlowe）本身便是一位文藝復興人，他的一生波折起伏。他和莎士比亞同樣誕生於一五六四年，在牛津求學一陣子，並在二十八歲時因為與人爭執而意外致死。他留下數部頗具戲劇張力的劇作，其中任一部作品都已確立其文名不朽。就像一位評論家所言，馬婁的《浮士德博士悲劇史》帶著「驚人的美感」。

一開場浮士德這位德高望重的教授，便沉浸研究自己生命中的無聊空虛。儘管他擁有醫藥、哲學和神學的學位，卻完全受到新產生的巨大、魔幻知識慾左右。這種慾念在文藝復興時代非常普遍。

哲學既曖昧又令人嫌惡，
法律和物理只是小聰明，
神學是三者中最低劣的，
令人不愉快、粗暴、可鄙又討厭；
「是魔術，魔術它擄獲了我！」①

浮士德對神學這門中世紀最重要的學科，特別嚴苛批評，認為它「令人不愉快、粗暴、可鄙又討厭」。馬婁寫道，浮士德就像伊卡魯斯（Icarus，譯註：希臘神話人物，名工程師達德勒斯〔Daedalus〕的兒子，父子倆裝著人工翅膀逃離克里特島時，伊卡魯斯不顧父親警告飛太高了，翅膀的蠟被陽光融化而墜海身亡）。

直到因為小聰明，因為自己的異想天開而洋洋得意，
他的蠟翅爬得比他想的更高，
而融化掉了，老天共謀於他的翻覆！②

這個神話屬於一個人之驕傲、貪婪、欲念與絕望的良知神話，並讓他委身於「永恆的黑

暗」（Eternal Darkness）。他奮力對抗信仰，對抗自己對上帝的慈悲與愛的悔改和信心，那是帶給人類恩寵的事物。

浮士德下定決心委身給露西弗，他哭喊出：

> 喔，這個世界承諾勤勉工匠的，
> 是利潤和愉悅、
> 力量、榮譽與全能！
> 所有在靜靜的兩極間移動的事物
> 都將在我掌控之中……

浮士德不甘做凡人。他希望自己像神，他真的要成為神。

> 你不過是浮士德，一位凡人。
> 你可以讓人永遠活著
> 對死去的人，讓他們再復活。③

就這樣，浮士德放棄自己的凡人身分，試圖做神。他召來梅菲斯托菲里斯，告知他自己決定加入露西弗的陣營。魔鬼的代理人梅菲斯托菲里斯，在回答浮士德自己入地獄前的生活時，說出全劇中最令人難忘的句子：

……你想想我曾親見神的容顏
親嘗天堂的不朽愉悅
不會因失去永恆喜悅
而在層層地獄中煎熬受苦？④

在上述角色逆轉中，**魔鬼對浮士德說項，希望他作罷，不要加入露西弗**這位地底世界的統領。但是浮士德已經鐵了心，並要梅菲斯托菲里斯回去，「將這信息帶給偉大的露西弗」，以讓浮士德在二十四個年頭中——

浸淫肉慾享受，
由你來服侍我：

他將多麼偉大！

……我將成為全世界的皇帝，
在移動的空中造橋
和一隊人穿過天空：
我將加入彎向非洲海岸的山丘
然後把這鄉土大陸連到西班牙去，
兩者都能增加我皇冠的光采。⑤

浮士德將控制大自然和人類。

成千的民眾蜂湧去看浮士德故事的道德劇，他們都對上述的話不寒而慄，偷偷覺察到這同樣是自己心裏的秘密欲望。這種新力量、控制、全能感，聖潔的對手，改變世界疆界的強大力量，讓人們驚駭之餘，也帶來權力的感覺。因為當時是哥白尼與伽利略的新世界，知識慾在各方面都帶給人們新自由。浸淫「在肉慾的享受中」，是很深刻的誘惑，同時是邪惡的高峰。

劇情帶入浮士德一連串的掙扎，他應該要或不該要？他在自己手臂上戳出血來，想將自己的靈魂簽給露西弗，但是他的身體卻不配合——血被阻塞住了：「我的血凝結住了，無法再寫作了。」他也正確地看出這是心身症的徵兆——

難道我不應該簽下這張帳單嗎？
為什麼流不出來，讓我重新寫？
「浮士德將他的靈魂讓渡給你」——
哪，簽好了。⑥

這個神話將視我們在心理治療和自己身上的發現而定，也就是說，心識和無意識具互補關係。榮格清楚看出這一點：一個人為歡樂所征服時，他的無意識中便會出現警訊和相反傾向。某位同性戀神學學生案主，在一所社會評價極高的教會禮拜儀式中被任命為牧師，當時同性戀仍為社會禁忌。舉行儀式的同一天晚上，案主到中央公園與一位陌生人碰頭並進行性嘗試。第二天的心理治療中，他充滿疚責感，很害怕自己會被發現。這一點都不奇怪，在歷經類似授命為牧師這種高度評價的事件後，是有可能從事非常齷齪的行為的。⑦

馬婁有偉大詩人的傑出洞見，問浮士德的身體是否「不願意」出賣靈魂。梅菲斯托菲里斯則是個互補角色：這位魔鬼代理人反對浮士德簽署文件。馬婁安排善惡天使大戰的機敏，也同樣讓讀者對他刮目相看。故事中有位老人（可視為心理治療師），同樣試圖將浮士德帶回原來的凡人命運。但是浮士德漠視這些警告，甚至自己的血凝固了也不管，執意執行當時所有人的渴求：「我既放縱又淫蕩。」

浮士德接著問梅菲斯托菲里斯：「告訴我，人稱地獄的地方在哪裏？」魔鬼回答：

就在身心四大元素之中，
地獄沒有侷限，……
……因為我們所在處便是地獄
地獄在哪裏，我們便在那裏。

這讓我們想起二十世紀沙特所說的：「地獄是其他人。」

但是浮士德的性欲讓他隨即忽視這些問題。他要求：

全德國最美麗的仕女，
因為我既放縱又淫蕩。

接著他要梅菲斯托菲里斯拿一本魔法書來——

……我可以看到所有的咒語

和符咒，讓我隨自己高興
喚醒鬼魂。

當梅菲斯托菲里斯拿給他之後，他又要求另一本——

一本讓我看到天堂所有
人物和星球的書，好讓我知道他們的
活動和性情。⑧

甚至眾天使們也加入這個人類靈魂的心理與精神掙扎。從我們的角度來看，馬婁的浮士德並不邪惡；他不像歌德的浮士德殺了人，或參與悲劇性殘酷行為（例如歌德浮士德對葛蕾卿〔Gretchen〕的所做所為），或因為想從二位老人的茅屋觀看自己的大成就，而用法術燒死他們（仍舊是歌德浮士德的作為）。馬婁呈現在舞台上的，僅僅是觀眾自己胸中一直掙扎的渴求。他所描繪的心理與精神疑慮、驚慌、衝突，都是活在充滿機會與邪惡的文藝復興公民所親身感受的。

事實上，浮士德否認神，武裝自己以對抗神，是這些行為建構了這個悲劇。這種說法近似湯瑪斯曼對這個神話的詮釋；浮士德不只受限於自己的行動，更受到自己思想的詛咒，受到自己成為神的願望所控制。這也是觀眾反應熱烈的原因，因為每個人都有這類欲求、深深隱藏起來的邪惡幻想、邪惡的白日夢等。就像弗洛依德保證的，夢想才是神經官能症的肇因，而不是行動。

到這裏為止，我們已經看到梅菲斯托菲里斯勸告浮士德不要簽賣身契。而不只是壞天使，好天使也勸浮士德還來得及後悔。當浮士德合理化自己的困境，並怪罪梅菲斯托菲里斯引誘他時，他是由不同的角度觀看此精神掙扎：

我看到天堂時我後悔了
並詛咒你，邪惡的梅菲斯托菲里斯，
因為你剝奪掉我的歡樂。⑨

但是梅菲斯托菲里斯也很理所當然地回答說：「那是你自己的追尋，浮士德，謝謝你自己吧。」魔鬼也質疑天堂非常美妙的概念；奇怪的是，他竟然與人類站在同一邊！

我告訴你浮士德，它〔指天堂〕不及你
或其他活在地球上的人一半可愛。

這裏透露出文藝復興時代的偉大人道主義。正如在喬托（Giotto）畫中看到的，當時的人對活著的感覺很好，也很樂觀看待這個世界。這點也在布勒哲爾（Brueghel）的畫布上顯示出來，他畫的盡是拾穗、溜冰等歡樂場景，傳遞出活著就好的感覺。浮士德的神話一方面妒嫉神，同時試圖找出最佳的人類生活。人道主義存在於那時期的可怕掙扎之下，在科學的自由探尋與絕對教會權威的殘餘力量之間。

好天使再度懇求浮士德不要出賣自己，而壞天使則認為浮士德必須堅持自己的好買賣；神無法同情他。浮士德回答說：

> 我已經鐵了心；
> 我無法後悔。⑩

鐵石心腸

這顆「鐵石心腸」沒有愛的能力。它表達了一種父權的能量，是那些只關心權力、野心、自我肯定的文藝復興人所追尋的。

好天使和壞天使一而再、再而三回來。浮士德並沒有真的麻木不仁。他應該悔改，並臣服於上帝的慈悲之下嗎？他能夠嗎？此議題在劇中的動力，對於該劇對觀眾的震撼性極具貢獻。

梅菲斯托菲里斯接著帶領浮士德去四處展現後者的法力。原先非得到不可的魔法，此時已無關緊要。浮士德作弄教皇，用力拉教皇的鼻子；浮士德隱形起來從教皇的眼前偷他餐桌上的葡萄酒。

這段時間內，浮士德也沒有忘記自己死期不斷拉近的事實。他沉思道：

你是誰，浮士德，不過被判了死刑？
你的致命時刻來到最終點；
沮喪驅使了猜疑進入我的想法之中。

老人進來了，懇求道：「溫柔的浮士德，放棄這可恨的技藝，這個魔法將蠱惑你的靈魂下地獄。」

我看見天使在你頭頂上徘徊
拿著裝滿珍貴恩典的玻璃瓶
準備為你的靈魂注入恩典；
為你趨吉避凶。

這個老人似乎是在扮演心理治療師的角色。

浮士德完成他最後的要求；他請求梅菲斯托菲里斯讓他和特洛伊的海倫做愛。⑪

有一件事，好僕人，我要懇求你
滿足我內心的欲念
對我的情婦的渴望
她是天上的海倫，
她甜蜜懷抱可熄滅
阻止我立誓的念頭，
並讓我遵守對露西弗的誓言。⑫

「天上的海倫」是當代男人的慣性綺想，以逃避困難的抉擇。許多男人都曾幻想，「好想有個漂亮女人！」浮士德力量的父權本質卻排除了該解決方案。因為當一個人的動機是權力而不是愛的時候，他如何能真心去愛？愛需要恩典。

海倫也是偉大詩歌的試金石。馬婁受到啟發更超越了前面的境界，於是寫下這段最常被引用，也深受喜愛的詩句：

正是這副臉蛋引動千艘戰艦？
焚燬高聳入雲的特洛伊（Ilium）塔？
甜蜜的海倫，妳一吻讓我成永恆，
香唇吸走我的魂。瞧，它出竅了！
來吧，海倫，再度賜予我靈魂。
我常駐於此，只因天堂就在櫻唇上
海倫以外，其餘都是渣滓廢物。
哦，妳比穿上點點繁星
的美麗夜空更美妙！⑬

先前出現的老人站在旁邊看著。他稍後會宣稱道德劇觀眾所共知的：人如果和魔鬼做愛，便自動被排除在天堂之外。海倫代表來自亡者的精靈，也是惡魔。

十六世紀對愛和性的運用，與中世紀的但丁是多麼不同啊！在這裏它是個工具，一種利用海倫的器具，為了再度擁有自己的靈魂。性愛與權力結盟。在整個浮士德的神話中，性愛是一個人逃避其疚責與痛苦的機制。但丁的愛卻是恩典；碧雅翠絲一直是和天堂有關。但丁的愛是被祝福的。

結局逐漸逼近，浮士德的傷心友人聚集在最後的日子向他道別。甚至好天使也必須離開他，因為「地獄的大嘴已張開要迎接你」⑭。觀眾真的被嚇得喘不過氣來，在這部奇蹟劇中，地獄被描繪並公開重現在舞台上：

這些都不算什麼，你應該看看
令人害怕千萬倍於此的折磨。

而浮士德能說的只是：「喔，我看到的已經夠折磨我了！」

時鐘敲了十一下，浮士德處於精神上的極大痛苦，詩寫得如此波瀾壯闊，就只能直接引述如下：

物換星移，光陰似箭，時間到了，
魔鬼將來到，浮士德必受到譴責。
噢，我將欣然迎向我的神！是誰把我拉下來。
看哪，基督的血灑在天空之上！——
別因為呼喊神之名而撕裂我心；
然而我只能依靠祂——喔，饒了我吧，露西弗！……

它哪裏去了？它走了，看哪，神
張開祂的雙臂，皺起憤怒的雙眉。
群山峻嶺，來吧，都壓到我身上吧
讓我躲過神的震怒，
不，不——
我會倒栽蔥跌到地底；
大地，張大嘴！不，它不讓我避難。

可以想見這齣劇在故事尾聲所帶來的震撼效果，必定深深抓住每一位觀眾；

（鐘敲十二下）
敲了，敲了！好了，身體，化成空氣吧……
（閃電和雷聲）
喔，靈魂，變成了小雨點吧
流到大海，永遠不要被找到。
我的神，我的神，不要對我太粗暴！

魔鬼出現將浮士德帶給醜陋地獄的毒蛇與大蛇。浮士德喊出最後一句話：「我要燒掉我的書——哦，梅菲斯托菲里斯！」

關鍵在來自書中的秘密！科學的自由探尋，與教會殘餘權威力量之間的掙扎，仍存在且活躍。浮士德最後懇求的承諾，所指真的是求知慾，這在當時是不可忽視邪惡的一部分。文藝復興太沉醉於求知的欲望了，以致焚書便是放棄人本力量的精華要素。

從希臘神話獲得靈感的唱詩隊這時候喊道：

綠樹成蔭前便剪枝修葉，
燒掉時而在讀書人內在
長成的阿波羅的金枝葉

這個版本的浮士德神話所顯示的惡，在於人想成為全能，想篡奪神的位置。這是種傲慢的情境，是不體面的驕傲，在否認人性和懺悔。所犯的罪在**拒絕接受人的角色**（我們若還記得的話，梅菲斯托菲里斯認為人性的價值高於天堂！），反而要求自己成為神。希臘人認為這種原罪高於一切：阿加曼農（**Agamemnon**）從特洛伊打勝仗凱旋而歸時，便碰到唱詩隊警告他，不要因為勝利而犯了傲慢之罪。蘇格拉底再三重複，人必須接受自己的侷限。但是，文藝復興人在嘗過知識之悅的果實後，還沒學會將知識轉換成智慧。

浮士德在劇中二度喊道，他無法接受自己「只是個凡人」——

你不過是浮士德，一位凡人。
你是什麼東西，浮士德，不過是被判死刑的凡人？⑮

梅菲斯托菲里斯這位魔鬼的使者，必須體會凡人珍貴之處。這是意識發展的奇怪結果，傲慢之罪隨著人類了解自己、意識到自我處境，而出現在意識中。這特別會是偉人的問題；他們立即面臨了傲慢的危險，並經常犯此罪。浮士德一開始便犯此罪；故事懸疑性較低，因為我們從頭便知道故事的結局。吸引我們的是神話的偉大力量，以及馬婁的戲劇性心象和美麗詩句。

神話的淨化作用

這則神話所提供浮士德之死的豐富想像空間，會對觀眾造成什麼樣的效果。空間和情緒上的強烈經驗，在某種程度上提供觀看者身歷其境感。他們與台上的浮士德有相同的感受，以及同質的情緒。所有人都獲得情緒和道德的解脫；所有人都想出賣靈魂以換取魔法，也感受到出賣靈魂得到的懲罰，因為我們每個人都和浮士德一起出賣了自己的靈魂。

在環繞我們心靈世界的這個神話中，我們因為認同舞台上的表演，而經驗到心靈的淨化作用。在替身下地獄之後，觀眾也感覺自己淨化了。這就是神話的開闊性：它張開雙臂，投入其懷抱者都得到心靈洗滌的力量。這種淨化也有社會層次的效果，也就是社群的洗淨。我們共同分享了一種「本能衝動」（id）的經驗；我們之間有了關聯。

神話的淨化作用洗淨了我們像浮士德一樣出賣靈魂的需要。他**為**我們做了。基督被釘上十字架的經驗，也是建立在這類的神話表達之上；我們被告知說基督為我們而死，意思是他被釘上十字架，每個人對此都有種向內的力量。這齣劇中的浮士德對觀眾有類似的神話效果。浮士德為他們做了，他的行為抹去了我們自己想要去做的驅力。這也適用於社群和神話中的溝通力量。

觀看浮士德的觀眾雖被拖入毒蛇與大蛇的恐懼，以及地獄中被焚燒等折磨，但是他們不會感到害怕；他們感到**解脫**了。這些內在活動都發生在比道德還深刻的層次。這個潛在經驗便是神話的淨化力量。

註釋

①馬婁，《浮士德博士悲劇史》，收錄於《諾頓英國文學全集》（*The Norton Anthology of English Literature*），vol. 1, New York: Norton, 1974, p.769。

②同上，p.770。

③同上，p.771。

④同上，p.778。

⑤同上，p.778。有意思的是，馬婁預測到確實將發生的事：我們坐著飛機的確造橋穿過天空。

⑥同上，p.781。

⑦對於像史威格（Jimmy Swaggart）和貝克（Jim Bakker）等基本教義派佈道家性偏差行為的認可，都是當代的例子。

⑧馬婁，《浮士德博士悲劇史》，p.782。

⑨同上，p.784。

⑩同上，p.784。

⑪就像懷斯曼（Richard Wiseman）教授在一次私人談話中指出的，由希臘的觀點來看，海倫是「形態中的形態」（the form of forms）。這裏的形式指的是深刻、永恆之美。

⑫馬婁，《浮士德博士悲劇史》，p.813。

⑬同上。

⑭同上，p.816。

⑮同上，p.806。

13 歌德的浮士德與啟蒙運動

Goethe's Faust and the Enlightenment

浮士德：你被稱為蒼蠅神
　流氓、騙子。
　你說——你到底是誰？

梅菲斯托菲里斯：……我是驅力的一部分
　經常想作惡卻總是在造善。

——歌德，《浮士德》

我們一聽到「浮士德」，就立刻假設所指為歌德的偉大劇作。歌德生長於啟蒙運動時期的德國，這部鉅著耗費他一生的時間，直到八十出頭才完成。正如席勒（**Schiller**）在這二位文學巨人熱情澎湃的書信中所說，這件命運之作讓歌德堅持了下去。這是部以精彩詩句寫成的偉大神話敘述。幾乎沒有人不引述這件美學的勝利之作。

它的偉大在於探討人類存在，這個深刻又歷久彌新的問題。浮士德是件哲學詩作，因為它以生命內容為核心——生命的誘惑、大災難和歡樂。歌德提出了下列意味十足的問題，生命是什麼？被打入地獄和救贖又是什麼？身為一位偉大的人道者，他試圖自各個觀點回答下列問題——身為人類的意義是什麼？

歌德的《浮士德》強烈而沉痛地表達了，人類殷殷期望進步之神的當代神話。我們對偉大的機器、神武的科技、超級國家級企業，甚至核子武器都熱烈信仰，我們相信上述進步之神的傑作能讓自己受益，並對人性帶來廣大利益。歌德自己便困在這個兩難之中，身處啟蒙時代與工業革命的歌德同代人也一樣。他的桌上擺著一座新蒸汽機的模型，以及它從利物浦到巴斯（Bath）的分佈蹤跡，做為這個偉大希望的恆久象徵。

這個神話抓住當代人的心，因為表現在馬婁傀儡戲中的惡，已在歌德詩中轉換成善。這個奇異的驅力變化早在劇本開頭，浮士德要求知道梅菲斯托菲里斯的身分時，便顯露出來了。魔鬼回答說自己是壞事做不成，卻總是做了善事的精靈。沒錯，撒旦是鬥爭、激烈、甚至殘酷的使徒，但是根據歌德的見解，殺戮之後的撒旦仍是善的。

歐洲的知識分子尊奉歌德為他們的標竿人物。馬修．阿諾便在歌德去世時寫了下面的詩句：

被告知歌德死訊時，我們說：

沉淪的是歐洲最賢能者；

歌德完成他的天路歷程。
鐵器時代的良醫。①

他診斷受苦的人，
他研究每個傷口，每個弱點；
將手指放上去，
說：「你這裏和那裏苦惱！」
他旁觀歐洲間歇性夢想與發熱力量的
瀕死時刻。②

浮士德的故事就在復活節前夕展開。歌德描述節慶時人們：

……因主的復活而雀躍
因為人們自己也復活了，
自工作和手藝的束縛中解脫，
自狹窄如貨架的窒息住所中解脫，
自無法透氣的屋頂和人形閣樓下解脫，

自令人窒息的擁擠市街中解脫，
自肅穆的教堂聖夜中出來後，
人們全都得到啟示。③

歌德預見工業體制帶來的變化，並得到許多同輩作家的認同。歌德的一生橫跨啟蒙時期的德國，那是個人心嚮往的時代。莫札特仍健在，貝多芬正當人生精華期，重要哲學家如康德、席勒、叔本華等，都是那個時期的人。歌德二十七歲時，〈美國獨立宣言〉（Declaration of Independence）剛完成。美國的政治宣言能出自同一氛圍，是令人興奮的：「人皆平等，天賦生命、自由、追求快樂等不可剝奪的權力。」讀浮士德的故事，就像身處一個眾人共同詮釋邪惡的時期，因為參與人數眾多，使得惡成了善。

浮士德長思惡的意義這個古老問題，背景卻是一個善神福澤披靡的世界。創造性努力是不是無可避免地會帶來毀滅的鬥爭？那是約伯的亙古問題：在最困頓的人類苦難中，對神誠實的虔誠僕人，是否仍然存在？幾乎每一位敏感的人，都沉思過這個人類實存的問題，當代的代表便是榮格在《回答約伯》（*Answer to Job*）這本書中所探討。

神與魔鬼

故事由某次天堂大會開場，神正質問魔鬼梅菲斯托菲里斯。祂對魔鬼和善建議說：「我從不曾真正痛恨汝輩。」（歌德，《浮士德》，阿登特〔Walter Arndt〕譯，New York: Norton, 1976, p.I. 337）梅菲斯托菲里斯對地球事物的看法又如何呢？魔鬼回答說，自己「可憐人類的悲慘不幸」，而人類變得「比任何野獸殘忍」，因為他們有「理智」。天主也認為人類變得太散漫了。儘管「人類努力時從未犯錯」，他們需要被警惕一下。神提議說人類應該「永遠活躍，永遠創生」。

這些開場句帶出整齣劇的關鍵主題：行動、努力、辛勞。**積極的行為**是人類實存的最高形式。歌德筆下的浮士德沉思著聖經的內容：「一開始是『聖言』。」（歌德，《浮士德》，p.I. 1224）浮士德不滿意，「聖言」這個字眼太知性了。或許「感性」這個字眼行得通，因而他提議說：「一開始是『感官』。」但這也被否決了。最後他想出：「一開始是『行為』。」這就是了！浮士德接受這個表達行動與持久努力的最後版本。

隨著神話故事展開，我們很快發現自己身處心理治療師的房內。這再度說明，潛在患者提出抱怨，訴說自己生活中已然崩解的神話。在這裏，浮士德因為自己無法取得社會地位、榮耀或財富，而痛苦呻吟。他談到這種處境帶給他的感覺：

每天早上我在絕望中醒過來
傷心落淚
　　又過一天……

我恐懼睡覺，狂野的心象壓迫著
我的夢境與甦醒都被詛咒。
存在好似令人嫌惡的負擔
死亡可期，生命卻是可恨的玩笑。④

他總結了那些讓他想自殺的病態詛咒：

詛咒信心！詛咒希望！
最要緊的，詛咒耐心！⑤

梅菲斯托菲里斯接著出現，用一種非常不一樣的生活方式引誘他：

請停止繼續把煩惱當遊戲，
它像禿鷹，以汝生機為食。⑥

誓約確定了。浮士德同意自己永不滿足，永遠變動，永遠奮鬥。

萬一我耽溺於床笫之樂，
同一時刻便是我的末日！
假如你用諂媚引誘我去，
願那一天也是我的末日！……
你儘可用腳鐐來束縛我，
我極樂意就此消失不見！⑦

浮士德用自己的一滴血簽下賣身契，說：

歡笑與苦惱，
失敗與成功，

不妨接踵而至
男兒本當日夜打拼。⑧

歌德在這裏反映出現代人的行為精髓：鮮少平靜，總是在奮鬥，從一個任務跳到另一個任務，並稱之為進步。這個神話告訴我們浮士德出賣靈魂所換得的生活方式。

浮士德的第一個嘗試是與葛蕾卿這位「青春綻放的純真孩子」墜入愛河。浮士德是她初嘗禁果的對象，也讓她懷了孕。浮士德這位世界先生與天仙般女孩葛蕾卿之間的戀情，都由梅菲斯托菲里斯一手操控。歌德因為同情不幸的葛蕾卿，而暴露出自己的情感衝突；後者因為懷孕內心悲苦，加上村民的譴責而有點發瘋。冷酷惡毒不斷累積在浮士德身上，他在這種情形下與特地自戰場趕回來保護妹妹的華倫亭（**Valentine**）決鬥。在梅菲斯托菲里斯的幫忙下，浮士德冷血地殺死華倫亭，這等於加重浮士德對可憐葛蕾卿的詛咒。

儘管浮士德已表達出自己對葛蕾卿的愛，但光是他對葛蕾卿的行為便該下地獄。這是浮士德激進女性關係的第一次曝光，往後將隨著劇情發展處處浮現。這就是父權的神話。浮士德因為自己玷污這位天仙般的孩子，而初嘗下地獄之苦。浮士德為這位純真孩子的痛苦悲嘆，並且被梅菲斯托菲里斯冷冷一句「她又不是第一個」激怒了。浮士德喊著：

一個人的痛苦已足夠
讓我痛徹骨髓；你臉上帶著毫無牽掛
的獰笑，踏過成千上萬人的命運。⑨

雖然浮士德對葛蕾卿的愛顯然不夠，但並不是沒有愛，當葛蕾卿必須在獄中產子時，浮士德也大受震撼。她卻因為浮士德的吻不如往昔熱情而痛哭。

浮士德拿到牢房的鑰匙，求葛蕾卿跟他逃走。葛蕾卿可以「自願」走出監獄，但是她沒有離開的意願。她為自己懷孕一事負責，並要服完自己的刑期。

最後這一幕的強度漸增並帶出全劇的高潮。葛蕾卿在獄中喊著：「你要走了嗎？喔，亨利（Heinrich，浮士德的名字），但願我能夠跟你一起離開！」

浮士德：妳能的，只要妳肯！瞧，門開著。

葛蕾卿：不可以呀；我是沒有希望的罪人。逃了又有什麼用？他們仍在等著……

浮士德：喔，我的愛，——妳胡說什麼！只要踏一步，你便可以自由！⑩

但是，精神瘋狂的葛蕾卿認為自己的婚禮也是行刑日。「這是我最後一天。」她哭喊著說。梅菲斯托菲里斯站在一旁冷嘲熱諷：「婦孺之見！……無用的嘮叨女人，浪費時間的傻瓜。」⑪當葛蕾卿瞥到梅菲斯托菲里斯時，她知道那就是要帶她入地獄的魔鬼，浮士德的一句話，卻讓他再度與當代心理治療扯上關係：「你應該活在世上！」⑫

這個大結局怎麼收場呢?歌德深深為葛蕾卿以及自己創造的問題感到同情，但是為了保持作家的一致性，歌德必須讓她下地獄。他讓梅菲斯托菲里斯宣判：「她是有罪的。」⑬

歌德在此插入了「救贖!」這個驚嘆句。這裏的註解顯示，這個字眼並沒有出現在第一版中，是後來才加上去的。換句話說，歌德最後必定是臣服於自己良心的指揮。不論是否有意義，他必須讓某個聲音喊出「救贖」。因此，葛蕾卿同時被判罪又得到救贖。

第一部便在此結束，背景有個聲音帶出：「〔從內漸弱〕亨利!亨利!」

這個法力無邊的神話，將歌德帶領到複雜人性的最高峰。我們不難想像他記起了作品中的某一段，也好奇這段詩可否運用在他自己身上：

精靈唱吧，

喔!喔!

你已毀了它，
這個美麗的世界，
用你神武的拳頭。⑭

難道這就是為什麼奧爾特加（Ortega）會寫說，歌德並沒有真正找到自己，從來沒有活出自己的固有形態或真正命運？

虛構的痛苦

《浮士德》的第二部在第一部出版後四十年才完成。我們好奇歌德這些年不斷反覆在心中思索這部神話時，產生了什麼想法。他如何來做結論？

歌德在第二部中以處理性和權力的問題為主。某些詩文很低俗，例如梅菲斯托菲里斯將具魔法的金塊鑄成一根巨型陽具，並用來威脅驚嚇正經淑女。然而，在較深刻的層次上，權力與性正是浮士德神話的本質面向。性多半成為權力的表現。這一點透過當代人的色情書刊、性感的商業用語、充斥曲線玲瓏肉感金髮美女的廣告，便可以看出端倪。我們社會對待權力與性的不同態度之間，有種奇怪的關係存在。

從工業革命開始，在工人製造的產品，以及工人和產品使用者的關係之間，便存在著根本的距離。工人通常看不到自己參與製作產品完成後的全貌。勞動疏離感加深了人們與自己和他人的疏離感。於是人味喪失了。隨著工業與中產階級的興起，性也漸漸與人分離。人對性的回應就像手中的產品，成為可以進行買賣的商品。

浮士德要求見到並擁有他的愛人——特洛依的海倫——這位美麗與愛的終極滿足象徵。⑮他以為梅菲斯托菲里斯很輕易便可以唸咒語召來海倫。

浮士德：我知道你只消喃喃低語，
眨二下眼睛，便能立刻讓她出現。⑯

但是，梅菲斯托菲里斯的看法大異其趣。浮士德必須先通過「母親們」（the Mothers），才能碰到海倫，那是一個奇怪的團體，從歌德寫作此一戲劇開始，便提出無以計數的問題。「母親們」似乎是唯一能夠制衡梅菲斯托菲里斯者。

梅菲斯托菲里斯：我不願洩露高深的玄秘——
眾女神幽居莊嚴，
周圍沒有空間，亦無時間；
光提到她們便令人沮喪。

她們就是——「母親們」。

浮士德（吃了一驚）：「母親們」！

梅菲斯托菲里斯：你嚇到了嗎？

浮士德：「母親們」！為什麼它引起我的心靈悸動。

梅菲斯托菲里斯：理當如此。女神遠離

凡夫俗眼，也不高興被人亂喊。

你要去找出她們的住所；

只怪自己讓事情發展到這地步。

浮士德：路要怎麼走？

梅菲斯托菲里斯：沒有路！從來沒有人走過，

也沒有方法可走；從來沒有人求過，

也沒有方法可求。你有準備嗎？⑰

我們在這裏暫停下來，因為以上的描述就像一節心理治療過程，特別是多問的那句：「你有準備嗎？」從一個人出生，母親便提供我們可發展的形體，母親的子宮也擔負起整個族群的存續，沒有什麼比這個更重要了。每一位心理治療案主在學習愛的過程，都必須與母親烙印的心理殘留物衝撞。梅菲斯托菲里斯對這一點諄諄教誨，讓浮士

德為自己的焦慮和沮喪負責——「只怪自己讓事情發展到這地步。」⑱

歌德寫這個神話是為了紓解自己的疚責嗎？而這一段話與緩和歌德所處時代的集體疚責，有什麼關係？「母親們」在這段描繪中，看來確實是有敵意的。我知道歌德自二十五歲到辭世為止，都不曾去探望自己的母親，雖然他經常路過母親所住的法蘭克福。我們也知道歌德常為女人傾倒，女人也常為其所迷惑。他經常像一陣暴風捲入男女關係，對女方利用殆盡後便離開她們。他一輩子都不解為什麼自己身邊有女人時，才寫得出重要的詩作。他很晚婚，而且結婚對象是他的情婦，那也是唯一合適的人選，他叫她是自己的「窩邊兔」（bed rabbit）。她比歌德年輕十六歲，是一位嬌小活潑的女郎，並不是特別漂亮或聰明，但是充滿自發性。

現在來談談海倫。

我想再度強調，在馬婁、歌德與湯瑪斯曼三人的處理方式中，海倫都具備了神話特質。此特質歌德讓海倫在被問到與阿奇里斯（Achilles，譯註：希臘神話故事人物，特洛依戰爭英雄，全身刀槍不入，腳趾是其罩門，因此一個人的致命點便叫阿奇里斯之趾〔Achilles' Heel〕）的關係時，自己說了出來：

我與他的結合，是神話與神話的結合

那是場夢，就是這樣。

我要消逝了，我也只是個神話。⑲

這告訴我們，歷史上的海倫一直以來就是個神話，而希臘人打特洛依戰爭，就是為了一個偉大的神話，為了一個終極形態的神話。海倫是女性形態的代表，這不是由性的意味來看（雖然她太常被賦予這個角色），而是帶有希臘美德（*arête*）的意味，一方面由於她集所有理想特質於一身，海倫的名字也代表了希臘文化。（⑳，譯註：海倫的英文為Helen，而希臘文化Hellenism一字便是由Helen而來）因此，「形態中的形態」（form of forms）這個詞便完全合適。它指涉女性美被提升到了倫理層次，也就是「美德」這個受到古希臘人讚揚的人類美德發展目標。就像梅菲斯托菲里斯告訴我們的，通往海倫的途徑必須穿過「母親們」，也就是只有已經克服自己與母親問題的人才能遵循的道路。

在提到「母親們」的時候，梅菲斯托菲里斯問浮士德說：「你嚇到了嗎？」浮士德感受到的戰慄，透露出某種深刻的衝突被碰觸到了。

梅菲斯托菲里斯隨後給浮士德一把鑰匙，並忠告他說：「跟著它——它會帶你到『母親們』那裏。」浮士德聽了，就像任何敏感的心理治療案主，全身戰慄了起來——

浮士德：提到「母親們」！它總令人發抖。
到底是什麼讓我聽了便要吐？

梅菲斯托菲里斯：為什麼你器量這麼狹小？總不能接受新事物？

浮士德：我可不願在無知覺中求好運；

戰慄是人性最優質的部分：

世人雖把戰慄當可憎——

它仍令人有深深領悟。

梅菲斯托菲里斯：那麼，請下去！我也可以說，

請升起！反正都沒什麼差異。㉑

不論一個人是下沉或高飛到「母親們」那裏，都是一樣，二者都很重要。浮士德現在有了鑰匙，他可以「要他們保持距離」，他突然因為這個挑戰而高興起來：「好的，我緊緊握住它，覺得有新力量，我的胸襟擴大，可以放手做大事業。」㉒梅菲斯托菲里斯通知他：

一座燒紅的寶鼎是你的指標

你已到達極深意境；

寶鼎之光為你指出「母親們」……

有的靜坐，有的站著，有的走動，

這是創造和改造的象徵。
永遠在討論永恆的意義。㉓

他隨後指點浮士德，「一跺腳你便沉下去，再跺一下你將上升起來。」㉔浮士德跺跺腳，消失在視線內。

再下來是在大舞廳的一景，裏面滿是一群展現自己的妒嫉和快嘴利舌的人。梅菲斯托菲里斯突然叫出：「喔，『母親們！』『母親們！』趕快放掉浮士德！」㉕他是不是感應到浮士德對母親的不正常牽掛呢？當浮士德繼續透過「母親們」找尋海倫時，梅菲斯托菲里斯叫著：「『母親們！』『母親們！』這是你該給的！」所以，海倫成就背後有重要的意義，讓「母親們」成為具有終極意義的人。「形態中的形態」參與在物種再生的宇宙中。儘管是透過藝術家投射到畫布上去，達文西的蒙娜麗莎（Giaconda）微笑裏，的確也含藏著類似的洞見。以子宮創生者，新生命的養育者，同樣也具備這些力量，例如在知識和魔術之間轉化的直覺。

我們必須在這裏回過頭來看一項根本事實，也就是歌德身為一位偉大詩人，他擁有某種程度的前科學素養，那種從社會的無意識深度發聲的能力。任何文化中的詩人也好，其他的藝術家也好，都在告訴我們超出意識察覺範圍之外的神話。從這個角度看，他們是未來的預言家。「母親們」是女性氣質的魔法師，她們必須得到拯救，以協助新文化的形成與改造。「母親們」具有再造民族的本能，不論她們是否察覺到，或願意為此負起責任。她們擁有轉化的鑰匙，就像她們懷孕時，對子宮內胎兒的成形具有關鍵影響一樣。

但是工業時代卻是父權的時代。這種權力是通過擊敗競爭對手而獲得；它是藉由穿透、攻擊、機械活動等來運作的。成衣廠、致命的生產線、婦孺勞力、利物浦和底特律灰塵瀰漫的天空，以及競爭敵對的整個軍火工業系統等，都是工業時代的黑暗面。理想上的女性特質，應該是包容勝於攻擊，溫柔創造而不搞破壞。

歌德是為自己對進步的崇拜和對工業的神入，而在贖罪嗎？表面上，他是相信這種父權福音的，這樣是好或壞的問題，長期以來一直在其靈魂深處處於拉鋸不息的狀態。浮士德稍後建築了一座大堤防以「保護千萬人的生命」，這便是他具創意的一面，也是他實踐這些信仰的一個面向。

權力、攻擊和驅動模式，都被陳腔濫調地稱為是陽剛的和父權的。歌德心裡對這個當代的主要神話，是處於一種矛盾的狀態；這裏的當代包括他的時代以及我們所處的二十世紀。這個矛盾出自他的詩性靈魂，當他把「母親們」視為慈愛、溫柔、關愛的泉源，而不是堅毅、殘酷和屠殺時，這個矛盾便浮現了。所謂的「魔術」，有沒有可能是他所抱持的希望——在轉化發生時，不會有太多的生命損失或太過殘酷？故事最後拯救葛蕾卿的這一段，似乎是在矯正浮士德原來的殘酷行為；此外，浮士德因成群天使將其不朽身軀迎上天堂，而獲致終極解救。這些事蹟都為這個問題提供了正向的答案。歌德可能認為這是對「進步」的肯定歡呼；而這就是這首偉大詩作的全面衝擊。**我們認為這齣劇說明了若只有父權便註定要失敗**。（參見第十六章）

文化創意

浮士德最後終於碰上海倫，並讓她懷了孩子。他似乎從此個性改變，能夠更敏感地體會人類的需求。難道說他的個性改變這件事，和他愛上「形態中的形態」有關嗎？

他斥責梅菲斯托菲里斯說：

你對人類的企求，知道些什麼？
你那樣尖刻乖僻的人，
哪能知道人類的渴望？㉖

接下來的故事中，浮士德便成了有錢人，住在古堡中，提升到大元帥和帝王的地位。他的權力增加，也規畫了改善人類生活的遠大計畫。浮士德擁有的土地在他面前拓展開來；他可以宣稱：「我從這宮殿便可以控制全世界。」㉗他完全沉浸在此文化創造中：

這個星球仍舊揚帆而行
高尚的行為使視野豐富，
我覺得會有驚人的成就，
勤奮的辛勞工作讓我充滿力量。㉘

故事進行到這裏，出現住在這片土地上一座小茅屋中的老夫婦。歌德將他們取名為鮑琦絲（Baucis）和費萊蒙（Philemon）；他們和希臘神話中，在不知情的情況下熱情款待神，事後因善心得到豐富回報的兩個人物同名。

鮑琦絲細心照顧年邁的丈夫費萊蒙，提醒路過來到小茅屋的旅客放低說話音調，以免吵到費萊蒙午睡。老夫婦被告知浮士德整頓土地的計畫，但是承諾可讓他們留下來。浮士德內心交戰著：

說起來不免羞愧。
老夫婦必須離開，
我要砍他們的樹做王座。

……………………………………

很快會架起瞭望台
可以無窮地觀看。
我在這裏也可以看見
給老夫婦的新農莊。
他們會感念我的仁慈，
在那兒度過快樂餘生。㉙

……………………………………

他遣梅菲斯托菲里斯去傳遞訊息，老夫婦必須搬到新住處。但是梅菲斯托菲里斯回來報告說，來了一位陌生人，並引發一場爭吵：

他們不肯聽，當然也不願意……
老夫婦並沒有因為驚嚇，而
受太多苦，我們一碰便死了。㉚

至於他們的房子：

——現在被燒得乾乾淨淨，
成了那三人火葬的柴堆。

浮士德對梅菲斯托菲里斯大發雷霆：

我的話你都沒有聽進去！
我的意思是交換而非強盜。
這種沒大腦的暴力事件，
我詛咒你這種魯莽行為！㉛

浮士德全心全意投入自己的偉大文化創意：

用上所有資源
找更多人來，打起精神來找人
用紅蘿蔔和鞭子來刺激他們，
酬勞、誘惑、強迫，都用上！

我要一份帳目，逐日算出來，
手頭有多少戰壕，又擴建幾條。
你要設法把污水給排掉
這是最後也最重要的事，
我為幾百萬人開拓國土。㉜

這真是工業革命最好的一面，一幅值得讚賞的進步畫面！為人類蓋堤防建農莊，是這些工具的高尚用途。有趣的是克拉克（**Kenneth Clark**，譯註：英國藝術史家）記錄不同世代的藝術照片中顯示，十九世紀的照片上並不是畫作，而是火車、隧道、橋樑，以及其他十九世紀藝術中的機械工程。換句話說，都是男人而不是女人的作品。對照瓦薩利（**Vasari**）在義大利文藝復興時期所寫的書《傑出藝術家傳記》（*Lives of Painters*），十九世紀英國作家斯邁爾斯（**Samuel Smiles**）在父權勝利即將完成時，也寫了《工程師的生活》（*Lives of the Engineers*）。

還沒有這麼快。浮士德尚無法接受關懷女神（Care），那是被引出來測試浮士德的有趣角色。㉝關懷女神傷心地離開他時說：

通常人一輩子都是盲目的，

浮士德，你也終將成盲目。㉞

浮士德現在得到命定的結論，這結論使他幾乎要打破自己最初對魔鬼梅菲斯托菲里斯訂的誓約：

是的——我心悅誠服
這智慧的最後結論：
自由與存有同時屬於
每天能克服它的英雄。

男女老少都被危險所包圍，
辛勤操勞度過他們的時光。

我願見這樣的群眾，
自由住在自由的土地
我或許會懇求飛逝的光陰：
喔，請駐留，你真美好！㉟

梅菲斯托菲里斯沒有聽到「或許」這個字眼。但是在任何情況下，這個聲明在主觀意義上，無論如何都**輸給魔鬼了**。弗洛依德可能會說，浮士德**認為**這樣就夠了，而事實上這是對梅菲斯托菲里斯投降。在夢裏或其他無意識階段中，否認都沒有任何意義；人只要把那事物或人召至心中，就足夠了。浮士德在此至少正視寧靜和幸福的價值。因此，這場大賭博輸了！

浮士德的救贖

浮士德向後沉下去，魔鬼收拾他的遺體時說：

屍體躺在這裏，靈魂卻想悄悄溜走
我就毅然秀出血誓文書讓他瞧瞧。㊱

「地獄的猙獰大嘴已在左側張開。」舞台的旁白說道。

但是大出我們意料之外，魔鬼的計畫受到一群年輕天使組成的唱詩隊所阻礙而失敗。那是恩典的使者，手中拿著玫瑰出現了，他們將玫瑰花撒在梅菲斯托菲里斯面前，口中唱著：

玫瑰啊，你們色彩豔麗，
散放迷人清香！
你們翩翩飄動，
暗地發揚生命，
春神啊……快使草木萌芽，
遍地千紫萬紅；
為安息者的床畔
帶來優雅芳香。㊲

梅菲斯托菲里斯不只被四處飄浮的玫瑰花瓣搞得團團轉，同時年輕天使也對他產生了性的吸引力。這真是個喜劇爆笑的場景——魔鬼困在他自己的性欲陷阱了！歌德寫到這裏時，自己必定大笑了一番；因為魔鬼在自己無法控制的性渴求下，試圖不讓天使接近卻徒勞無功；「他們一下子變得非常可愛。」天使繼續唱著：

祝福的花朵盛開，
欣喜的火燄撫人，

他們正在散佈愛，
神聖狂喜照世人。㊳

梅菲斯托菲里斯必定是崩潰了，並承認：

我的肝在燃燒，我的心和頭也一樣，
這種火比惡魔更厲害
比地獄煉火更凶狠。——
那就是你們異常悲哀的緣故，
不快樂的相思少年，徘徊、被冷落，
拉長脖子期待愛人能再回頭。

我也是一樣！㊴

他把浮士德拋在一邊，因為他現在是害相思病的少年，這些年輕天使的赤裸裸性欲讓他迷昏了頭。他叫著：

是什麼讓我苦惱！——約伯似的苦惱，
使我沸騰再沸騰，
帶著自我嫌惡的心，我忍受並抖弄所有的不快。㊵

在這種奇異的困惑、性愛和美麗同時交鋒之際，浮士德的不朽靈魂，在天使、「神聖男孩唱詩隊」，以及許可神父的歡送下，冉冉升空。就連神彷彿也在浮士德降生天堂這件事上插了一手！但是困在自己矛盾中的浮士德，必須再次讚美積極行動者：

無止盡努力奮鬥的人，
可獲得救贖。㊶

在結束的時候，歌德回歸最主要的心理與情感主題，也就是「女性」的重要；現在這個主題以「童女」的形式表現出來。此時，從「最高，最純淨的茅草屋」傳來歌聲：

這是許願樹，
精神提升。

我看見女性形貌
飄然向天堂去。㊷

這一幕人類可達到的最高層次心靈之美，和故事一開始浮士德博士的陰沉與黑暗相較，剛好是鮮明的對比。在這個結局中，歌德為但丁所拯救：葛蕾卿是仿效《神曲》中碧雅翠絲為但丁求情的安排。二位偉大詩人在這精彩結局中的結合，最後在歌德八十歲的時候出版了。葛蕾卿從天上得救者的角度，也參與歡迎歌德的歌唱行列。歌德在此列出四種應該被善待的女人：聖潔童女、母親、皇后和女神。雖然故事是以一句再度讚美行動的詩文結束，但是這些最後的話語還是唱出了永恆女性面向的救贖性質：

變化無常的一切
不過是心裏反映；
那些無法獲得的
在這裏成為行動。
凡人的眼力
掠過這裏；
永恆的女性

提升了我們。

我們對這個結尾立即會感到震動，因為當馬婁的浮士德被丟入地獄，歌德的浮士德卻被帶到天堂去！我們該如何解釋這種對同一個神話的詮釋衝突？歌德的版本不只是個「快樂結局」。那是一個歡樂畫面；葛蕾卿象徵原諒了浮士德的愛，梅菲斯托菲里斯對「甜美、可愛事物」不可控制的性欲，所呈現的是同性戀的幽默感，每個人也都包圍在舞蹈天使的迷人芭蕾氣氛中。

所有人類歷史中的神話，都是依據社會反映出的需要來詮釋的。馬婁的文藝復興需要地獄的開場，來代表觀眾自己的疚責；觀眾只有透過馬婁將文字上的地獄圖像化，才可以經驗到他們迫切需要的情緒宣洩。到了歌德的啟蒙時代，人們需要的是一種非常不一樣的情緒宣洩。人們離開劇院時，需要一種神是站在人們這一邊的感覺，一種人類文化向前大步躍進的感覺，一種進步是神聖事物的感覺；用歌德的話來說，最崇高的召喚是：

你要設法把污水給排掉
這是最後也最重要的事，
我為幾百萬人開拓國土。㊸

這是說得通的，因為啟蒙時代是偉大的經濟擴展，和表達高貴想法的時代，〈美國獨立宣言〉和〈人權宣言〉（Rights of Man）便是例子。

我們說過原諒浮士德的神聖質素就在詩的最後二行：

永恆的女性
提升了我們。

歌德寫作《浮士德》這部偉大戲劇的目的之一，是在探索人本生活的神話，以各種方法協助人類去發現自己最重大的召喚，並依此過活。據說，他臨終的遺言就是「進步」（Progress）這個字眼。進步對他而言，並不只是機械上的成就或致富。它的意思是，人類要學習去發覺自己最豐富特殊的能力，以獲得「生活，更為豐富的生活」。因此，他才會以描述基督升天的復活節，做為其浮士德神話的開端。

歌德作品中有一種永恆的質素，一種真確使用神話的感覺。他延伸及於神域；他似乎永遠和超越的存有有關。「永恆的女性，提升了我們。」我們也提過原諒之愛的根源，呈現在葛蕾卿這個人身上。這是「永恆女性」的具體化現，也是表達**機械神跡**的力量。這又將我們帶回梅菲斯托菲里斯初次碰到浮士德時所說的那一段話：魔鬼的惡行將轉變成善。魔鬼受騙了，被自己的魔力背叛了。「背叛的撒旦」或說「被騙的魔鬼」

這個主題，數百年來不斷出現在西方神學與哲學中，可一路追溯到俄利根（Origen，編註：參見第十五章）。它在這裏又特別出現在歌德《浮士德》的結局中。因此，梅菲斯托菲里斯說他自己「想做壞事卻成全了好事」，並不是全盤錯誤的。

註釋

①根據馬修．阿諾，歐洲正處於「鐵器時代」。這是指十九世紀初期的工業時代。

②《諾頓英國文學全集》（*The Norton Anthology of English Literature*），vol.2, New York: Norton, 1976, p.1343。

③歌德，《浮士德》，阿登特（Walter Arndt）譯，New York: Norton, 1976, p.I。

④同上，pp.II. 1554-15。

⑤同上，pp.II. 1570-1571。在這個很有心理分析味道的部分，浮士德藐視地將當代人處理沮喪的方式棄置一旁，換言之，將自己完全交給金錢、藥物和性：

可惡的財神，當他以珍寶
教唆我們大膽而為，……
詛咒葡萄的香液！
詛咒那，代價最高的愛人束縛！

⑥同上，p.I. 1635。

⑦同上，pp.II. 1698, 1702。

⑧同上，pp.II. 1756-1759。

⑨同上，pp.II. 4398 ff。

⑩同上，pp.II. 4543-4544。

⑪同上，pp.II. 4564, 4598。

⑫同上，p.I. 4604。

⑬同上，p.I. 4611。

⑭同上，pp.I. 1607-1610。

⑮此一關係呈現了人類生活中最深刻的問題之一。形態與性的關聯可從女性美表現出來。這在神話上使種族得以繁衍生存，而且與藝術及兩性關係息息相關；這點我們在以下的討論中可以見到。

⑯歌德，《浮士德》，p.I. 6203。

⑰同上，pp.II. 6224-6225。

⑱同上，p.I. 6221。

⑲同上，p.I. 8878。

⑳第十二章馬婁的《浮士德博士悲劇史》中提過，我們把海倫的象徵與當代西方美和性的觀點做出根本的區隔。希臘神話中人首馬奇龍（Chiron）特別專長於醫藥，他也支持這一點，並在歌德《浮士德》中說（II. 7400, 7405）：

你說什麼！美人通常死氣沉沉；真正可愛的表現之處

不在於容貌……

像海倫嬌豔得令人無法抗拒

才是真正的魅力難檔。

㉑歌德，《浮士德》，p.I. 6265。

㉒同上，p.I. 6282。

㉓同上，p.I. 6275。

㉔同上，p.I. 6302。

㉕同上，p.I. 6367。

㉖同上，pp.II. 10190-10195。

㉗同上，p.I. 11225。

㉘同上，pp.II. 10182-10184。

㉙同上，pp.II. 11238, 11342。

㉚同上，p.I. 11362。

㉛同上，p.I. 11373。

㉜同上，p.I. 11552。

㉝我們在其他神話如《大亨小傳》、《皮爾金》等，都可以找到「關懷」。我在《愛與意志》一書中〈關懷之神話原型〉那一節，描述了關懷的意義。

㉞歌德，《浮士德》，p.I. 11498。

㉟同上，p.I. 11573。

㊱同上，p.I. 11613。

㊲同上，p.I. 11700。

㊳同上，p.I. 11724。
㊴同上，pp.I. 11748, 11759。
㊵同上，pp.I. 11809-11810。
㊶同上，p.I. 11936。
㊷同上，pp.I. 11989-11993。
㊸同上，p.I. 11552。

14 二十世紀的浮士德

Faust in the Twetieth Century

德國……在不義的勝利中蹣跚而行。……今日的她，被群魔圍困，一眼被矇蔽，另一眼則凝視陷入恐懼，在絕望中擺盪。何時她才能觸及深淵的盡頭呢？在山窮水盡之際，在天降神蹟之處，希望之光要何時才能出現？一位孤獨的老人合十祈禱著：我的兄弟，我的祖國，神必將對你可憐的靈魂慈悲。

——湯瑪斯曼，《浮士德博士》（一九四八年）

對二十世紀前半最偉大的小說家湯瑪斯曼而言，描述浮士德神話中的毀滅力量和絕望，仍是他無可逃避的命運。湯瑪斯曼是諾貝爾文學獎得主，他的《布登勃洛克家族》（*Buddenbrooks*）一書，已詳細記載德國的中產階級文化；湯瑪斯曼以獨特的敏銳筆調，寫下當代西方社會的挑戰與困境。一九二〇年出版的《魔山》（*The Magic Mountain*）描繪歐洲的病態。但是因為希特勒和二次世界大戰，湯瑪斯曼這位人道主義最佳代言人，經歷了西方和祖國的毀滅，被迫陷入一場大痙攣。他在二次大戰這個西方世界至今最嚴重毀滅的脈絡下，發現了浮士德神話這個終極形式。

我因為摯友田立克的關係，特別能體會這種深刻的情感矛盾與悲傷對這些德國人的影響。田立克也和湯瑪斯曼一樣享有文學聲譽，並因為納粹德國而成為流亡者。一九四〇年代早期，二次大戰烽火正熾，我和田立克夫婦一起去看一部早已為人淡忘的電影。電影正式播映前，照例先放一段宣傳片，內容卻是轟炸德國創意之都德瑞斯頓（Dresden）的照片。照片中德瑞斯頓的宏偉建築和許多博物館，都被炸成廢墟。田立克夫婦頓時淚如泉湧，無法停止，顯見其內心之悲憤。我從未看過感受如此之深的精神劇痛。

湯瑪斯曼也有過類似的劇痛。他的太太是猶太人；戰爭爆發時他帶太太逃到瑞士，輾轉再來到美國，落腳於普林斯頓的高等研究院（Institute for Advanced Study）。他因此能夠從寧靜的普林斯頓觀察這場戰亂，但是這只會讓其中的對比更強烈。他的祖國究竟是怎麼回事？

這些德國人對美國的忠誠絲毫沒有問題。田立克是第一位因為希特勒統治而流亡的基督徒，湯瑪斯曼是二十世紀前半歐洲聲譽最卓著的文學家。然而，德國有他們的親朋故舊，也提供了他們深厚的人文、音樂和藝術教養。如今德國偉大的人文象徵卻隨著轟炸德瑞斯頓，而夷為平地廢墟。

湯瑪斯曼是位徹頭徹尾的人道主義者，他拼命抓住一個可能可以提供某種意義的神話，就算不能從困苦中解脫，至少也可以在自我毀滅的漫長人類歷史長河中，得到某種群我意識。希特勒主義（Hitlerism）不單純是一種疾病；那是德國靈魂之癌。德國人難道不是把自己與生俱來的權利出賣給魔鬼，以換得希特勒主義下的全面文化墮落？並擁抱它？因此，湯瑪斯曼才無法抵抗地為浮士德神話所吸引。

任何人只要讀了幾行湯瑪斯曼的《浮士德博士》，便可以體會作者靈魂中喧騰的大變動。他改寫浮士德神話，強調了馬婁和歌德都沒有關注到的地方，換言之，也就是西方世界的文化破壞。湯瑪斯曼因為太投入這個西方靈魂之癌的寫照，而在寫作過程中生病住到芝加哥的醫院療養。

湯瑪斯曼的《浮士德博士》是關於利維康（Adrian Leverkuhn）這位天才作曲家，和無調音樂（twelve-tone scale）發明者的故事。①講故事的人張伯倫（Serenus Zeitblom）是利維康童年好友，可能也是唯一的朋友，一位善良的德國人。張伯倫是傳統學者，也是大學教授，婚姻幸福；他提到太太時總是暱稱「我的好海倫」。他因為自己的兒子支持希特勒而頗為沮喪，因此學校當局要他教納粹教條時，他乾脆掛冠而去。

張伯倫告訴我們，利維康的地獄是因為他失去自己唯一真正愛的人——姊姊純真可愛的五歲兒子。小男孩死於腦脊髓膜炎的巨大痛苦。小男孩死後，利維康再也無法愛任何人並隱世獨居。

利維康二十出頭時，曾被騙到妓院，他在尷尬中走到鋼琴前，彈了韋伯（Weber）

《神彈射手》（*Freischutz*）中的和弦。這也是尼采被帶到一間妓院時，在鋼琴上敲出的同一個和弦。這是利維康一生唯一的性經驗，對象是一位叫愛斯梅拉達（Esmeralda）的妓女。她事前曾警告利維康自己染了性病，但是利維康仍舊與她性交，並因此得了梅毒。這使得這個故事成為尼采一生的對照，他也是在二十出頭時在一間妓院染了梅毒。湯瑪斯曼的一些學生如懷斯曼（Richard Wiseman）認為，《浮士德博士》根本就是尼采的故事。這可能確是如此；特別當我們想到，尼采是個無可救藥的悲觀主義者及哲學家。他在《上帝之死》（*Death of God*）等作品中，都清楚宣告當代這個新紀元已經到了尾端。

湯瑪斯曼似乎感受到這一點，如果大家傾聽尼采的心聲，歐洲文化的崩解便可避免或至少減緩。因為正是尼采預測了歐洲繼續矛盾發展下的未來。

與魔鬼對話

在這本書最引人入勝的利維康與魔鬼對話的章節中，魔鬼在利維康額頭印上該隱（Cain，譯註：《聖經》〈創世記〉第四章記載該隱是亞當的長子，殺死自己弟弟亞伯〔Abel〕，該隱後來便引申為殺人者或殺弟者）的標記，或社會對等印記。②撒旦在這一章的最後陳述利維康用血簽下的交易，又說：

我的朋友，我們刻正進入不為心理狀態曚蔽的時期。……你的生命是冰冷的，〔因此〕你不會愛任何人。……在愛會帶來溫暖的範圍內，你就無法愛。你的生命是冰冷的，因此你無法愛任何人類。③

湯瑪斯曼的小說很難讀得懂，但是在魔鬼出現與利維康對話後，便很有魅力。當時利維康正生重病，整天犯著嚴重的偏頭痛，又反胃又嘔吐的。而偏頭痛經常伴隨出體經驗和心理崩潰。夾著冰的冷風吹透房間，讓利維康特別覺得冷——構成適合與魔鬼對話的氛圍。魔鬼在對話中，除了已存在於利維康內部的事物之外，其他都不提——這在形容下意識與我們對話的情形。這些譏諷和著魔都是**利維康自己前意識和下意識念頭崩潰的現象**。

撒旦是一位令人佩服的談話高手，但是這個對話是單方向的——就像我們每個人面對撒旦時一樣，利維康試圖阻止他的對手，卻失敗了。魔鬼利用反諷與譏諷，君臨掌控整個談話。當利維康要求對方表明身分時，魔鬼將問題擋開，只提到自己「事實上是德國人，從頭到腳都是德國人」。

魔鬼譴責心理學這項專業，說它是「中立、溫和的中間點，心理學家是最愛真相的人。」④魔鬼也提到路德（Luther）將墨水瓶丟到魔鬼身上，雖然他一直叫路德為馬丁博士（Dr. Martinus）。他長篇大套地談論史賓格勒及其二大冊鉅著《西方的沒落》。這本書出版時，因為其悲觀預言，受到西方中產階級的譴責。⑤因為對德國所發生悲劇的悲憤，湯瑪斯曼似乎在史賓格勒和尼采身上，找到自己的預言式聲明。

這是本關於二十世紀病態的小說。它讓我們重新思考在一個沉淪文明中，身心健康的意義，並重新考量該如何運用人類的偉大醫藥成果。湯瑪斯曼所說的病態（以及在他之前，赫塞〔Hesse〕在《荒野之狼》〔*Steppenwolf*〕這本書中說到的），是一種精神疾病。關於這一點，魔鬼也有些簡潔的看法：

「什麼是病？什麼是健康呢？我的朋友，關於這一點我們絕對不能讓不入流之輩下定論。你忘了過去所學，神可以轉惡為善的道理嗎？」他又意外地以類似《新約聖經》的口氣加上一句：「一個人總要生病或瘋狂，別人才不需要如此。而瘋狂到什麼階段是病，根本沒有人知道。」⑥當代人大費精力想在醫藥世界獲得勝利，以進一步征服健康——換言之，就是達到湯瑪斯曼所謂人類虛榮的健康概念，不是真正健康：「比不值一提的所謂健康，稍好的狀態。」

魔鬼勸他進行交易，讓他明白真正的創造力來自魔鬼。一種貨真價實的靈感，是立即、不容置疑、毫無疑問、令人陶醉的，是不能選擇、無法修補、沒有改進空間的；因為敬畏而全身發抖，歡喜的眼淚盈滿雙眼。魔鬼是唯一給予這種狂喜的真正主宰。

在利維康確認自己與魔鬼的交易這一章中，最重要的主題還是對當代藝術與音樂的討論。湯瑪斯曼和田立克、史賓格勒以及其他當代偉大學人一樣堅信不移，**一個文化靈性健康與否的最佳測量標準，便是它的藝術**。湯瑪斯曼筆下屬於絕望與崩潰世代的二十世紀最明顯的症狀，便是**藝術的支離破碎**。亞瑟．米勒提醒我們注意「當代戲劇的支離破碎」，那是這個時代的另一對照。這就是魔鬼傑作的證據：當代文化之魂在逐漸腐蝕。

「當代藝術是什麼?」魔鬼詰問。「在細微小事上大做文章。那些時代的舞蹈不只是穿著一雙紅舞鞋。」⑦他根本不能接受所謂的「造型師」（stylist），因為他們說服「自己和他人把瑣碎當趣味，因為有趣的事物現在也越來越微不足道了。」⑧藝術家越來越枯竭無力，「他們的病態俯拾皆是，更在那些毫不遮掩的藝術家身上看出這個問題。……作曲本身太生硬、不夠柔和，硬得冥頑不靈。」湯瑪斯曼的意思是無調音樂不和諧（他在某一點上又攻擊說，裏頭有沒有和弦是扯不上邊的），而音樂是瑣碎化風潮的一部分，在迴避過去非常重要的偉大形式。貝多芬的《快樂頌》（*Ode to Joy*）只是個陪襯；利維康的新音階和音樂取代了貝多芬的「快樂」。「音樂本身也竭盡所能地諂媚，扮演高級騙子不斷迎合主流價值。」⑨

魔鬼針對病態與創造力的關係說：

我也認為具有天才創意、踏破所有障礙的疾病，軍容壯盛地大踏步壓過障礙，它們對生命比苟延殘喘更貼近生活一千倍。我從未聽過比「疾病只會帶來疾病」更愚昧的說法。〔有創意的人〕能接納疾病的混亂產物，一旦接納了，它就是健康的。……你的瘋狂本身便帶來健康，沉浸其中你會健康起來。⑩

換句話說，有意識地承認病態，才能產生偉大創造力。這就是歷史上疾病與創造力關係密不可分的原因。

湯瑪斯曼再度論證說，創造力在病態上繁衍，而疾病是具創造力者轉換形式的過程；當事人自無形體中創造出新的形式。問題是，我們的文化還在過程中，尚未找出自己的新文藝復興。我們尚未藉具療癒功能的藝術作品，找出產生健康的方法。

撒旦重複著愛對利維康是禁止的，他的生命是冰冷的：「願你得享賦役勞形的永恆人生！」沙漏已盡，魔鬼具有「足夠力量去處理分配，隨意以我的方法支配影響好心人進入永恆的力量，不論他是生、死、血、肉、形、物——通通把它推向永恆。」⑪

在湯瑪斯曼詮釋的尾聲，利維康邀請故舊和仰慕者到自己的隱居處，藉口要為他們演奏自己的輝煌成就——提名為《浮士德博士悲歌》（*The Lamentation of Dr. Faustus*）的清唱劇交響曲。大家聚集之後，利維康卻開始告白。「自二十二歲起，他告解說，我便與撒旦成了親。」他又談到自己的生活，大半胡言亂語，顯然梅毒已發揮作用。房間內充滿痛苦、緊繃的一片死寂。眾人開始躁動，因為他們都看出利維康已經瘋了。現場一位醫生宏亮地高聲耳語說，利維康精神崩潰了。部分觀眾因為過於尷尬，乾脆起身離去。利維康繼續他那令人費解的話，一直到癱瘓中風倒在鋼琴上為止。

幫利維康清掃的農婦將眾人趕出去，並將利維康攬在自己懷中，斥責現場德高望重之士，竟沒有一絲要照顧他的人類善心。他被帶到醫院。他的忠心朋友張伯倫到醫院探望他，卻發現利維康垂垂老矣。

接下來是一段關於德國衰敗的結語，也是整本書最重要的一段。湯瑪斯曼在這裏大聲說出讀者心中的感受：希特勒和其黨羽是「祖國野獸般的變態……其始作俑者最後有些自願被醫生毒死，放火自焚……詛咒德國被徹底毀滅的邪惡的人。」⑫湯瑪斯曼以自己對上帝的懇求來總結，他懇求上帝對德國人、自己的朋友和祖國慈悲。⑬「故事結束了。一個老人彎著腰，幾乎為他寫作時代的殘酷恐怖擊垮，這些恐怖也是他寫作的負擔。」⑭

一個人真會讓這種「悲歌」牢牢抓住。但是問題也立即出現，利維康感到疚責的是什麼樣的惡？擔負此疚責的是哪一位浮士德人物？湯瑪斯曼認為是德意志這個民族之國。馬婁與歌德筆下的浮士德都有明確的罪，前者篡奪了神的角色，後者想將所有權力和感官享受據為己有。但是利維康沒有犯下任何確實的原罪，他所愛小男孩的死當然不算；他也沒有毀掉或殺死任何人。發明不知是否有人喜歡的無調音樂，當然也不算是罪。

最重要的是，湯瑪斯曼關心每個人背負的所屬團體之罪。換句話說，這個神話所處理的基本疚責與邪惡來源，就是**德國本身已成為浮士德，德國本身背負了譴責**。因此，「罪人」並不是某個人，而是個國家，**並代表所有西方國家的浮士德式之惡**。

更重要的是，這個罪人是在藝術、哲學、音樂與科學有巨大貢獻的德國。這種優越性使得比希特勒和納粹早了五十年的哲學家黑格爾（Hegel）論證說，德國的超凡文化是所有演化成就的縮影。這個德國是志得意滿高飛空中的伊卡魯斯，並因為納粹主義而跌入灰敗的死亡與毀滅。

所有西方人都必須分擔此疚責，因為是我們用凡爾賽條約（Treaty of Versailles），將不可能償還的戰爭債務套牢德國。德國本身便是當代的浮士德，撞毀在柏林廢墟中。邪惡的希特勒軍人「自願被醫生毒死……詛咒德國被徹底毀滅」。摧毀德瑞斯頓的偉大藝術，殘殺二千萬名俄羅斯人，虐殺六百萬名猶太人——這都不是人類能夠想像的惡。它們讓我們看到自從「浮士德博士被譴責生活與應得死亡」之後，關於這個神話最令人髮指的真實圖像。

《浮士德博士》讓我們看清替代性邪惡與淨化救贖的意義。湯瑪斯曼描繪自己在那些可怕歲月中所看到的人類生活，他告訴我們，自己雖然沒有犯特定的罪，卻是有罪的。我們的救贖來自超越自身的美德；我們的美德也可能幫助別人。生命的問題永遠都不在特定原罪的總合。小佃農的兒子，或是非洲饑荒兒童，本身並沒有犯下特定的惡；他們因為某人的錯誤而受苦，可能就是命運本身。**西方過度的個人主義已成為惡的一部分**。上帝不是簿記員：無辜者和罪人都同是邪惡與救贖的重要部分。馬婁、歌德與湯瑪斯曼的浮士德中，都有某種程度的神學成分，意即善從未離惡太遠。

湯瑪斯曼特別指出，藝術的支離破碎是西方文明的缺失。但是不應該由特定個人或團體為此負責，不論他們是否喜歡彈奏無調音樂。湯瑪斯曼的書在說，所有德國人，甚至所有西方人，都參與西方國家共同的疚責感。我們都將靈魂出賣給撒旦，我們又都期望救贖的恩典。身為人就是存在於梅菲斯托菲里斯與好天使的弔詭之中。

浮士德與心理學

湯瑪斯曼在《浮士德博士》中，經常批評心理學。魔鬼之語為其中一例：神許諾我們的心理學，你仍舊抓著不放嗎？太糟了，那是十九世紀中產階級的產物。⑮這當然不是因為湯瑪斯曼在現實生活裏也反對心理學；他對心理學非常欣賞，並且在弗洛依德八十歲生日時，發表極為精彩的演講表示敬意。但是，非常充分的證據顯示，二十世紀的西方籠罩在一種浮士德文化中。這又和心理學有什麼關係呢？興盛的股票市場、不斷成長的眾多百萬富翁、各國的核武競爭、太空競賽等，使得當代比馬婁和歌德的時代，更有浮士德神話遊樂場的意味。

西方文化流行心理學，這和浮士德的神話之間有種詭異的關係。是因為情緒病態流行之故？對協助調適的特別需求？一個《等待果陀》的社會？或是就像湯瑪斯曼說的，一種神已庸俗化的文化？維也納人說：「精神分析的本身便是它意圖治癒的疾病。」透露出此病態和其解方之間的深層關係。

魔鬼的方法帶有精神分析的味道。「沒有感覺就不會用藝術去捕捉，」魔鬼說：「除非是直接汲取自你內部的泉源。」在此魔鬼又說：「我們魔鬼只從事解放的工作。我們讓悲嘆悔恨和自我意識，躊躇遲疑和擔心疑慮直接交給魔鬼。」⑯

歌德和馬婁版的浮士德在陳述自己的問題時，聽起來就像是做心理治療的當代人。歌德的浮士德像心理治療案主般抱怨，「每天早上我從絕望中醒過來」，「存在好似令人嫌惡的負擔」。⑰沒有錯，浮士德神話與西方文化的糾葛，已不只是問題的一部分，更成為一種矯正方向，在此案例中，就是心理治療。

人們來做心理治療，是因為自己的力量不夠；自己一事無成。他們該出賣靈魂給海洛因、古柯鹼、酒精等當代魔鬼嗎？有一些已試過了，儘管他們不期望有藥方，至少可試著讓痛苦消失。

做心理治療的人也希望得到感官的滿足。電視和精美雜誌內的廣告轟炸每一家庭，卻只是在重複以下教條：如果你沒有錢又不夠性感，也沒有每天晚上都喝香檳，你便白活了。⑱我們的案主期待「魔術般的神奇知識」，而不論治療師如何導正，告訴他們靈視（insight）並非魔術，當事人「靈光乍現」時，總是會有這種感覺。

早期弗洛依德式的心理治療相信，抑制（repression）是普世共通的最可怕邪惡，一個人在任何情境下都應該表現自己（儘管這是對弗洛依德的誤解），我們在其中也感測到一股特殊的浮士德品味。許多這類早期治療形式假設，人們需要清除掉障礙物，以盡可能成就所有權力和感官的滿足。盡情尖叫，性經驗越多越好，沒有什麼可以擋住你的去路！

這種精神分析的運用，本身便以浮士德原則為基礎。佛洛姆為他的書命名為《你應該要像神祇》（*Ye Shall Be as Gods*）。大家應該去開發馬婁的浮士德所實踐（且成為其宿命）的，心境和欲望的自由表達。流行的通俗心理學書籍如《我沒事，你沒事》（*I'm O.K., You're O.K.*）中所倡導，「對生活要求越來越多」的無止盡改革運動，本身便是一種浮士德主義的形式。

心理治療試圖處理一般人生活上的問題。人們因為賺太多錢而有疚責感時，可以透過心理治療肯定自己只是施展長才，不需要對此有疚責感。當人們困在高風險競爭無法脫身時，他們可以透過心理治療學習到成功是自己價值的明證，而非反方向進行。當人們實現物質夢想娶了金髮美女，婚姻卻不幸福時，他們也可以透過心理治療，強化努力下去的力量。日常生活中，極少人沒有過某種心理治療經驗。我們也常常聽朋友說他因為做了個「惡夢」，而要衝去找治療師釋放自己的焦慮。在我與家人避暑的新罕布夏州地方報紙上刊載了一條廣告，標題為「支持與轉化的諮商」（Supportive, Transitional Counseling），並列出治療內容：「治療壓力和危機管理、目標擇定、下定決心、生活方式定位、想像、婚前策略、社交人脈、個人評價。」

越多心理治療師展示服務內容，報紙和廣告黃頁上的類似廣告也越來越多。這都是些我們以前會去找教會牧師談的問題：難以做決定時得到指引、構成目標過程的協助、正確的生活形式等等。提供心理治療的專業人士持續大幅成長。在統稱「助人專業」（helping professions）的五項範圍特別明顯——精神醫療學、心理學、社會工作、教育和牧教諮商。它們已不單純處理宗教永恆象徵的問題，反而以心理治療諮商為主。

浮士德神話和二十世紀末的個人心理有關，這點無庸置疑。它現今的活躍程度更勝於過去四百年。它帶著過去的知識出現在我們像浮士德一樣的百無聊賴中；在透過核武彈頭與魔鬼的結盟中；在我們對權力的要求中（權力今日的定義就是金錢）；在我們對滿足所有感官欲求的瘋狂追逐中；在我們的貪欲、強制性活動以及對進步的狂熱追求中。在這裏頭，我們可以看到自己拒絕停下腳步，反思說：這種瘋狂競賽的目的為何？

這則神話是無形的導引、沉默的領導，也是決定接受或拒絕某物的方法；就像馬婁《浮士德》中的撒旦在午夜鐘響時，便不再思考任何質疑。正如馬婁的浮士德在靈光剎那時所說的：「你所服侍的上帝就是自己的胃口。」

註釋

①無調音樂的重要性在於它是「新藝術」（new art）的實驗之一，魔鬼在故事中也會加以批評。

②湯瑪斯曼（Thomas Mann），《浮士德博士》（*Dr. Faustus*），New York: Knopf, 1948, ch12。對於不想讀整本書的人，我會推薦該書最重要的第十二章。

③同上，p.249。

④同上，p.229。湯瑪斯曼透過撒旦針對心理學的攻擊，再度告訴我們，心理學的普及，和西方文化的沉淪之間，有種奇異的關聯。是在沉淪中流行起病態的情緒，或是調適上特殊協助的需求等現象呢？或是像湯瑪

斯曼說的，這是個生病的文化？不論攻擊心理學的理由是什麼，我們知道湯瑪斯曼對弗洛依德和當代深層心理學是非常贊同的。

⑤該書和《魔山》同一年出版。當時湯瑪斯曼反對史賓格勒的悲觀論調，但是希特勒也尚未露出人類最殘忍無情的一面。

⑥同上，p.235。這讓人聯想到詩人里爾克（Rilke），他發現自己創造時少不了魔鬼。也讓人聯想起另一位詩人布雷克（William Blake），他畫上帝時，總是在全能之神的腳上加了蹄。此外，還有其他許多藝術家與音樂家，都私底下相信自己的創造力需要魔鬼的現身。湯瑪斯曼的意思是，如果我們療癒了所有疾病，我們將抹煞掉自己的創造力。

⑦同上，p.238。這個時代的藝術是，百年前饑寒交迫藝術家如梵谷的畫作，今日可以五千三百萬美元拍賣出去。這並沒有顯示出梵谷的價值，卻反映出富人逃稅的作為。

⑧同上，p.238。

⑨同上，p.241。

⑩同上，p.243。

⑪同上，p.249。

⑫同上，p.504。

⑬同上，p.501。

⑭同上，p.504。

⑮同上，p.249。

⑯同上，p.233。

⑰同上，p.236。

⑱晚近這種自我中心表達（self-expressionism）風潮之所以受到詛咒，正如同歌德筆下的浮士德，下決心出賣靈魂給魔鬼時說的話：

執取利得究竟能為世界帶來什麼?
所謂的「禁制」吧!道德的「禁制」吧!
於焉響起的是,
每個必朽存在都聽聞得到的永恆之歌,
那週而復始的刺耳之聲,
那每個早晨我甦醒時的絕望。

我們不用「禁制」,而以「抑制」代之。浮士德會覺得這個過程難以饜足,其理至明。

15 魔鬼與創意 The Devil and Creativity

神允許惡的存在，並讓它交織成世界結構的一部分，目的在增強人類的自由度及意志，用以證明自己有克服惡的道德力量。

——諾智派哲學（Gnosticism）

當代人和魔鬼神話的糾葛，當真令人震驚。我們在第一章中，引述一九七〇年代一項針對神和魔鬼信仰的研究指出，對神的信仰刻正削弱，對魔鬼的信仰則持續增加。這種現象所帶來的警訊在於，它反映為數眾多當代人對生命的幻滅，對周邊其他人的不信任，以及對自己未來的極度不確定。這項研究暗指人類已經從宗教信仰轉向宿命論。①

當代西方的有智之士早已拋棄「魔鬼」（devil）這個迷信的同義詞。但是近幾十年來，世界各地卻發生不少怪事。到了一九五〇年，我們已經透過希特勒主義的大肆破壞，見證了許多殘酷行為，包括利用集中營做為合法的統治手段。美國在廣島和長崎丟了原子彈，二小時內便將這二座城市化為廢墟。這些事件理所當然促使許多深思熟慮之士，認真思考「魔鬼」這個詞是否應該永不錄用；當然這裏不是指具體人物，而是指強而有力的活躍神話。

第二章察爾斯個案的心理治療關鍵點，就在他對撒旦的認同。因為撒旦的存在就是察爾斯自我認同的神話。魔鬼賦予其靈魂力量。以上這一切對察爾斯都不只是些字句而已；他強調自己的信仰不是摩尼教的分支，因為撒旦真的相信神。藉由魔鬼神話這項工具，這位男子接受了自己的負面質素，因為它突然變成正面詞彙。「我是撒旦，」他一直這麼重複：「撒旦是神的叛徒。」他最後終能為自己頗具天份的叛逆找到出口。用榮格心理學的說法，這位男子因為接受自己的陰影撒旦，而能自由創造出真正有價值的事物。

當代知名學者以撒旦為題的著作數目幾乎是壓倒性的。在這裏略提示幾本書：《露西弗》（*Lucifer*）、《中世紀的魔鬼》（*The Devil in the Middle Ages*）、《邪惡禁令》（*Sanctions of Evil*）、《黑暗核心之光》（*Light at the Core of Darkness*）。

哈佛大學教授，心理學家亨利．穆瑞（Henry Murray）在〈撒旦的人格與事業〉（The Personality and Career of Satan）這篇論文中，對魔鬼做了精彩的研究。②穆瑞以聖經中的以賽亞（Isaiah）來形容撒旦：

你是怎麼從天堂跌落的，喔，白日之星，早晨之子！你是怎麼被打落在地上的，它確實使家國蒙羞！你在心中說，我將高升到天堂上，我將擢升自己的皇位到神之星的上面；我將坐在信眾之巔，在最北的部分：我將高升到最高的雲端；我好像到了最高的極致。

穆瑞接著提到俄利根（Origen）。這位「古教父」（Church Father）——

說服其他神學家，上述這段話不在指人間之王，只適用於撒旦身上；因此撒旦成了傲慢之君，在他臉上便看得出來：我好像到了最高的極致。這讓撒旦與一批被捕的叛教徒、挫敗的獨裁者、殺神未遂犯、弒君未遂犯，以及弒親未遂犯等人歸為一類，除此之外也和想要丈量奧林匹斯山，並取代宙斯的巨人等量其觀。③

我們的任務在探究魔鬼神話的真相，不在具體化魔鬼這個概念，也不在時空概念下看魔鬼。當馬丁路德還是神學院學生時，他將墨水匣丟向魔鬼，這便是把概念具體化。現在若以血肉之軀指稱魔鬼，總讓人覺得怪怪的。一位專為附近鄰居燒飯的老黑女人，曾轉述自己年輕女性朋友等公車時的經歷：「魔鬼當下就對她說起話來！」這位年輕女性嚇得飛奔而逃。我不記得其餘的故事內容，但是身為精神分析師，我認為可能等車人群中有人讓這位年輕女性產生性或其他禁忌幻想，魔鬼便成了最好的投射對象。

在對待撒旦或魔鬼的態度上，更有另一個奇怪的矛盾現象，是出現在三種不同浮士德版本中的一種弔詭。魔鬼或梅菲斯托菲里斯或撒旦的代表，試圖說服浮士德不要出賣靈魂給露西弗。眾魔都出賣自己的靈魂，他們事後也都非常後悔。以馬婁版的故事為例，梅菲斯托菲里斯特回答浮士德說：

> 喔，浮士德，遠離這些愚蠢要求
> 它們對我脆弱的靈魂帶來恐怖！

他也陳述自己多麼後悔失去看到「神的容顏，親嘗天堂不朽愉悅」的機會。④

這在說甚至地獄也有內在衝突。露西弗領軍的團體已經有了幾位名人。這個神話的形式可能是無限的；每位案主帶入心理治療中的魔鬼神話，都是獨一無二的。但個別神話也只是古典神話主題的變化，察爾斯案例中的撒旦指的是生命中的實存危機。

魔鬼的地獄之鄉一直是西方古典詞彙的一部分。《地獄篇》中，但丁在維吉爾陪伴下遊歷了地獄。地獄也是奧德修斯造訪的地下世界，為了從已逝父親那裏得知回故鄉伊色佳的正確方向。由這些古典故事中清楚得知，一個人造訪地底世界這個魔鬼居所，便能獲得偉大價值事物。

創意的來源

以怪異形式出現的魔鬼，卻能對創意發揮關鍵性作用。在杜斯妥也夫斯基（Dostoevsky）小說《卡拉馬助夫兄弟們》（*The Brothers Karamazov*）中，伊凡（Ivan）與魔鬼進行一段對話。魔鬼說：「不，你不是某個分開的人，你是我自身。你是我，就是如此。」

伊凡回答說：「你是我的化身，但只是我思想與情感……的一面，只是它們當中最令人討厭、最愚蠢的部分。你是我自身——帶著一張不同的臉。你只是在重複我所想的，你根本沒有創新的能力！」

這裏指出魔鬼的面向之一——創造出獨特事物的真正原創性和魔鬼無關，雖然沒有魔鬼就不可能有創意。他是經驗的**否定**面。魔鬼的真相在於他反對神的律法，這也奠定了人類經驗必備的動力。**魔鬼是因為反對神才存在，並由此產生人類創意的動能**。詩人里爾克在一生唯一的心理分析結束後，感慨說：「如果我的魔鬼不見了，恐怕我的天使也同樣飛走。」天使和魔鬼間的緊張關係，是創造過程所不可少的。沒有魔鬼，創意過程便由停滯所取代。這就是布雷克下列評論背後的真意，他說米爾頓的《失樂園》是

「一個撒旦派對，自己卻不知道」。

當代西方人為避免覺察到自己在反抗魔鬼，便直接否認它。這就是教派崇拜（cult）使用的方法。這些教派崇拜領袖的追隨者，藉由印度與小亞細亞宗教，讓自己重新獲得活力；這些人一筆抹消可能會出現的恐懼，只關注冥想對領袖個人的信仰。這些追隨者寧可忽略敲打自己心扉、吵鬧不休的邪惡。但是，一九八〇年夏天的可怕記憶卻很難抹消掉，當年來自美國的九百八十名追隨者在圭亞那集體自殺，只因為他們的領袖瓊斯（Jim Jones）如此命令他們。這是所有否認善惡衝突的教派崇拜活動，最合於邏輯的極端結果。

崇拜邪惡是可能的，這使我們在相反的方向上，也可能犯下同樣的錯誤。過去二十年來，出現過許多「魔鬼崇拜」，儘管它們並不這麼叫，就像洗冷流行活燒巫婆時，也有許多魔鬼崇拜。

湯瑪斯曼在魔鬼與浮士德博士的冗長對話中，形容魔鬼談話的主題為藝術。正是畫家、音樂家或其他創意者身上，展現出來的魔鬼與和諧靈感之間的張力，促使了創意行為。就在貝多芬譜寫的交響樂，或塞尚（Cézanne）的畫作「勝利之峰」（Mount Sainte-Victoire），原創性掙扎的痕跡才更有張力，也就是依照他們聽到或看到的原貌來譜曲或繪畫。藝術家的成功來自他在否認與創造之間的掙扎，造就出創意作品。創造打了勝仗，打敗否認。

如同本章開頭所引述的諾智派哲學：自由、道德力量和創意都與邪惡密不可分。「喔，可嘆啊，人該如何控訴神呢？」荷馬在《奧德賽》這麼呼喊著：「因為神說惡來自人的身上。但是他們自己呢？諸神的原罪，讓他們嘗到命定外的苦難。」或許人最大的原罪，便是拒絕直接面對惡以及魔鬼。

愛倫坡的〈大鴉〉

自人類學會溝通以來，詩人便體驗到魔鬼與神之間的衝突，這個衝突也比想像中更接近我們。美國詩人愛倫坡（Edgar Allan Poe）在其最著名詩作之一〈大鴉〉（The Raven）中，栩栩如生地描繪出這一點。他用凡人的觀點寫出魔鬼或魔靈：

「可憐蟲，」我呼道：「上帝已賜你——派這些天使已贈你……」

……………………

「巫師！」我說：「不祥的東西！——仍是巫師，不論禽鳥或鬼厲！
不論是誘惑者派你，或是暴風雨擲你，到這岸邊來飄流，
被人遺棄，而絲毫不畏懼，在這片被蠱惑的荒地——
在這被恐怖作祟的家裏——真實地告訴我，我哀求：

有否——吉烈德有否香膏？——告訴我——告訴我，我哀求！」
可是那大鴉說：「永不可求。」

……………………

而那黑鴉，始終不閃躲，依然在端坐，依然在端坐
端坐在蒼白的巴拉斯像頂，恰恰俯臨著我的房門；
而牠那目光簡直是酷像一尊正在做夢的魔王；
而瀉在牠身上的燈光，向地面投擲牠的陰影；
而我的靈魂自那片陰影，自那片浮於地面的陰影，
不能再升起——永不可能！⑤

愛倫坡形容的是，自己在所謂魔靈和巫師之間的內在掙扎。愛倫坡內心「被恐怖作祟」，他的靈魂註定要安置在這種狀態下。除非**愛倫坡能夠將自己劇烈的痛苦，轉變成一首詩**，為創作過程打出了一道明光。

創作過程的特色在苦樂參半。一個人若想體驗喜樂之感，便必須忍受通往地獄旅程的巨大痛苦，更通俗的說法便是，過了一小時又一小時的靈思枯竭，所帶來的難熬苦悶。

約翰・史坦貝克（**John Steinbeck**）曾說過寫作偉大小說《憤怒的葡萄》（*The Grapes of*

Wrath）時，「絕望如何降臨我身。」他在寫作時，因為作品本身的恐怖驚惶而文思阻塞。他在日記中寫著：「它只是一連串煎熬的過程罷了。可怕的是，我能做的最多也僅止於此。……我一直有這些困難……從未習慣過。」⑥

結果《憤怒的葡萄》成為時代的代表作。喬德（Joads）一家奮鬥的故事，透過史坦貝克在描述這些貧困勞工時的內心掙扎，而成了普世的主題；這些人相當於今日的遊民或街友。史坦貝克因為這本書而得到諾貝爾文學獎，但是在創作每一過程他都必須與自己內在的魔鬼爭戰，他的魔鬼便是脆弱、勇氣不夠，更是因為質疑自己創作能力而來的絕望。

《白鯨記》與亞漢伯船長的神話

《白鯨記》是一則捕鯨船上魔鬼的神話故事，船長是亞漢伯（Ahab）。這艘「皮廓德號」（Pequod）駛向遙遠的南太平洋尋找大白鯨。這毫無疑問是部經典之作，許多讀者肯定梅爾維爾（Herman Melville）的故事，是最偉大的美國小說。梅爾維爾在亞漢伯船長身上呈現出撒旦的圖像；這個墮落天使或半神人的具體化現，在基督教世界有許多不同的稱呼：魔鬼（Adversary）、露西弗、撒旦、鬼厲（Devil）。

這部引人入勝的故事，與在遠方海域捕捉一條白鯨有關，展現在亞漢伯船長身上、並與主題互相輝映的魔鬼吸引力，也緊抓住讀者。⑦典出聖經的「亞漢伯」這個名字，來自古時候經常找猶太人麻煩的一位國王猶大（Judah）；因此他也備受希伯來先知以利亞（Elijah）的攻擊。

敘述故事的年輕人介紹自己說：「叫我伊希梅爾（Ishmael）。」這也和一則聖經神話故事相稱——那是一位四、五歲的小男孩，他和媽媽被亞伯拉罕（Abraham）的第一任太太莎拉（Sarah）逐到殘酷的沙漠中餓得半死。

書一開始便是新柏德福（New Bedford）捕鯨人教會的一場週日禮拜。牧師攀著繩索編的梯子，爬上相當於捕鯨船船首的講壇，對敬畏神的討海捕鯨人宣道。宣道主題是想違抗神命卻被鯨魚吞下肚的約拿（Jonah）。神聖戒律便是海上的律法，因此約拿在鯨魚肚中存活了下來。

皮廓德號在聖誕節當天航向南太平洋，水手開船後好幾個月卻一直沒看到亞漢伯船長。他們只聽到他在甲板上的踱步聲——嘟——嘟——嘟——整夜都響個不停。他的義肢是上一次與大白鯨交鋒的下場。但是，亞漢伯船長的仇恨比失去一條腿植得更深，就像心中一塊燒紅的鐵。他對大白鯨充滿魔鬼般的仇恨。他籌畫的戰爭，就像奧林匹斯山上諸神的戰爭，讓全世界捲入其戰火喧囂中，古希臘人也只能屏息以待。

亞漢伯船長終於出現在三個月後的復活節當天，並把船員召集到甲板上，給大家一場安魂彌撒（Black Mass），凝聚船員共識以投入與莫比敵（Moby Dick，譯註：亞漢伯船長給大白鯨取的名字）的生死交戰。船長的宣言得到船員的喧騰鼓譟回應，他們用角狀杯子喝烈酒，誓師加入自己船長對抗頭號公敵莫比敵的仇恨戰爭。所有船員的眼耳精力，都投入這場一觸即發的爭戰；沒有事情比得上找到並殺死大白鯨更重要了。包括哈佛學者穆瑞在內，幾乎所有這本書的研究者，都認為白鯨就是關於神的神話。

亞漢伯內心充滿尖銳的仇恨，全心浸蝕在生死獵殺之中，並拒絕協助尋找失蹤在茫茫大海中的「瑞秋號」（*Rachel*）船長之子。瑞秋號船長只能無奈地回應：「願神寬恕你！」

亞漢伯這位仇恨報復旅程中的邪惡精神代表人物，卻是出自梅爾維爾這位溫和安靜新英格蘭作家的心靈經驗。亞漢伯船長是露西弗、梅菲斯托菲里斯、魔鬼等靈魂的化身，全都體現在這位反抗神的奴役身上。「梅爾維爾從自己的脈動中學到怎樣才是那西瑟斯、奧瑞斯提斯、伊底帕斯、伊希梅爾、阿波羅、露西弗。他從這故事濃縮成來自自己創意想像的撒旦本質。」⑧

唯一沒有被莫比敵的共同仇恨所說服的，只有大副斯塔貝克（Starbuck）這位虔誠的教友派信徒（Quaker）。他知道自己可拿海上法射死亞漢伯，卻又沒有勇氣這麼做。最後，斯塔貝克也轉而敬愛這位刻薄的船長，儘管他全部信念都投注在毀滅之上。正如同其他衝突，魔鬼也在此展現奇怪的邪惡力量。我們在亞漢伯身上看到魔鬼的化身。

經過長達一年半的追尋，他們終於找到大白鯨。雙方連續激戰三天。在船長仇恨精神蠱惑下的船員，個個充滿地獄力量，對這隻大哺乳動物叉了一刀又一刀。在激戰之中，亞漢伯的義肢斷了，但又很快地補好，新的義肢又為大白鯨弄斷。

鬥了二天之後，大副斯塔貝克試圖說服亞漢伯放棄鬥爭。

「天啊！你只要親自看一看就夠了，」斯塔貝克叫道：「老頭兒，你永遠，永遠也捉不到牠——老天在上，不要再幹下去啦，再幹比惡魔發狂還要凶。追獵了二天；碎裂了二艘小艇；你這條腿又給奪去了；你的惡運總算過去了——所有的善心天使都圍著你做警告啦：——你還要些什麼？——難道我們追獵這條凶殘的魚真要追獵到我們一個人都不剩嗎？難道我們就要讓牠拖到海底去嗎？難道我們就要讓牠拖到地獄裏去嗎？啊，啊——再追獵牠就是不信神明，冒犯神明啦！」

但是亞漢伯回答：

「斯塔貝克，自從我們二人那回對看一下後，我近來覺得很想跟你談談。

「亞漢伯始終是亞漢伯，朋友。這件事就是既定不變的天意。這是你我在無數年代，在海洋還沒有滾滾流動之前就已經排定了的。傻瓜！我就是命運之神的副官；我是奉命行事的。」

沒錯，他就像歌德《浮士德》中的梅菲斯托菲里斯，奉露西弗命令行事一樣，是奉命行事。稍後亞漢伯又叫著：

「啊！我的天！是什麼東西戳穿了我，弄得我這樣鎮定得可怕，卻又像是有所期待——在發抖的高峰上呆住了！將來的事情都在我眼前閃來閃去，好像置身於一些空洞的軀殼內；那些過去的事卻又不知怎地，都越來越模糊了。」⑨

到了第三天（相當於基督被釘上十字架的最後三天），大白鯨被叉了一根又一根的魚叉——

「划起來呀！」亞漢伯對槳手們叫著，幾艘小艇都向前衝去攻擊。可是，插在牠身上的昨天新打造的那些刀槍戳得牠發急，莫比敵似乎登時給許多從天而降的天使迷住了。

亞漢伯叫囂著：

啊，孤寂的生和孤寂的死！喔，現在我覺得我的至高偉大就寓於我的至高的悲傷中。呵，呵！我整整一生中經歷過的勇敢波濤呀，你現在儘管四面八方倒過來，在我垂死的浪潮上再加一層吧！我要滾到你那邊去了，你這殺人不眨眼又無法征服的大鯨；我要同你角鬥到底；到了地獄我還要同你拼一拼；為了洩恨，我最後還要朝你臉上吐口水。……雖然你我綁在同一條繩上，我還是要追你，你這該死的鯨！這樣，我拋掉魚槍了！⑩

亞漢伯船長擲出他最後一枝魚叉。他為自己的復仇熱情瘋狂所驅使，一跳跳到白鯨身上，將自己用繩子纏繞在白鯨背上。他跟著沉到海水中，淹死在自己仇恨的大洋中。但這還沒有完。被激怒的大白鯨攻擊著船。牠將船高高拱到空中，打得碎片四散。水手們叫著：「老天爺，大船在什麼地方呀！」

莫比敵接著憤怒地追著小艇，水手們都攀著船邊躲在水裏。牠又攻擊船尾的部分，將它整個翻過來，直到沉到海面之下為止。

於是這隻天上的鳥發出一陣尖叫，牠的巨啄往上一伸，整個受阻擋的身體捲進亞漢伯的旗裏，跟亞漢伯的船一起沉下去，船像撒旦一樣，非拖著天上一件活物一起下水……。

這時，一群小鳥尖聲悲鳴著，飛翔於還張著大口的漩渦上；一陣悲慘的白浪沖擊著漩渦的陡峭四壁；然後，峭壁崩潰了，海面恢復平坦，像一件大屍衣覆蓋一切。海水又滾滾奔流，好像五千年前一樣起伏不已。⑪

故事的收場白以一句約伯的引言開場，是伊希梅爾靠著一段木頭在海上載沉載浮時，邊喃喃自語：

「唯有我一人逃脫，來報信給你。……

「戲已做完。那麼，這裏怎麼又會有人出來呢？因為有一個人倖免於難。

「祆教徒失蹤後，遺下頭槳手的空缺，我就是被命運之神派去接替亞漢伯的頭槳手空缺的那個人。於是我漂泛在以後出現的場面外圍，而且把它看得一清二楚，等到沉船的趨勢已減弱一半而碰到我的時候，我便被它拉向快要終結的漩渦，但拉得慢慢的，並不猛烈。等我達到漩渦時，它已平息成奶酪似的水池了。……我藉著那口棺材而浮起，幾乎整整一天一夜漂泛在柔軟的、輓歌似的大洋上。很多不傷害人的鯊魚在你身邊溜來溜去，彷佛嘴上戴著扣鎖。凶狠的海鷹也裹起尖啄飛了過去。到第二天，有條船駛近了，越來越近了，終於救起了我。它是迂迴游弋的瑞秋號，它重循舊路，搜尋它失蹤的孩子們，卻只找到另外一位孤兒。」⑫

邪惡的淨化作用

就像所有偉大文學作品中的神話，《白鯨記》完成提供淨化的任務，讓讀者甚至後世子孫能夠度過自己的過度焦慮與疚責。同樣的經驗也可以從深度創造的參與中找到。穆瑞認為，讀《白鯨記》就像聽貝多芬的《英雄交響曲》（*Eroica*）。讀神話故事讓我們覺得好像因偉大宗教經驗，而得到洗滌一樣；亞漢伯的毀滅、魔鬼的化身都有類似的洗滌功效。神話讓我們在莎士比亞《馬克白》中，慣常的「明日、明日復明日」世界和生活，能夠碰觸到靈魂更深刻的質素。在這些深層情緒中，愛、歡樂、死亡得以互相面對。

梅爾維爾在完成《白鯨記》之後，寫給霍桑的信中說：「我寫了一本邪惡的書。」當霍桑回信表示了解並喜愛該書時，梅爾維爾回信說：「我覺得自己像個新生兒！」他經驗到創造美麗事物後的淨化作用。這種情感不只有打敗魔鬼或抹掉邪惡後的「勝利感」，如果僅是這種經驗，將只會帶來多愁善感。反之，那是與魔鬼奮鬥之後的心靈淨化，是一個人不斷對抗頑強的文字，直到表達出自己內心的心象。那是在清除隨魔鬼而來的粗糙不協調。

這並不是說魔鬼就此不再出現。而是作者已經在自己與原魔的惡鬥中，學習到創作者能夠與邪惡相遇，並自其中創造出歡樂、美麗以及健康的事物。絕對沒有人一次便可以完全解決這場戰役。歌德掙扎了四十年才完成《浮士德》後半部的創意結局。

梅爾維爾《白鯨記》的寫作目的是為制衡清教主義帶來之種種狹隘、窒息、黑暗、殘酷的抑制（repression），這些仍在新英格蘭某些教會與教派中潰爛化膿。也就是同樣這些主張，才在《白鯨記》完成前不久，促成了洗冷地區的燒「女巫」事件。捕鯨船「皮廓德號」的出典，來自被新英格蘭移民滅族的殘暴印地安部落，梅爾維爾攻擊的，正是新英格蘭地區此種滅族的無限上綱。

梅爾維爾的父親陰沉冷酷而故步自封，他的母親文靜甜美，但是梅爾維爾卻認識不多。這都是梅爾維爾的超我（super-ego）源頭，也是他之所以能夠投入神話性深度的原動力。弗洛依德認為持續的侵略性，是缺少生命欲力（eros）的跡象；這種缺失記述了梅爾維爾所攻擊的清教主義。

這就是所有創作藝術家所分享的神話性淨化過程。藝術家在心靈中感受到它一點都不奇怪；他們命定要付出，並與他人分享類似梅爾維爾筆下的情緒爭戰和波動。因為《白鯨記》這本書讓梅爾維爾加入了十九世紀中葉後的偉大作家行列——齊克果、叔本華、尼采，以及數十年之後的弗洛依德與史賓格勒。**他們都看出啟蒙時代的問題，就**

在缺少了一個魔鬼。

神在《白鯨記》裏頭獲得了最後勝利，就像在古奧林匹斯預視的，撒旦的力量被征服了。勝利贏得很辛苦，生死爭戰的結局就在下面這句《白鯨記》引言中：「只留下我一人來告訴你故事。」神話性的魔鬼忍受地震、火山的烈火和硫磺煎熬，善神和惡神卻永遠流傳下去。

穆瑞說：「有些人會奇怪梅爾維爾這麼本質善良、熱情、高貴、理想、虔誠的人，怎麼會覺得非寫下這本邪惡的書不可。」⑬為什麼他會這麼憤怒地攻擊西方正統教派？就像拜倫、雪萊以及任何前輩撒旦作家，或是尼采等生於其後的偏激當代作家。這些一直會有人質疑的問題，將永遠不會有答案。**但是這個疑問的過程，便是種淨化作用。**

我認為這本小說是表現善惡大戰的神話。撒旦這個角色代表諸神戰爭的故事，是刨出雙眼前的伊底帕斯，或為原始人類帶來智慧而受苦的普羅米修斯，是《奧瑞斯提亞》中碰到原魔之前的雅典娜，或喝下毒酒前的蘇格拉底。這就是撒旦，這就是不可避免的心靈爭戰。永恆的戰爭將持續下去。正如蕭伯納（George Bernard Shaw）《聖女貞德》（*Saint Joan*）一劇中，貞德（Joan of Arc）被綁在木架上燒死時所喊出的偉大問題：「還要多久，哦，主，還要多久？」只要人類覺察到神和撒旦的存在，這種呼喊便會出現，因為人之所以為人的特質，就出自這種掙扎。偉大的文學作品也出自這種人性的深度，永遠不可能被抹滅掉。只要有人，神話所呈現的戰爭將持續下去，並繼續提供我們最意味深長和最受用的經驗。

註釋

①這種轉向在二十世紀後半，和世界各地急速增加的基本教義派掛了勾。《生活》（*Life*）雜誌一九八九年的夏季特刊，特別探討當代的魔鬼信仰。該刊報導，超過百分之七十的美國民眾相信，宇宙中有他們稱之為魔鬼的邪靈，而只有不到百分之四十的美國人相信神。

②收錄在《心理學探尋》（*Endeavors in Psychology: Selections from the Personology of Henry A. Murray*），Edwin S. Shneidman主編，New York: Harper & Row, 1981。

③穆瑞，《心理學探尋》，pp.520-521。

④馬婁，《浮士德博士悲劇史》，p.34。

⑤愛倫坡，〈大鴉〉，收錄在《一〇一首名詩》（*One Hundred and One Famous Poems*），Chicago: Cable, 1924。

⑥《紐約時報週日書評》（*New York Times Book Review*），一九八九年四月九日。

⑦這一節裏會經常引用已故穆瑞教授的看法，我也深深受教於他對《白鯨記》一書的許多洞見。我建議有興趣進一步深究者，可以參閱收錄在穆瑞教授論文集《心理學探尋》中，專門探討《白鯨記》一書的文章。至於小說裏的引言，則來自梅爾維爾著，《白鯨記》，Boston: Houghton-Mifflin, 1956。《白鯨記》首次出版於一八五一年。

⑧穆瑞，《心理學探尋》，p.85。

⑨梅爾維爾，《白鯨記》，p.422。

⑩同上，p.430。

⑪同上，p.431。
⑫同上，p.431。
⑬穆瑞，《心理學探尋》，p.90。

生存的神話

Myths for Survival

16 關愛
The Great Circle of Love

讓人類具備從事這類工作（科學）能力的心識狀態，類似於宗教信仰者或熱戀者。

——愛因斯坦

婦女解放

她們就是——「母親們」。

浮士德（吃了一驚）：……「母親們」！

梅菲斯托菲里斯：你嚇到了吧？

浮士德：「母親們」！為什麼它引起我的心靈悸動。

——歌德，《浮士德》

在前面章節中，我們看到男性沙文主義者皮爾金跑遍全世界並和女人鬼混，試圖找到自己。但是在直接衝撞死亡前，他卻越來越不擇手段，最後只有在索薇格的女性愛面前，才找到真正的自性。

我們也在野薔薇的神話中看到，公主的解放並沒有加惠那些不幸的王子，他們在自厚厚樹牆突圍而出的過程中，展現的只是男性的蠻力。只有不以暴力突圍的王子出現時，王子和公主二人才可能坦然現身對方面前，因為這位王子投身於創造性等待，在荊棘和樹牆自動開放後才行動。

在歌德的《浮士德》等其他神話故事中，衝突就算沒有結果，也清楚呈現男女平等的神話主題。

不論男性或女性的解放，只有在達到對等性別的新神話，並導出新的重要心理關係時，才有可能。他們從自己原來的空虛孤寂存有中解放出來。**只有當他們完全現身在對方面前時，當事人才算是找到真正的自性**。他們會發現自己在身心靈各方面，都需要對方。

宗教改革讓大部分西方世界成了新教世界，聖母（Mother of Jesus）也明顯受到冷落，這點可由具建築美、內涵卻相對貧瘠的新英格蘭教堂看出來。天主教聖母論（Mariology）具溫暖、女性特質的藝術哪裏去了？十五、十六世紀遍佈美洲和歐洲的女巫審判，明顯在公然打擊這些國家的女性同胞。根本的原因便在理性主義和個人主義這二項當代建基的神話，便是以男性、左腦的活動為主。

十五、十六世紀的探險世代，也同樣在配合男性的習慣。男性向外探險、女性則照顧好家庭。重型強力機器這些工業革命構成的部分，也是明顯在訴求男性。你可以想像當時女性駕著歌德的火車頭，由巴斯一路開到利物浦去嗎？資本主義當道的當代，則不論工廠或巨大機械，都較利於男性操控，也只能由男性操控。這些處境都將許多女性打入當代冷宮。易卜生在十九世紀末寫的《傀儡之家》（*A Doll's House*），便很符合當時的需要，劇中公開那個時代的邪魔，是如何整治佔一半人口強的女性。

阿德勒當年退出每週三晚上在弗洛依德家中聚會的主要原因之一，就是因為不同意弗洛依德的女性觀點。弗洛依德一直以維多利亞式的諂媚，對女性待之以降尊紆貴的態度。他稱女性為「優雅的性動物」（**fair sex**）、「溫馴者」（**tender ones**），骨子裏他很清楚自己永遠找不到問題的答案：女人要什麼？相反地，阿德勒以不同方式多次提出：「只要一半人被認為是次等的，文明永遠不可能完整。」

蘭克也追隨阿德勒退出弗洛依德的小團體。儘管大師很以蘭克的成就為傲，且有傳言弗洛依德當時已準備讓蘭克繼承其王座。蘭克強烈反對弗洛依德用毀謗性詞彙如「陰莖崇拜」（**penis envy**）來普遍指稱女性問題，並相信鼓舞女性的動機是其「情緒與精神渴求……讓她在這個不給女性發揮空間的陽剛世界，能表現真正的女性自性（**woman-self**）。」（蘭克，《超越心理學》〔*Beyond Psychology*〕，New York: Dover, 1941, p.267）蘭克相信精神分析的最終結果應該是案主能得到自性的滿足。蘭克比美國任何一位心理學家更早提出「自我領悟」（**self-realization**）這個專有名詞，也比艾瑞克森早二十年強調「認同困惑」（**identity confusion**）這個名詞，並認為歧視女性的男性至上主義是一種「文化疾病」。

蘭克充分了解西方文化帶給女性的困難處境。他在一九三九年時寫說，女性——

必然覺得這個人造的世界……和《愛麗絲夢遊仙境》（*Alice in Wonderland*）的世界沒有兩樣，奇怪又令人為難，因為那是個沒有女性參與創造的世界。……就像講的是不同語言，兩性也住在兩個不同世界，卻又像故鄉和殖民地一樣，密不可分；它們彼此間的羈絆足以維持二個獨立實體間的必要合作，儘管仍舊為未知大海所分隔。①

當代文化欠缺的是提供女性生活意義的神話與儀式，不論這位與她關係密切的男性為父親、兄弟或丈夫。「儀式的功能在將不得紓解的日常單調工作，轉化為豐富、有滿足感、充滿意義的事物。」這是布魯斯·林肯（**Bruce Lincoln**）在討論納瓦荷（**Navajo**）印地安部落的女性啟蒙儀式中，所傳遞的訊息。本書也說過，儀式是轉化成行動的神話。這在印地安部落顯而易見；他們的儀式是藉由身體的動作來表達神話。神話催生了儀式，儀式也帶來神話。納瓦荷女性的角色定位在孕育年輕生命、種植穀物和提供維持生命所需的食物，並且每一個動作都被賦予一個神話意義。「女性每一次被啟蒙後，世界便免於渾沌之災，因為創造力的根本，就在她的存有裏頭得到更新。」②納瓦荷部落的儀式與神話賦予女性任務意義，讓她們能夠超越、提升日常生活的無聊、愚蠢和絕望。布魯斯•林肯再表示，納瓦荷部落裏不存在鞏固男性霸權的投機式計謀。他們的神話形成犧牲的儀式，也是一種神化——讓女性一生在例行任務中，能活出意義與重要性來。這種儀式證明，**納瓦荷的神話就在女性能拯救世界免於渾沌混亂**。

解放的意義，就是男女雙方都可自由遵循自己的天性，根據自己在所屬社團的存有來行動和生活。免於人為或文化障礙的自由，便是自由跟隨身心靈的引導發展。解放包括無意識力量的開闢，也就是那些一般認為屬於女性能力的心電感應、直覺等。③

男性抑制女性解放的代價，就是自己成為奴隸。你因為擁有奴隸而成了奴役行為的一部分；主人支使奴隸，但是又為他自己的奴隸所奴役。抑制女性解放的男人，自己也失去了自由，反過來女性也是一樣。但是也沒有不用承擔責任的自由。因此，女性解放意味她們也承擔相對比例的責任。

在商業掛帥的當代文化中，看到某些企業董事會以女性解決問題的方式協助企業，真是令人振奮，女性的方法通常更能細微體察，也更有同理心。某些政治界和商界的女性，例如英國前首相柴契爾夫人（Margaret Thatcher）和前美國駐聯合國大使柯派區克

（Jeanne Kirkpatrick），都證明女性可以像男性一樣強硬而獲致成功。但是女性需要因為擁有男性最糟糕的特質，而染上男性主導文化中的疾病嗎？答案當然是否定的。

我們還記得第十一章野薔薇故事中的年輕女性，她在心理治療過程中的夢境內容，呈現了女性特殊的心電感應。案主下了正面的結論：「夢中所要展示的就是，女性的聰明和有效能，不是任何外人的肯定所能界定的。」

約翰・史坦貝克在《憤怒的葡萄》中，對凝聚全家的大地之母原型角色喬大媽（Ma Joad），給予極高的評價。史坦貝克世界中的女性，對不朽的週期具有天生理解能力，母性使得女性成為很特別的本質性存有。就是因為這樣，原本可憐兮兮的喬德家年輕女孩羅絲（Rose of Sharon）也在極具震撼力的《憤怒的葡萄》故事大結局中，成為偉大母親行列的一員。喬德一家在季節性大雨和持續性失業的貧困交迫下，躲到一座破舊穀倉，他們發現那裏已躲了一位小男孩和一位餓得奄奄一息的工人。羅絲的寶寶剛落地便夭折了，她的胸部因為無處消化的母奶而鼓脹著。她和喬大媽在某種本能層次，沉默交互溝通了一陣子：

> 男孩突然叫了起來：「他快死了，我告訴你們！他餓得快死了，我告訴你們。」……
>
> 大媽看了羅絲一眼，又回到大家身上。二個女人深深相望。女孩的呼吸變得又

短又急。

她說：「好。」

大媽笑了。「我就知道妳會肯。我就知道！」她看著自己膝上緊握的雙手。

羅絲用幾乎聽不到的聲音說：「你們——你們全都——到外邊去？」雨輕聲地打在屋頂上。

大媽往前傾，用手將女兒前額亂糟糟的頭髮拂到腦後，愛憐地吻了羅絲的前額。大媽很快站起來。「來吧，你們大家，」她喚著：「你們都出來到屋簷下。」

羅絲張開嘴想說些什麼。「沒關係，」大媽說：「沒關係。」她把大家趕到門外，拉走男孩子；並隨手關上銹得嘎嘎響的門。

羅絲在輕聲細語的穀倉內又呆坐了一會兒。然後她挺起疲累的身軀，並把環境弄得舒服些。她慢慢移向角落，站著看那衰弱的臉，以及大大、驚嚇的眼睛。然後，她緩緩躺在男人身邊。男人慢慢將頭從這一邊轉到那一邊。羅絲掀開毯子的一邊，也解開自己的衣服。「你非得吃些東西不可。」她說。她挪得更近一點，拉近男人的頭。「來！」她說：「來！」她的手移到男人頸後支撐好。她的手指溫柔地梳理男人的頭髮。她向上，看往穀倉前方，她雙唇閤在一起，詭異地笑了起來。④

必朽的魅力

許多神話都和死後的生命有關，例如復活、新柏拉圖式（Neoplatonic）的不朽概念、種種印度神話、蘇菲（Sufi）、我們在來生僭取的新形貌等等。我們將不討論這些神話的不朽性。相反地，我們將注意力關注在必朽的魅力上。

令人訝異卻也很重要的是，希臘神話中的重要角色經常有得到永生的機會，他們卻選擇做必朽的凡人。其中一個關於必朽魅力的神話，便是安費崔昂（Amphytrian）的故事。這個神話的當代戲劇版名為《安費崔昂38》（*Amphytrian 38*），並且已經不只有一個版本。⑤

故事如下：天神宙斯愛上年輕希臘將軍安費崔昂的太太。宙斯迷戀之深，讓他無時無刻不往下看著她映照在窗上的倩影。他每天在奧林匹斯山上發呆度日，伴隨的只是自己受挫的熱情。使神麥丘里（Mercury）可憐他，便建議宙斯安排一場無傷大雅的戰爭，讓安費崔昂前去作戰；宙斯便可以趁他不在時，冒充本尊滿足和他太太做愛的欲求。宙斯果真這麼安排。所有步驟皆按照計畫進行。

但是，宙斯在外遇結束後和安費崔昂太太的一次談話，卻大大困擾這位眾神之首。他回到奧林匹斯山向麥丘里形容同凡人做愛的經驗。宙斯真的非常困擾：

「麥丘里，她會說：『當我年輕的時候，或是老了以後，或死的時候。』這真的很傷感情。麥丘里。我們漏了什麼東西，麥丘里。

「我們漏了虛幻的痛苦——抓住自己無法保有事物的甜蜜感傷。」

這場必朽魅力的爭論，吸引我們的目光。我們對他人的慈悲，是因為我們知道自己在這個旋轉星球上，只有十或二十年的光景，便告別這個世界。佛洛姆曾論證說，對死亡的恐懼，是害怕活不過這一輩子，這和上述想法類似。必朽是有好處的——我們會經驗自己的孤寂，且就像宙斯說的：「虛幻的痛苦——抓住自己無法保有事物的甜蜜感傷。」

人類的必朽因此有了獨特的奇異魅力。馬斯洛（Abraham Maslow）在嚴重的心臟病發後，寫了一封信給我：「在得心臟病後，我的小河（他指的是在自家後陽台前面流過的查爾斯河（Charles River））更加美麗。我好奇人如果知道自己永遠不死，是否還能全心去愛。」這是必朽的另一項優點：我們學習互相關愛。**人類所以能夠全心去愛，正因為我們是必朽的。**

我還記得與偉大神學家兼哲學家保羅・田立克的一席話，當時他已近八十歲，來日不多。

「保羅，」我問說：「你怕死嗎？」

他的表情並不因為答案而變，「是的。每個人都一樣。沒有人回來告訴我們。」

我繼續追問：「你害怕死亡哪一點？」

他回答：「它的孤寂。自己永遠無法再看到朋友和家人。」

正如田立克說的，死後發生了什麼事，沒有人回來告訴我們，我們受到下列事實的刺激：自己在這地球上只有幾年好活。必朽的自覺讓我們能夠活得深刻，並活在所愛的人心中。這就是季洛杜（Giraudoux，譯註：法國文學家、劇作家）所說的，一種痛苦，一種活著的感覺，一種呈現在必朽之中的活力。

有關必朽抉擇的最有名故事，便是奧德修斯打完特洛伊戰回家的遙遠旅程中，因為船被撞毀，被海妖卡呂普索（Calypso）救起，並一起生活了七年。她要求奧德修斯留下，並許以永生。他卻一直因為渴求回到妻子潘娜諾珀（Penelope）身邊不得，而感到悲嘆。

奧德修斯的家族守護神雅典娜，說服宙斯派使神赫爾密斯（Hermes，譯註：赫爾密斯和麥丘里是同一個神，只不過前者是希臘名字，後者為羅馬名字），前去傳旨叫卡呂普索放奧德修斯回家。赫爾密斯到小島上向卡呂普索下達了天神的命令，卡呂普索生氣了：

「神啊，你們太橫暴，喜好妒嫉人！
你們痛恨仙女同凡人好合——
不朽身軀依偎著可愛凡人。……

你現在也妒嫉我了吧，不朽的朋友。
當初是我救了他——一眼看到他跨坐
船脊上，獨自一人漂流海上
因為宙斯閃電連連直劈其船
並將他推翻在墨黑的海上。
他的軍隊好夥伴都散失了，
只有他被風浪衝上我的島，
我給他食物吃，愛護他，願他不死
或變老，永不，在未來的歲月裏，……」

她說話時強大的神一閃走了，
現在，高貴的她不得不聽從

宙斯旨意，跑去找奧德修斯
他坐在向海的石岩——淚水不斷
溢滿眼眶。他生命中的甜美日子
在回不得家的苦惱中逝去，
海妖早就放棄取悅他。
儘管女有情而郎無意，
他每晚仍舊順服伴她入睡。
白天一到他便坐到海邊石岸
痛苦心碎，淚眼濕濕的
掃瞄空無一物的海面。
現下她玉樹臨風站他身邊，說道：
「喔，可憐的人，安靜下來。
你不再需要悲傷；你不需要感到
在此虛度生命；我仔細考慮過了，
我會幫助你離開這裏。」

但是卡呂普索仍舊無法了解，為什麼奧德修斯寧捨不朽的生命，回去找潘娜諾珀：

「拉埃爾特斯（Laertes）之子，多才多藝的奧德修斯，
跟我在一起這麼多年，你仍舊戀著
你的老家嗎？儘管如此，我祝福你。
我會比不上潘娜諾珀嗎？
比她更無趣？更不漂亮嗎？凡人能夠
和女神比神韻和形貌嗎？」

戰略大將奧德修斯回答說：

「我尊貴的女神，妳不須因此生氣。
我安靜的潘娜諾珀——我太了解了——
在妳容顏之前就像個暗影，
老年死亡對妳都是陌生的，
她卻是必朽的。但是，沒錯，每一天
我都想回家，渴望看到家。
如果任何神再選擇讓我

沉船，我也無畏於此。
到目前為止我在海上、戰場
受的苦還不夠嗎！再來吧。」

他說著，太陽下山了，夜色降臨，
他們回房休息去，這一對回到洞穴
享受歡愛，整晚依偎
對方身旁。

當黎明女神伸展出她玫瑰色的指尖
奧德修斯套上罩衫和斗篷，
而海妖則穿上精緻薄紗的
銀袍子，在她的腰上環著
金色腰帶。⑥

就這樣，奧德修斯選擇必朽，儘管他知道這樣會把他再度拋入海上風暴，小木筏會再度翻覆，儘管他回到伊色佳之後，必須打敗成群的追求對手。（譯註：奧德修斯外出打仗長年未歸，家中擠滿硬上門來要娶潘娜諾珀的男人。潘娜諾珀便以為奧德修斯織好壽衣前不嫁為緩兵之計，每天晚上卻偷偷將白天織好的壽衣拆掉。奧德修斯歷劫歸來，將一一殺死家中這些無賴。）

我們說過，在永恆破入時間那一刻，便會出現神話。神話有二個層面：一方面它和人類在地球上的日常生活經驗有關；另一方面，它又可以協助我們到達超越世俗存有的境界。神話讓我們有靈性生活的能力。誰能夠不為雅典宙斯神廟前，堂皇壯觀的科林斯石柱（Corinthian pillars）而動容呢？我們又重複欣賞莫札特的奏鳴曲，「如果我可以活一千年，我將永遠忘不了這時刻！」這種時刻是超越時間的。

人不一定要環遊全世界，便可以見證大自然的奇蹟。太陽升起時，每一滴晨露上都有上千萬片的草葉，每片草葉上也都有露珠附著其上，這發生在太陽上升前一刻。每顆露珠在銀色背景襯托下，現出完整的七彩顏色。每一片青草地上都有成千上萬顆鑽石！

在那一瞬間，萬物都有自己的永恆神話，不論生命多麼短暫，或是有多少年可以活。當你無聊坐在機場等待換機時，只要在心中喚起自己聽過、看過或經驗過的許多美麗迷人事物，就可以美化自己的存有，並覺得朝氣蓬勃，甚至成為一項愉悅、令人期待的事。我們都比自己真正擁有的更富有！

生命永遠不可能重複。我們將以地球的原貌來看待之，明亮、湛藍、美麗的飄浮在那沉默之中。……人類共為地球的騎士，一起騎在那永恆冷峻的明亮小可愛上，我們現在知道自己是真誠的兄弟。

——麥克雷斯（Archibald MacLeish）

這段話的最後一句影響我們最深，也就是我們「是真誠的兄弟」⑦。真的沒錯，我們在報上讀到恐怖主義尚未被消除，在非洲、近東、東方和美洲各地，人仍舊在殘殺自己的同類。在某些武力不夠的第三世界國家，綁架人質已成為一種被認可的戰爭形式。我們知道大多數的人尚未覺察兄弟情誼這項偉大事實。

太空探險是人類達到新的國際倫理與寬容的神話，新的人性存在理由。雖然這項探險尚未能改變我們，但是我們不妨相信它將成為人類的新神話，也會讓我們達成新的國際道德。

羅素（Russel Schweickart）是阿波羅七號（Apollo 7）上的太空人之一，他分享了自己對此偉大歷史事件的觀感，他的見證也提供我們一個非凡的敘述，以及貨真價實的新神話。⑧他首先說到個人經驗與《聖經》〈創世記〉中創世神話的關聯，再提到前一次太空任務時說：

一九六八年十二月，法蘭克（Frank Borman）、吉姆（Jim Lovell）和比爾（Bill Anders）（譯註：這三人都是阿波羅八號上的太空人）在聖誕夜繞行月球，並讀出〈創世記〉和《聖經》中其他部分的內容，以神聖化他們的經驗，並將自己所經驗到的，傳達給地球上的所有人。

羅素費心指出，太空人不是英雄（儘管他們可能成為新神話中的英雄人物），而是鄰人，是我們隔壁的鄰居。羅素讓他自己的神話成為社群的一部分，不論我們這些社群成員是和他一樣，史無前例地坐了太空艙升空，或只是待在家裏。他真的是這個星球神聖化過程的一部分。

他在談話中用「你」這個字眼，是典型的神話特色。這樣就好像我們每個人都和太空人一起在登月小艇上，而從神話的觀點，我們確實如此。

> 你檢查攜帶式的維生系統，每一樣東西似乎都沒問題，你將它綁在背後，你將所有的管子、連接線、管線、電線、天線接好，將它們綁在身上。……你在登月小艇前頭外邊的平台上，觀看太平洋上的日出，那是個不可思議的景象，太美了，太美了！

太空人終究是相互依賴的，因為不論預定會分開的二人一組是否再會合，不論登月小艇能否再回到主艦上，都需要個人按良心做好自己該做的。無垠的太空使得這種相互依存成為生與死問題。「大衛・史卡特（Dave Scott）是你的隔壁鄰居，但他從未像現在與你這麼親近過。」羅素說出了在太空人之間與日俱增的情感連結。

在這次非凡的經驗後，羅素問了個道德的問題：「它的意義是什麼？」他的回答顯然屬於表面事物下的神話層次：「我認為我們參與、改變了人和生命的本質。」

這個究竟的問題和它的答案，提供了神話偉大的道德深度。羅素邊思索這個問題，邊凝視自同溫層看起來非常脆弱的地球。世界其實很小，太空船在一個半小時內便可以繞地球一圈。

> 你開始體認到自己與整個事物同為一體。……你往下看，想像自己跨越了多少國界和疆界範圍，過了一個又一個再一個，你根本都看不清。你瞧——中東有無數的人互相殘殺，為的是你根本不會注意到的想像界線……。而從上面看下去，事物是一體的，它是這麼美。

羅素對出現在神話內的奧秘感到不解。他不解為什麼是自己，而不是其他人上太空，並問說：「我是被隔離出來受神的恩典，經驗其他人無法有的經驗嗎？」他肯定地答說不是。他覺得自己所經驗到的這趟旅程，其他人受過正確訓練後也可以完成。這就是為什麼他說：「我使用『你』這個字，因為在登月小艇上的既不是我或其他人。**生命本身即有此體驗**。」這些經驗促成新世紀神話，就像哥倫布和麥哲倫在他們的時代，對文藝復興的神話有所貢獻一樣。

若將神話抽離真實歷史背景，它便能帶給我們活生生的意象。經驗神話的社群，以及真正神話反映出的道德同時俱在。既然人類能夠繞地球飛行，人們爭戰的國界，便成為該詛咒的致命錯誤，是對嬌小、脆弱卻美麗地球的一種瘋狂、殘酷毀壞舉動。

英國天文學家霍利爵士（Sir Fred Hoyle）在二十世紀正過了一半時說：「一旦可以從地球之外為地球照一張相，……像任何歷史事件一樣強力的新觀念便會發散出來。」（霍利爵士〔Sir Fred Hoyle〕，一九四八年言論，收錄在胡塞爾〔P. Hussell〕，《全球菁英》〔*The Global Brain*〕，Los Angeles: J. P. Tarcher, 1983, p.16）我們現在已經有了那張新照片。那是太空人拍的，並且全版刊登在無數報章雜誌上。上面看得到大西洋和太平洋，中國海和印度洋，非洲大陸和南美洲，以及在地球表面一字排開的東方諸國。這張照片確實在無數人心中留下不可抹滅的印象——深藍和金色襯托的地球照片，安靜沉著地自轉著，住著親如兄弟姊妹的人們。

羅素看不到歐洲和中美洲國家的界線，那是在照相範圍之外。像許多人一樣，羅素覺得，這些國家的作為帶有荒唐和悲劇的成分；它們像公雞作勢般張牙舞爪，為了已經不存在的國界而互相殘殺。從這些繞著太空船的偉大日子得到的意義，就是國家之間的裂痕，乃來自它們要保衛已然過時疆界的意圖。這張照片就是在預告全球同體大悲得到認同的時刻將來臨，儘管政客一定最後才承認。國家不再對立，不再研究戰爭的這個歷史時刻已經來臨。

我們所面臨的危害（核子炸彈便是一例），便是在警惕我們學習大家庭兄弟姊妹和樂生活的戒律。加拿大多倫多的麥克魯漢機構（Marshall McLuhan Institute）在一九八二年中，發佈了一份奇怪的聲明。該機構的領袖被引述說：「我很高興有原子彈。」在大聲抗議這種不人性的意見之前，我們先讀下去：「必須有個能讓大家聚在一起的東西。」這就是人類雖然進行了太空探險，也要一起面對地球環境破壞、海洋污染等危害。既然不論膚色與國籍不同，這都是人類的公害，我們便有義務要一起面對。

我們現在有了共同的敵人，它是隨著我們對神話的了解而來的。毀滅敵人的科技，也讓我們成了自己的人質。我們無法讓時間逆轉（我們也不想這麼做），但是核能控制是人類成為一家的必要條件。差點惡夢成真的三哩島（Three Mile Island）危機，以及車諾比（Chernobyl）的真實悲劇，為「人類只有一個世界」做了無可反駁的示範。車諾比事件讓義大利燒毀成千上萬噸的綠色蔬菜；相當於瑞典北部小鎮（Laplanders）整個經濟產值的成群麋鹿，因為輻射感染而遭屠殺。這些事件讓我們心知肚明，人類絕對是密不可分的。

許多西方學者看到事件發生後的《紐約時報》標題：俄國尋求西方科學家的協助，都感受到一種奇怪的信念：**這是建立無國界地球的開端**。星球和星際旅行的新神話，將發揮效應。

輻射當然不可能尊重虛幻的國界。努力想維持這些界線就算不夠悲劇性，也是個奇怪的笑話——保護留存在某個人想像中的疆界！它們到了二十一世紀便成了最該被毀掉的落伍事物。這不只適用歐洲的輻射問題，更適用於地球上的所有人。

就像羅素所說的，神話的力量仍與我們同在：「你在登月小艇前頭外邊的平台上，觀看太平洋上的日出，那是個不可思議的景象，太美了，太美了！」

「它的意義是什麼？」羅素有意識地形成神話，在最重要的關鍵點上嘗試他的想法：「我認為我們參與、改變了人和生命的本質。」羅素重複說：「我認為我們參與、改變了人和生命的本質。」

人類沉睡數百年醒過來後，發現在無可辯駁的新意義上，自己正置身在一個屬於全人類的神話中。我們發現自己身處新世界的社群，不毀掉整體便無法毀掉部分。在這個明亮的可愛球體中，人類現在終於知道自己是屬於同一家庭的真正兄弟姊妹。

註釋

①蘭克，《超越心理學》，p.257。想要進一步了解蘭克心理治療實例的讀者，安娜斯妮（Anais Nin）的日記，是作者在巴黎接受蘭克治療的記錄。

②布魯斯・林肯（Bruce Lincoln），《蛹之生》（*Emerging from the Chrysalis*），Cambridge: Harvard University Press, 1981, p.107。

③同上。

④史坦貝克，《憤怒的葡萄》，New York: Viking Press, 1939, pp.618-619。

⑤這裏引述的戲劇是季洛杜（Jean Giraudoux）在一九三八年所寫的，並且在紐約和巴黎上演過。

⑥荷馬，《奧德賽》，羅伯・費茲傑羅譯，New York: Doubleday, 1961, pp.87-88。

⑦麥克雷斯這段話是在阿波羅七號太空梭升空後第二天，為《紐約時報雜誌》詮釋人類的太空之旅，並刊登在一九六八年十二月二十五日的《紐約時報雜誌》上。

⑧所有的引述都來自與羅素（Russel Schweickart）的私人對話。

內文簡介：

神話是什麼？為何人類需要神話，尤其是現代人哭喊般地渴求神話的撫慰和安定力量？作者開宗明義說：「神話是把無意義的社會變成有意義的一種方式。神話是賦予人類存在重要性的敘事模式。……沒有神話的我們就像一個頭殼壞掉的族群，無能超越字彙表面的意思，去傾聽發話人的心聲。」是啊，人的一生似乎都在發問：「我是誰？我來自哪裡？」都需要找到生命的意義，而神話正是我們對內在自我與外在世界關係的詮釋與整合。

羅洛・梅認為，當代心理治療幾乎都是在處理個人追求神話的問題，各年齡層的人憂鬱傾向大增，都是因為心靈困惑並欠缺適合當今社會的神話所致。西方社會獨缺神話的事實，是精神分析得以誕生和發展的主要原因。

本書處理直接呈現在當代西方人的意識與無意識中的神話，關心持續出現在當代心理治療中的故事，包括：伊底帕斯、浮士德、撒旦、皮爾金、童話〈野薔薇〉、《根》、《等待果陀》、《大亨小傳》等，希望說明神話如何能成為重新了解自己的工具。

作者希望在新世紀的開端，我們能透過創造、關愛與挑戰來賦予生命的意義，因為新時代的來臨促使我們盤點自己的過去，並思考生命的意義。

作者：

羅洛・梅（Rollo May）

美國存在心理學家，一九〇九年生。幼年命運多舛，雙親長期不合，終至離異，姊姊曾不幸精神崩潰。大學因參與激進學生刊物遭退學。另行入學畢業後，赴希臘三年，任大學英文教席，並隨阿德勒（Alfred Adler）短期研習。返美後，旋入聯合神學院，與存在主義神學家田立克（Paul Tillich）以師友相交，深受其思想啟迪。梅年輕時甚為結核病所苦，不得不入療養院靜養三年，然此病反成為其生命轉捩點。面對死亡，遍覽群籍之餘，梅尤其耽讀存在主義宗教思想家齊克果（Kierkegaard）之著作。出院之後，入懷特學院（White Institute）攻讀精神分析，遇蘇利文（Harry Stack Sullivan）與佛洛姆（Erich Fromm）等人，終於一九四九年獲得紐約哥倫比亞大學首位臨床心理學博士學位。畢生致力於將存在心理學引入美國，一九九四年病逝於加州。

他的著作有：《焦慮的意義》（*The Meaning of Anxiety*, 1950）、《追尋自我的現代人》（*Man's Search for Himself*, 1953）、《心理學與人類兩難》（*Psychology and the Human Dilemma*, 1967）、《愛與意志》（*Love and Will*, 1969）、《創造的勇氣》（*The Courage to Create*, 1969）、《自由與命運》（*Freedom and Destiny*, 1981）、《存有的發現》（*The Discovery of Being*, 1983）和《哭喊神話》（*The Cry for Myth*, 1991）。

譯者：

朱侃如

中興大學外文系學士，美國天普大學新聞碩士。譯有《神話》、《坎伯生活美學》、《千面英雄》、《女性主義》、《維根斯坦》、《榮格心靈地圖》、《哭喊神話》（皆立緒文化）等書。

責任編輯：

馬興國

中興大學社會系畢業，資深編輯。

國家圖書館出版品預行編目 (CIP) 資料

哭喊神話：羅洛．梅經典 / 羅洛．梅 (Rollo May) 著；朱侃如譯．
-- 三版．-- 新北市：立緒文化事業有限公司，民 105.12
面；　公分．--（新世紀叢書）
譯自：The Cry for Myth
ISBN 978-986-360-075-6(平裝)

1. 心理治療 2. 神話

178.8　　105022082

哭喊神話：羅洛．梅經典（第三版）

The Cry for Myth

出版——立緒文化事業有限公司（於中華民國 84 年元月由郝碧蓮、鍾惠民創辦）
作者——羅洛．梅（Rollo May）
譯者——朱侃如

發行人——郝碧蓮
顧問——鍾惠民

地址——新北市新店區中央六街 62 號 1 樓
電話——(02) 2219-2173
傳真——(02) 2219-4998
E-mail Address —— service@ncp.com.tw
劃撥帳號——1839142-0 號 立緒文化事業有限公司帳戶
行政院新聞局局版臺業字第 6426 號

總經銷——大和書報圖書股份有限公司
電話——(02)8990-2588　傳真——(02)2290-1658
地址——新北市新莊區五工五路 2 號
排版——伊甸社會福利基金會附設電腦排版
印刷——祥新印刷股份有限公司

法律顧問——敦旭法律事務所吳展旭律師

分類號碼——178.8
ISBN —— 978-986-360-075-6
出版日期——中華民國 92 年 3 月～99 年 10 月初版　一刷～二刷（1～4,000）
中華民國 105 年 12 月二版　一刷（1～1,000）
中華民國 110 年 2 月二版　二刷（1,001～1,500）

定價◎ 380 元（平裝）　立緒

心理學與哲學思考

羅洛．梅 Rollo May

愛與意志：羅洛．梅經典

生與死相反，
但是思考生命的意義
卻必須從死亡而來。

ISBN:978-986-360-140-1
定價：420元

自由與命運：羅洛．梅經典

生命的意義除了接納無
可改變的環境，
並將之轉變為自己的創造外，
別無其他。
中時開卷版、自由時報副刊
書評推薦
ISBN:978-986-360-165-4
定價：360元

創造的勇氣：羅洛．梅經典

若無勇氣，愛即將褪色，
然後淪為依賴。
如無勇氣，忠實亦難堅持，
然後變為妥協。

中時開卷版書評推薦
ISBN:978-986-360-166-1
定價：230元

權力與無知：羅洛．梅經典

暴力就在此處，
就在常人的世界中，
在失敗者的狂烈哭聲中聽到
青澀少年只在重蹈歷史的覆轍。

ISBN:978-986-3600-68-8
定價：350元

哭喊神話

呈現在我們眼前的....
是一個朝向神話消解的世代。
佇立在過去事物的現代人，
必須瘋狂挖掘自己的根，
即便它是埋藏在太初
遠古的殘骸中。

ISBN:978-986-3600-75-6
定價：380元

焦慮的意義：羅洛．梅經典

焦慮無所不在，
我們在每個角落
幾乎都會碰到焦慮，
並以某種方式與之共處。

聯合報讀書人書評推薦
ISBN:978-986-360-141-8
定價：420元

尤瑟夫．皮柏 Josef Pieper

二十世紀最重要的哲學著作之一

閒暇：一種靈魂的狀態 誠品好讀重量書評推薦

Leisure, The Basis of Culture
德國當代哲學大師經典名著

本書摧毀了20世紀工作至上的迷思，
顛覆當今世界對「閒暇」的觀念
閒暇是一種心靈的態度，
也是靈魂的一種狀態，
可以培養一個人對世界的關照能力。

ISBN:978-986-360-107-4
定價：280元

立緒文化事業有限公司　信用卡申購單

■信用卡資料

信用卡別（請勾選下列任何一種）

□VISA　□MASTER CARD　□JCB　□聯合信用卡

卡號：______________________

信用卡有效期限：________年________月

訂購總金額：______________________

持卡人簽名：______________________（與信用卡簽名同）

訂購日期：________年________月________日

所持信用卡銀行______________________

授權號碼：______________________（請勿填寫）

■訂購人姓名：______________________性別：□男□女

出生日期：________年________月________日

學歷：□大學以上□大專□高中職□國中

電話：______________________職業：______________________

寄書地址：□□□

____

■開立三聯式發票：□需要　□不需要（以下免填）

發票抬頭：______________________

統一編號：______________________

發票地址：______________________

■訂購書目：

書名：____________、______本。書名：____________、______本。

書名：____________、______本。書名：____________、______本。

書名：____________、______本。書名：____________、______本。

共________本，總金額______________________元。

⊙請詳細填寫後，影印放大傳真或郵寄至本公司，傳真電話：(02)2219-4998

大旗文化 閱讀卡

姓　名：

地　址：□□□

電　話：(　　)　　　　　　傳 眞：(　　)

E-mail：

您購買的書名：________________

購書書店：________市（縣）____________書店

■您習慣以何種方式購書？

□逛書店 □劃撥郵購 □電話訂購 □傳真訂購 □銷售人員推薦
□團體訂購 □網路訂購 □讀書會 □演講活動 □其他______

■您從何處得知本書消息？

□書店 □報章雜誌 □廣播節目 □電視節目 □銷售人員推薦
□師友介紹 □廣告信函 □書訊 □網路 □其他________

■您的基本資料：

性別：□男 □女　婚姻：□已婚 □未婚　年齡：民國______年次

職業：□製造業 □銷售業 □金融業 □資訊業 □學生
□大眾傳播 □自由業 □服務業 □軍警 □公 □教 □家管
□其他 ____________________

教育程度：□高中以下 □專科 □大學 □研究所及以上

建議事項：

愛戀智慧　閱讀大師

廣　告　回　信
北區郵政管理局登記證 北臺字8448號
免　貼　郵　票

立緒文化事業有限公司　收

新北市 2 3 1

新店區中央六街62號一樓

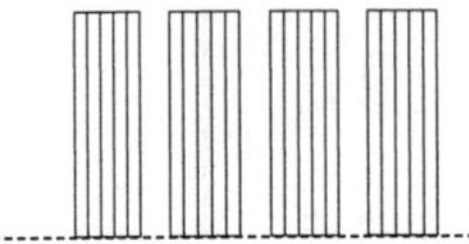

請沿虛線摺下裝訂，謝謝！

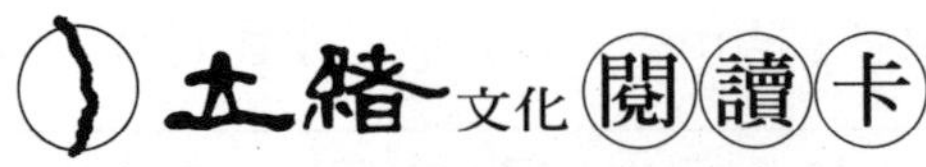

感謝您購買立緒文化的書籍

為提供讀者更好的服務，現在填妥各項資訊，寄回閱讀卡（免貼郵票），或者歡迎上網http://www.facebook.com/ncp231即可收到最新書訊及不定期優惠訊息。